谨以此丛书献给
内蒙古自治区文物考古研究所成立60周年

内蒙古文化遗产丛书

赤峰文化遗产

内蒙古自治区文物考古研究所　编

文物出版社

责任编辑　李　飔　张征雁

责任印制　张道奇

图书在版编目（CIP）数据

赤峰文化遗产 / 陈永志，吉平，张文平主编；
内蒙古自治区文物考古研究所编. —北京：文物出版社，
2014.8

（内蒙古文化遗产丛书）

ISBN 978-7-5010-4062-9

Ⅰ.①赤… Ⅱ.①陈… ②吉… ③张… ④内… Ⅲ.
①文化遗产-介绍-赤峰市 Ⅳ.①K292.63

中国版本图书馆CIP数据核字（2014）第167049号

赤峰文化遗产

编　　者	内蒙古自治区文物考古研究所
出版发行	文物出版社
地　　址	北京市东直门内北小街2号楼
邮政编码	100007
网　　址	www.wenwu.com
邮　　箱	web@wenwu.com
制版印刷	北京燕泰美术制版印刷有限责任公司
经　　销	新华书店
版　　次	2014年8月第1版第1次印刷
开　　本	787×1092　1/16
印　　张	25
书　　号	ISBN 978-7-5010-4062-9
定　　价	370.00元

序言

　　美丽富饶的内蒙古自治区位于祖国的北部边疆，环境优美，气候宜人，自古以来就是人类繁衍生息的好地方。特定的地理位置、区域特点与生态环境，形成绚丽多姿、丰富多彩的物质文化遗产，造就了博大精深的草原文化。由内蒙古自治区文物考古研究所编纂的这套《内蒙古文化遗产丛书》，将分布在内蒙古自治区各地的物质文化遗产以盟市为单位编列成书，系统地向社会展示，显示了内蒙古自治区文化遗产的突出优势，这在当今"弘扬社会主义先进文化，推动社会主义文化大发展大繁荣"的新形势下，无疑具有重要的现实意义。

　　内蒙古自治区历史悠久，文化积淀深厚。草原地区人类的历史最早可以追溯到旧石器时代，这是草原文化的滥觞时期。在内蒙古呼和浩特东郊发现的大窑旧石器时代遗址，发现了石器制造场与其他的人类遗迹，将内蒙古地区人类的历史提升到了50万年。另外，在内蒙古其他地区还发现了距今5万年至1万年的"河套人"以及"扎赉诺尔人"，由此证明了中国北方的内蒙古自治区也是人类的重要起源地之一。新石器时代至青铜时代是草原文化形成的重要阶段，以赤峰红山命名的红山文化，是这一时期草原文化的核心。在内蒙古地区相继发现的兴隆洼文化、赵宝沟文化、富河文化、庙子沟文化、小河沿文化、朱开沟文化、夏家店下层文化等一系列草原考古学文化，使得中华民族文化呈现出"多源辐辏"、"百花齐放"的繁荣局面。秦汉、魏晋之际是草原文化快速发展的重要阶段。位于阿拉善盟的居延遗址群是中国西部地区重要的汉代边疆城市遗址，以出土"居延汉简"著称于世。呼和浩特地区和林格尔的盛乐古城遗址是内蒙古中南部最大的都城遗址。呼伦贝尔市鄂伦春自治旗的嘎仙洞遗址，发现北魏太平真君四年（443年）的石刻祝文，证明了此处是鲜卑贵族的"先祖石室"、拓跋鲜卑的发祥地。这些重要的文化遗产是中国历史上多民族文化碰撞、融合、升华的实物见证。辽金元时期草原文化达到了空前的繁荣与昌盛。内蒙古东部的赤峰、通辽历史上是辽王朝的京畿地区，契丹人的政治中心所在。在这一地区分布有辽上京、辽中京两大都城，还分布有辽祖陵、辽怀陵、辽庆陵三大皇族陵寝，以及轰动世界、闻名遐迩的辽陈国公主墓、吐尔基山辽墓。元代的内蒙古地区是东西文化交流的主阵地，"草原丝绸之路"东端的重要起点。元上都遗址是中国北方草原地带最大的元代都城遗址，御天门、大安阁、穆清阁等重要建筑遗迹，真实地再现了元代皇城的宏伟规模，极大地彰显了元上都遗址的突出价值，是内蒙古自治区极为珍贵的世界文化遗产。位于乌兰察布市的集宁路古城遗址，考古发现了一处完整的市肆遗迹及多处器物窖藏，出土了釉里红玉壶春瓶、青花梨形壶、卵白釉"枢府"铭盘、青釉龟形砚滴、青釉荷叶盖罐等大量完整瓷器，以及其他珍贵瓷器标本上万件，堪称中国的"庞贝城"。另外，内蒙古自治区也是我国古代岩画资源最为富集的地区，以阴山岩画、曼德拉山岩画、乌兰察布岩画最为典型，岩画总量多达十万余幅，时代纵跨上万年，这是内蒙古草原地区现存最为壮观的古代艺术画廊。此外，内蒙古自治区还拥有当今世界上保存最长、辐射面最广、影响最为深远的特殊文化线路——长城。全区共查明有战国燕、战国赵、战国秦、秦代、西汉、东汉、北魏、隋代、北宋、金代、西夏、明代修筑的长城墙体7570公里，有与长城相关的马面、敌台、烽燧、障城、关堡等各类遗存近万处，其附属遗址的数量、跨越的时代及墙体长度，都位居全国第一。这些林林总总的物质文化遗产都是内蒙古自治区珍贵的文化资源，是草原文明的重要实物载体，也是草原文化薪火相传的实物例证。

《内蒙古文化遗产丛书》以草原地区古代民族活动遗留下来的物质文化遗产为具体研究对象，对人类的生产生活、社会生活、精神生活进行"时"、"空"、"人"三维的全方位考察研究，以期对草原民族物质生活、精神生活以及制度体系进行客观定位，进而揭示社会文化的发展状况，人类文明的历史进程。人类起源问题是当今世界十大科学课题之一，草原人类从何而来？草原文明从哪发端？这也是困扰当今学术界的重大问题。内蒙古草原地带大窑遗址、萨拉乌苏遗址、金斯太洞穴遗址、扎赉诺尔遗址等一系列旧石器时代文化遗存的考古发现，证明中国北方草原地带的内蒙古自治区同样也是人类的重要发祥地之一，其学术意义是不言而喻的。而古代文明的起源与形成也是世界学术界倍加关注的课题之一。近年来，随着内蒙古文化遗产保护、发掘与研究工作的深入开展，广泛分布在蒙古草原地带的一些古代遗址与墓葬逐渐地被揭露与发现，不同历史时期的文物精品大量破土面世。特别是位于内蒙古东部地区红山文化遗址的考古发现，证明了中华民族文明的源头可以追溯到草原深处，内蒙古同样也是中华文明曙光升起的地方，草原文化与黄河文化、长江文化三位一体，已经构成了中华民族历史文明的三大主流文化。中华民族多元一体文化格局的建构，草原文化功不可没。

草原文化之所以有着如此强大的生命力与感召力，还在于她的开放性、包容性与文化内涵的博大精深。内蒙古自治区位于欧亚大陆的东端，蒙古高原的南部，作为世界历史上著名的"草原丝绸之路"，这里是东西文化交流的重要长廊，也是游牧文明与农耕文明交融和碰撞的特殊地带。特殊的区域位置与人文环境，创造了种类繁多、规模宏大、保存完好的城市文化遗产。在内蒙古自治区分布有北魏的盛乐都，辽代的上京城，元代的上都、黑城古城等中外闻名的城市遗址，围绕着这些大遗址，群星点点地分布着各类古代文化遗存，构成了草原丝绸之路商品交换的大通道，东西文化传播的主干线。

所以，分布在内蒙古自治区这些林林总总的物质文化遗产，反映了草原文化的庞大内涵，是草原文明最为直接而又形象的体现。文化是多元的，中华民族文化是多民族文化碰撞、融和、升华的结果，草原文化是中华民族文化构筑的一个重要板块，深化草原文化研究，考察草原文化的发展演进轨迹，探索草原文化与华夏文化碰撞、融合的历史进程，对于进一步弘扬中华民族文化具有重要的历史意义。

习近平总书记指出：一个国家、一个民族的强盛，总是以文化兴盛为支撑的，中华民族伟大复兴需要以中华文化发展繁荣为条件。中华优秀文化是我们民族永不褪色的名片、永不贬值的"硬通货"。同时要求我们要系统梳理传统文化资源，让收藏在禁宫里的文物、陈列在广阔大地上的遗产、书写在古籍里的文字都"活"起来。这是对我们文化工作者的一个总体要求，也是我们文化遗产保护事业发展的一个总方针。目前，内蒙古自治区的文化遗产保护事业蓬勃发展，草原文化研究欣欣向荣，重大考古发现层出不穷，学术研究成果斐然，文化遗产保护工作得到了社会的普遍认同，在弘扬中华民族传统文化、增强国民凝聚力与向心力、建设社会主义和谐社会等方面发挥着不可替代的重要作用。作为展示草原文化遗产的点睛之作，《内蒙古文化遗产丛书》以研究内蒙古文化遗产为主要内容，旨在进一步弘扬草原文化，传承草原文明，这是这套丛书付梓的重要意义。

是为序。

内蒙古自治区党委常委　宣传部部长

2014年7月25日

目录

前言

陈永志

　　内蒙古自治区位于中国北方草原地带，作为世界上著名的"草原丝绸之路"，历史文化积淀深厚。目前已初步查明有各类文物遗址点2.1万余处，全国重点文物保护单位141处，自治区级重点文物保护单位319处，盟市旗县级别的文物保护单位700余处。这些林林总总的物质文化遗产，构成了草原文明的主体，展现出草原文化发展的完整脉络，是内蒙古自治区极为珍贵的文化资源。如何有效地利用这些丰厚的文化遗产，将文化遗产资源转化为强大的发展优势，这是我们每一个文物考古工作者所肩负的历史重任。党的十八大提出"两个一百年"的奋斗目标和实现中华民族伟大复兴"中国梦"的战略构想，而夯实中华文化的根基，展示中华文化的精粹，张扬中华文化的辉煌，是建设社会主义文化强国的根本，也是奔向"两个一百年"奋斗目标和实现中华民族伟大复兴"中国梦"最为有效的途径。

　　内蒙古自治区多草原、山地、沙漠的自然环境特点，使得历史上遗留下来的大量文物古迹完整地保存至今。内蒙古文化遗产的特色与优势就是地下埋藏文物丰富，文化内涵深厚，草原特色鲜明。近期，内蒙古自治区党委、政府提出了"8337"的发展思路，将内蒙古自治区建设成"体现草原文化、独具北疆特色的旅游观光、休闲度假基地"作为文化发展的战略目标，其主旨就是要充分发掘文化资源，彰显内蒙古自治区突出的文化资源优势，丰富草原文化的内涵。而文化遗产则是草原文化的主要承载体，是草原文明最为形象直观的体现。所以，对内蒙古自治区文化遗产的深入发掘、研究与展示，是弘扬草原文化、传承草原文明、建设民族文化强区的实际需要。

　　中华民族文化是多民族文化碰撞、融和、升华的结果，草原文化是中华民族文化的重要组成部分，而文化遗产则是草原文化的精粹，也是草原文化的核心内容。因此，对草原文化遗产的深入发掘与研究，对于提升草原文化在中华民族文化中的历史地位具有重要的意义。中华民族素以"声色文物之邦"著称于世，具有悠久的历史与光辉灿烂的文化。中华文化的特点首先是连绵不断，其次是多元一体，再次是具有鲜明的民族特色。世界上没有任何一个国家像中国一样，具有自旧石器时代起，历经新石器时代、青铜时代、铁器时代、历史时期直至近现代这样一个衔接完整的历史发展脉络，更没有一个国家的文化像中国的文化一样包罗万象、博大精深、源远流长，这也是中华民族之所以屹立于世界民族之林的一个重要原因。内蒙古自治区位于蒙古高原的南端，是草原丝绸之路的主干线，东西文化碰撞、交流的枢纽地带，中华民族文化以此为平台，向周边地区传播，从而推动了世界文明的发展。所以，草原文化在构建中华民族多元一体文化格局的过程中具有重要的作用，而构成草原文化核心内容的就是这些丰富多彩的草原文化遗产，这是内蒙古自治区重要的文化资源，也是建设民族文化强区强大的"软实力"。

习近平总书记指出：宣传阐释中国特色，要讲清楚每个国家和民族的历史传统、文化积淀、基本国情不同，其发展道路必然有着自己的特色；讲清楚中华文化积淀着中华民族最深沉的精神追求，是中华民族生生不息、发展壮大的丰厚滋养；讲清楚中华优秀传统文化是中华民族的突出优势，是我们最深厚的文化软实力。这是对我们国家文化遗产保护事业高屋建瓴的一个总体要求。近年来，随着内蒙古田野考古工作的深入开展，广泛分布在蒙古草原地带的一些古代城址与墓葬逐渐地被揭露与发现，不同历史时期的文物精品大量破土面世，草原文化的研究进入了一个全新的历史阶段。在新的历史条件下，为了进一步繁荣发展内蒙古自治区的文化遗产保护事业，深入弘扬草原文化，针对内蒙古自治区文化遗产的分布状况与文化特点，我们编写了这套《内蒙古文化遗产丛书》，对内蒙古自治区境内的文化遗产进行深入的发掘、研究与展示，目的就是让这些埋藏在地下的文化遗产充分地"活"起来，以期讲好中国故事，传播好中国声音，为建设内蒙古文化强区尽绵薄之力。

《内蒙古文化遗产丛书》分为《呼和浩特文化遗产》、《包头文化遗产》、《乌海文化遗产》、《赤峰文化遗产》、《通辽文化遗产》、《呼伦贝尔文化遗产》、《鄂尔多斯文化遗产》、《乌兰察布文化遗产》、《巴彦淖尔文化遗产》、《兴安文化遗产》、《锡林郭勒文化遗产》、《阿拉善文化遗产》共12卷本，根据内蒙古自治区的行政区划按盟市为单位分别编写。所介绍的内容为传统意义上的物质文化遗产，空间范围以内蒙古自治区辖境为基本覆盖范围，时间范围为旧石器时代至近现代，具体为不同历史时期遗留下来的古遗址、古墓葬及相关文物，涵盖历史、文学、艺术、语言、宗教、哲学、教育、民俗诸多方面的内容。重点以各盟市所辖范围内的全国重点文物保护单位、自治区级重点文物保护单位和市县级重点文物保护单位为主，同时包括其他未定级别的文物遗址与重要的考古发现，并配以图片及相关佐证材料，力求客观真实。

本系列丛书为内蒙古自治区"草原英才"工程项目成果之一，同时也是献给内蒙古自治区文物考古研究所建所60周年的隆重大礼。我们力求通过本系列丛书将内蒙古自治区境内的文化遗产状况全面、系统、真实地反映出来，为建设发展的内蒙古、繁荣的内蒙古、文化的内蒙古贡献自己的一份力量。囿于编者的学识与水平，本系列丛书难免有这样或那样的不足之处，敬请各位读者批评指正。

内蒙古文化遗产概论

陈永志

内蒙古自治区地域辽阔，呈东北向西南斜伸的狭长形，总面积约118.3万平方公里。在漫长的地质历史演化的过程中，形成了高山、草地、平原、盆地、沙漠戈壁等复杂的自然环境风貌。这些复杂的自然环境，同时也造就了内蒙古地区多元化的人文环境风貌。从旧石器时代的"大窑人"，到新石器时代的"红山人"，再到青铜时代的"夏家店人"，一直到后来的北狄、匈奴、鲜卑、突厥、回鹘、契丹、女真、蒙古等民族，这些草原民族经过世代繁衍生息，交往融合，形成了雄厚的历史文化积淀，造就了博大精深的草原文化遗产。对这些草原文化遗产的突出普遍价值的正确认知，是深入发掘内蒙古自治区文化资源的需要，也是建设文化强区的必要保障。

一 内蒙古物质文化遗产概况

文化遗产包括遗存与遗物两大部分，主要涉及人类社会政治、经济、文化、军事、宗教等诸多方面。遗存主要有古

锡林郭勒盟金斯太旧石器时代洞穴遗址

城市遗址、古墓葬、古建筑等，还有长城、界壕、驿道等复合型的特殊遗址；遗物主要有金银器、青铜器、碑刻、岩画、货币、雕塑、陶瓷、丝织品等。目前已初步查明内蒙古自治区有各类文物遗址点2.1万余处，全国重点文物保护单位141处，自治区级重点文物保护单位319处，盟市旗县级别的重点文物保护单位700余处。这些珍贵的文化遗存，构成了草原文明的主体，展现出草原文化发展的完整脉络。

旧石器时代是草原文化的滥觞时期，位于中国北方的内蒙古自治区同样也是人类的重要起源地之一。目前为止，在内蒙古自治区发现的旧石器时代遗址就达三十余处，其中以呼和浩特东郊发现的大窑遗址、鄂尔多斯发现的萨拉乌苏遗址、锡林郭勒发现的金斯太洞穴遗址、呼伦贝尔发现的扎赉诺尔遗址最为典型。大窑遗址位于呼和浩特市大窑村南，以发现的旧石器制造场及四道沟典型的地层剖面为重要的考古学依据。第一层为表土层，形成于全新世；第二层为马兰黄土层，形成于晚更新世晚期；第三层为淡红色土层，形成于晚更新世早期；第四层至第七层为离石黄土层，形成于更新世中期。在第四层底部发现有肿骨鹿化石，还有远古人类打制的石片、刮削器、砍砸器、石刀和石核等石制品，其时代属于旧石器时代早期，距今约50万年。鄂尔多斯萨拉乌苏旧石器时代遗址，发现于1922年，其后经过多次调查，在此地相继发现了顶骨、额骨、枕骨、股骨、胫骨、腓骨19件化石。其中有六件人骨化石是从晚更新世原生地层里发现的，学术界命名为"萨拉乌苏文化"，属于旧石器时代晚期，距今5万至3.7万年。锡林郭勒盟东

赤峰市魏家窝铺红山文化遗址发掘现场

通辽市哈民遗址清理出土的半地穴房屋基址

乌珠穆沁旗金斯太洞穴遗址，发现了旧石器时代中期晚段到青铜时代的连续地层堆积。在旧石器时代地层中发现了人类用火遗迹，出土了大量的打制石器、细石器、晚更新世晚期的动物骨骼化石等珍贵遗存。经^{14}C测定，距今约3.6万年。金斯太洞穴遗址的考古发现，对北方草原地区旧石器时代中晚期现代人的起源、迁徙、旧石器时代至新石器时代转变机制等方面的研究，都具有十分重大的意义。扎赉诺尔遗址发现于1927年，先后共发现15个个体的人头骨化石及其他化石。该遗址出土有石镞、刮削器、石片、石核等细石器，刀梗、锥、镖等骨器，并出土有夹砂粗陶器残片，同时出土有猛犸象、披毛犀等动物化石，是典型的中石器时代遗址，具体时代距今一万年左右。

在内蒙古自治区共发现新石器时代遗址两千余处，这些遗址主要分布在内蒙古东南部的西辽河流域及内蒙古中南部的黄河流域及环岱海地区。以赤峰红山命名的红山文化，是这一时期草原文化的核心。在内蒙古东部地区相继发现的兴隆洼文化、赵宝沟文化、富河文化、小河沿文化等一系列草原考古学文化，使得中华民族文化呈现出"多源辐辏"、"百花齐放"的繁荣局面。西辽河流域时代最早的新石器时代文化是敖汉旗的"兴隆洼文化"，其后是位于敖汉旗的"赵宝沟文化"和以赤峰红山后遗址为代表的"红山文化"以及以巴林左旗富河沟门聚落遗址为代表的"富河文化"。在通辽市科尔沁左翼中旗发现的哈民聚落遗址，是近期在内蒙古东北地区发现的较为重要的考古发现，被定名为"哈民文化"，也属于红山文化系列。这些考古学文化早到距今约8000年，晚到距今约4000年，以之字纹筒形罐、C形玉龙、楔形石耜为主要考古学文化特点。内蒙古中南部黄河流域及环岱海地区的新石器时代文化，主要属于中原地区的仰韶文化和龙山文化序列。最早的以凉城县王墓山遗址为代表的"王墓山下类型"，其年代大约距今6000年，属于仰韶文化晚期。其后有托克托县的"海生不浪文化"、包头市的"阿善二期文化"、察哈尔右翼前旗的"庙子沟文化"、凉城县的"老虎山文化"等，以彩陶钵、小口尖底瓶、双耳罐为主要考古学文化特点。

内蒙古地区发现的青铜时代遗址有七千余处，其中以夏家店下层文化、夏家店上层文化、大口二期文化和朱开沟文化为典型。夏家店下层文化发现于老哈河及大小凌河流域，以赤峰药王庙、夏家店、蜘蛛山、大甸子遗址，范杖子墓地为典型，其后又有赤峰三座店山城遗址、二道井子聚落遗址等重要考古发现。夏家店上层文化南边老哈河流域以宁城县南山根遗址为代表，北边西拉沐沦河流域以赤峰克什克腾旗龙头山遗址为典型，时间为夏、商至春秋时期。同一时期的考古学文化在赤峰地区还有"井沟子"、"铁匠沟"、"水泉"等文化类型。内蒙古中南部的青铜时代遗址，较为典

赤峰市三座店石城遗址

赤峰市二道井子遗址考古发掘现场

型的是准格尔旗大口村的"大口二期文化"和伊金霍洛旗的"朱开沟文化"。在朱开沟文化的第五段遗存内，发现鄂尔多斯式青铜戈，从而将鄂尔多斯式青铜器的时代上限上溯到二里冈上层文化时期，也就是商代早期。经过考古发掘证明，以"鄂尔多斯式青铜器"为代表的"朱开沟文化"，是属于商周时期中国北方少数民族的文化遗存，其时代下限距今2500年左右。

　　秦汉、魏晋之际是中国历史上各民族走向大一统、大融合的重要历史阶段。秦汉王朝为稳定边疆统治，在内蒙古地区营建大小边疆城镇，并屯垦开发。初步统计，内蒙古地区有秦汉时期大小城镇多达四十余座，目前能够确定其地望的城址主要有以下几例：云中郡为托克托县古城村古城，沙陵县城址为托克托县哈拉板申村东古城，沙南县城址为准格尔旗十二连城域，侦陵县城址为托克托县章盖营子古城，北舆县城址为呼和浩特塔布陀罗海古城，阳原县城址为呼和浩特市郊八拜村古城，武泉县城址为卓资县三道营子村古城，五原郡治所为乌拉特前旗三顶帐房古城，临沃县城址为包头市麻池村古城，定襄郡治所成乐城为和林格尔县土城子古城，桐过县城址为清水河县上城湾古城，安陶县城址为呼和浩特市郊陶卜齐古城，武城县城址为和林格尔县榆林城古城，临戎县城址为磴口县补隆淖乡河拐子古城，窳浑县城址为磴口县沙金陶海保尔浩特古城，朔方郡治所三封县城为磴口县陶升井古城，美稷县城址为准格尔旗纳林镇古城，广衍县城址为准格尔旗瓦尔吐沟古城，沃阳县城址为凉城县双古城古城，右北平郡治所平刚县城为宁城县甸子乡黑城古城。这些秦汉时期城市遗址在魏晋南北朝时期继续沿用，成为鲜卑族南迁汉化的重要跳板。其中拓跋鲜卑南下建立的第一座都城盛乐城在今天的和林格尔县土城子古城，是内蒙古中南部最大的城市遗址，而北魏云中宫所在地就在今托克托县古城村古城。围绕着这两座古城，还分布有北魏重要的军事重镇，其中的沃野镇城址为乌拉特前旗苏独仑乡根子场古城，怀朔镇城址为固阳县城库伦古城，武川镇城址为武川旦乌兰不浪乡土城梁古城，抚冥镇城址为四子王旗库图城卜子古城，柔玄镇城址为察哈尔右翼后旗白音查干古城。目前在内蒙古地区共发现有秦汉魏晋时期的文物遗址多达三千余处，东西分布众多的城市遗址是这一特殊历史时期古代内蒙古地区多民族文化碰撞、融合、升华的实物见证。

内蒙古隋唐时期的文物遗址较少，目前初步统计有三百余处，这些文物遗迹也主要以城市遗址为主，目前能够认定其性质的主要有以下几例：隋代朔方郡长泽县城址为鄂托克前旗城川古城，榆林郡治所胜州城址为准格尔旗十二连城，富昌县城址为准格尔旗天顺圪梁古城，金河县城址为托克托县七星湖村古城，五原郡治所丰州城为乌拉特前旗东土城村古城。唐王朝为了加强对北方边疆地带的控制，实行节度使与羁縻州制度，内蒙古地区唐代的城镇多属于羁縻州府。其中振武节度使与单于都护府同驻一城，城址在今和林格尔县土城子古城，东受降城在今托克托县的大皇城古城，胜州城址在今准格尔旗十二连城古城，河滨县城址在今准格尔旗天顺圪梁古城，长泽县城

呼和浩特市和林格尔盛乐古城遗址发掘清理的汉代砖室墓

呼和浩特市和林格尔汉墓壁画——庄园图

在今鄂托克前旗城川古城，白池县城址在今鄂托克前旗二道川的大池古城，天德军城址在今乌拉特前旗陈二壕古城，中受降城址在今包头市傲陶窑子古城，兰池都督府城址在今鄂托克前旗三段地乡的巴拉庙古城，饶乐都督府城址在今林西县樱桃沟古城。这些隋唐时期的城址，大部分保存完好，城内遗迹丰富，出土文物精美。

辽金元时期内蒙古地区的文物遗址最为丰富，多达1.1万余处。这些文物遗址规模宏大，种类庞杂，精品众多，在世界文明史上具有重要的历史地位。位于内蒙古东部的赤峰市辖区，历史上是辽王朝的京畿地区，契丹人的政治中心。在这一地区分布有辽上京、辽中京两大都城，还分布有辽祖陵、辽怀陵、辽庆陵三大皇族陵寝。在辽代，中国北方草原地带开始了大规模的城市建设，据《辽史》记载，辽朝有"京五、府六、州军城百五十六、县二百有九"。目前能够确认的辽代城市遗址有两百余座，其中最为著名的上京临潢府城址在今巴林左旗林东镇，中京大定府城址在今宁城县大明城。除辽代京城以外，还有一些著名的州县城，如龙化州城址为今奈曼旗孟家段古城，永州城址为今翁牛特旗白音他拉古城，武安州城址为今敖汉旗丰收乡白塔子古城，丰州城址在今呼和浩特白塔古城，祖州城址在今巴林左旗石房子古城，庆州城址在今巴林右旗索博力嘎古城，通化州城址在今陈巴尔虎旗浩特陶海古城等。金代城址也多沿用辽代城址，其中北京路城址为今宁城县大明城，武平县城址在今敖汉旗白塔子古城，临潢府路城址在今巴林左旗林东镇南古城，长泰县城址在今巴林左旗十三敖包乡古城，西京路所属丰州城址在今呼和浩特市东白塔古城，东胜州城址在今托克托县的大皇城和小皇城，宁边州城址在今清水河县下城湾古城，净州城址在今四子王旗吉生太乡城卜子古城，桓州城址在今正蓝旗四郎城古城，集宁县城址在今察哈尔右翼前旗巴彦塔拉乡土城子古城，振武镇城址在今和林格尔土城子古城，宣宁县城址在今凉城县淤泥滩古城，天成县城址为今凉城县天成村古城等。金代的城市一般年代跨度较小，规模不显，但同样也被后来的元朝沿用与开发。古代的内蒙古地区是元朝的肇兴之地，此地建有元朝的开国之都——元上都，还分布有一系列的路府州县城市，文物遗迹丰富。世界著名的元上都城址位于今正蓝旗五一牧场内，城垣面积达四平方公里之多，是当时国际性的大都会。以元上都城址为中心，元代的城市遗址可以说是星罗棋布。成吉思汗母亲月伦太后和幼弟斡赤斤在其封地内兴筑的城郭位于今鄂温克族自治旗辉苏木巴彦乌拉古城，成吉思汗二弟哈撒儿在其封地内兴筑的城郭为今额尔古纳右旗黑山头古城，汪古部兴建的德宁路古城为在今达尔罕茂明安联合旗敖伦苏

赤峰市辽代上京城皇城内清理的塔基遗址

通辽市辽陈国公主墓发掘现场

木古城，元代砂井总管府城址为今四子王旗红格尔苏木大庙古城，元代集宁路城址在今察哈尔右翼前旗巴彦塔拉乡土城子古城，净州路城址在今四子王旗吉生太乡城卜子古城，弘吉剌部在其封地内兴筑的应昌路城址为今克什克腾旗达尔罕苏术鲁王城，全宁路城址为今翁牛特旗乌丹镇西门外古城，亦乞列思部兴建的宁昌路城址在今敖汉旗五十家子村，上都路下属的桓州城址为今正蓝旗四郎城，松州城址在今赤峰市红山区西八家古城，兴和路下属的威宁县城址在今兴和县台基庙古城，丰州城址在今呼和浩特市东白塔古城，云内州城址在今托克托县西白塔古城，东胜州城址在今托克托县大皇城，红城屯田所在今和林格尔县小红城古城，大宁路城址在今宁城县大明城，高州城址在今赤峰市松山区哈拉木头古城，兀剌海路城址在今乌拉特中旗新忽热古城，亦集乃路城址为今额济纳旗黑城。这些元代城市遗址呈扇形分布在中国北方的内蒙古草原地带，构成了规模宏大而又自成体系的文化遗产景观，是草原丝绸之路上的重要城市遗址，也是内蒙古自治区文化遗产的核心所在。

二 内蒙古文化遗产资源的特色与优势

内蒙古自治区地域辽阔，多山地、草原、沙漠的自然环境特点，加之人为干扰较少，使得地上、地下文化遗存大部分得以完整地保存下来。所以，内蒙古自治区文化遗产最大的特点是保存完整、种类丰富、精品辈出。特别是近几年，内蒙古自治区重要考古发现不断出现，文化遗产保护事业成绩斐然，现已形成具有民族与地域特色的文化遗产体系，彰显内蒙古自治区文化发展的强势与巨大的潜力。

1972年，在盛乐古城南发现的小板申东汉壁画墓，发现保存完好的壁画56组，57幅，榜题250条，是目前研究东汉庄园制度最为完整的实物资料。1986年，在通辽奈曼旗青龙山发掘的辽陈国公主墓，出土三千多件（组）金、银、玉质地的珍贵文物，

赤峰市耶律羽之墓耳室墓门

赤峰市宝山辽墓壁画《寄锦图》

其中金属面具、银丝网络以及璎珞、琥珀饰件堪称辽代文物之奇珍。辽陈国公主墓的考古发掘，被评为"七五"期间全国重要考古发现。1992年，在赤峰阿鲁科尔沁旗发掘的耶律羽之墓，墓内出土了大量金银器皿及五代时期的珍贵瓷器，其中孝子图纹鎏金银壶、盘口穿带白瓷瓶最为名贵。1994年，赤峰阿鲁科尔沁旗发现一座辽代贵族墓葬，墓室内发现了大面积精美的壁画，主要有《贵妃调鹦图》、《织锦回文图》、《高逸图》、《降真图》，壁画题材丰富，对于研究辽代的绘画艺术提供了弥足珍贵的实物资料。2003年，在通辽吐尔基山再次发现一座保存完好的辽代贵族墓葬，墓内出土有精美的彩绘木棺，棺内墓主人身着十层华丽的丝织衣物，伴出有金牌饰、金耳饰、金手镯及成串铜铃等，另外还发现有鎏金铜铎、银角号、包金银马具等大批珍贵文物，显示了辽文化的繁荣与昌盛。上述三项辽代重要的考古发掘，分别被评为1992年、1994年和2003年度的"全国十大考古新发现"。

2003年，位于乌兰察布市察哈尔右翼前旗集宁路古城，发现了一处完整的市肆遗迹及四十余处窖藏，出土了釉里红玉壶春瓶、青花高足碗、卵白釉"枢府"铭盘、青釉龟形砚滴、青釉荷叶盖罐、月白釉香炉等珍贵瓷器三百余件，其他瓷器标本上万件。由此，集宁路古城遗址被评为2003年度"全国十大考古新发现"。另外，内蒙古文物工作者还对元上都遗址进行了大规模的考古勘探与发掘。发掘清理了御天门、大安阁、穆清阁等重要文物遗迹，真实地再现了元代皇城的宏伟规模，极大地彰

通辽市吐尔基山辽墓主墓室

显了元上都遗址的突出价值。鉴于元上都的特殊历史地位，联合国教科文组织于2012年将其列入世界文化遗产名录——这是内蒙古自治区第一个世界文化遗产。

2009年，赤峰市二道井子夏家店下层文化遗址的考古发掘，揭露面积3500平方米，清理房屋、窖穴、灰坑、墓葬、城墙等遗迹单位近三百处，出土各类文物近千件，该遗址被评为中国社会科学院2009年度"中国六大考古新发现"和2009年度"全国十大考古新发现"。2010年，内蒙古自治区文物考古研究所在通辽市科尔沁左翼中旗舍伯吐镇哈民芒哈发现了一处距今约5500年前的大型史前聚落遗址。共清理出房址43座，墓葬6座，灰坑33座，环壕1条。出土陶器、石器、骨器、蚌器、玉器等文物近千件。特别重要的是，发现了保存完好的半地穴式房屋顶部的木质构架结构痕迹，为近年来东北地区史前考古的重大发现。哈民遗址的考古发掘由此被评为中国社会科学院2011年度"中国六大考古新发现"和2011年度"全国十大考古新发现"。

内蒙古自治区也是我国古代岩画资源最为富集的地区。在锡林郭勒盟、乌兰察布市、巴彦淖尔市、阿拉善盟、乌海市等地，发现古代岩画十万余幅，以阴山岩画、曼德拉山岩画、乌兰察布岩画、桌子山岩画最为典型，时代纵跨上万年。这些岩画以古阴山山脉为中心，东西横亘几千公里，堪称世界上最长的、内容最为丰富的古代艺术画廊。长城是集系统性、综合性、群组性于一身具有突出普遍价值的世界文化遗产，它是当今世界上保存最长、辐射面最广、影响最为深远的文化线路。在内蒙古自治区

乌兰察布市集宁路古城清理出的市肆大街遗址

境内共分布有战国燕、战国赵、战国秦、秦代、西汉、东汉、北魏、隋代、北宋、金代、西夏、明代修筑的长城。这些长城分布于全区12个盟市的76个旗县，总计长度达约7570公里，单体建筑、关堡和相关遗存总数达九千六百余处。内蒙古自治区的长城资源总量，占到了全国长城资源总量的三分之一，无论是时代之多还是体量之大，在全国16个有长城分布的省、自治区、直辖市中，都是位居第一。

与考古发现相辅相成的是一大批珍贵文物的出土。目前全区共有馆藏文物50万件（组），其中国家一级文物1790件，二级文物4050件，三级文物6545件。这些文物时代特征鲜明，民族特色浓郁，是内蒙古自治区重要的文化资源。在内蒙古赤峰地区发现的红山文化碧玉龙，堪称"中华之最"，中华文明的曙光。鄂尔多斯市霍洛柴登出土的匈奴王鹰形金冠饰、虎牛咬斗纹金带饰等珍贵文物，是匈奴贵族单于王的重要遗物。乌兰察布市发现的"虎噬鹰"格里芬金牌饰、金项圈，象征着匈奴王权的尊贵与威严。呼伦贝尔市、通辽市、乌兰察布市等地发现的"叠兽纹"、"三鹿纹"金牌饰以及其他的金冠饰、金带饰等文物，都是鲜卑贵族使用的代表性装饰品。赤峰市喀喇沁旗出土的双鱼龙纹银盘、鱼龙纹银壶、波斯银壶，是唐代"草原丝绸之路"上发现的一批重要文物。辽代陈国公主墓出土的黄金面具、龙凤形玉配饰，耶律羽之墓出土的褐釉鸡冠壶、双耳穿带瓶，吐尔基山辽墓出土的彩绘木棺、鎏金宝石镜盒以及造型各异的瓷器、金器、玉器及装饰奢华的马具等，是辽代文物的精品。元上都遗址出土的汉白玉龙纹角柱与柱础，再现了元代皇家宫城建筑的华丽与辉煌的气势。金马鞍是体现蒙古族游牧与丧葬风俗的绝品文物，具有游牧民族"四时迁徙，鞍马为家"的文化特点，又是蒙古贵族"秘葬"风俗习惯的真实反映。而八思巴字的圣旨令牌，是代表元朝皇权的典型文物，既是传达皇帝圣旨与政令的信物，也是蒙元时期军政合一的政治体制特点与国家驿站制度的综合体现。元代瓷器类文物首推青花、釉里红瓷器，其中以包头燕家梁出土的青花大罐，集宁路出土的青花梨形壶、釉里红玉壶春瓶最为珍贵。这些林林总总的文化遗产是内蒙古自治区珍贵的文化资源，是草原文明的主要实物载体，也是草原文化薪火相传的重要实物例证。

三　充分发掘草原文化遗产的重要意义

目前，内蒙古自治区文化遗产保护事业蓬勃发展，取得了累累硕果。重要的考古发现层出不穷，学术研究成果斐然，有力地保障了内蒙古自治区文化事业的健康发展。文化遗产日益成为促进经济社会和谐发展的重要因素，在弘扬中华传统文化、增

锡林郭勒盟元上都古城穆清阁遗址

强国民凝聚力和向心力、建设社会主义和谐社会等方面发挥着不可替代的重要作用。

首先，文化遗产的发掘研究夯实了草原文化研究的理论基础。内蒙古地区的一系列重大考古发现，极大地丰富了草原考古学文化的内涵。如通过对内蒙古呼和浩特东郊大窑旧石器遗址的考古发掘，发现属于旧石器文化的石器制造场与其他的人类遗迹，相当于北京周口店第一地点的文化面貌，将内蒙古地区人类的历史提升到了50万年；再如红山文化遗址及典型文物碧玉龙的发现，堪称中国第一缕文明的曙光。红山诸文化考古序列的确立，如同中原地区第一次从地层上明确划定了仰韶文化、龙山文化、商文化的时间序列的意义一样，将中国文明的历史从发端到发展的历史脉络勾勒得一清二楚，填补了中国考古学文化的空白，极大地完善了草原文化研究的序列与谱系。

其次，对文化遗产的发掘研究，关系到"两个一百年"奋斗目标和中华民族伟大复兴"中国梦"的实现，也是提高国家文化软实力、建设文化强区的时代需要。文化遗产是一个时代、一个民族文化与文明的物化遗留，是民族文化的精粹，是人们唯一能够看得到、摸得着的文化实体，具有无可比拟的感召力与影响力，也是人类社会可持续发展的重要因子。因此，文化遗产也是人类社会重要的文化资源，对其进行深入

阿拉善盟曼德拉山岩画《狩猎图》

巴彦淖尔市小佘太秦长城遗址

的发掘研究，既是对优秀民族文化的继承与认知，也是为建设文化强区提供精神动力与智力支持。所以，将丰富的文化遗产资源优势转化为强大的发展优势和发展动力，在文化建设上实现新的跨越，这也是提升国家文化软实力、建设文化强区的迫切需要。

再次，对文化遗产的发掘研究，是让文化资源惠及民众的必然要求及有效途径，也是文化大发展、大繁荣的时代需要。文化遗产是国家重要的文化资源，承载的信息量丰富，知名度高，对社会的影响巨大，是丰富人民精神世界、增强人民精神力量的重要介质。人民群众是文化遗产的所有者、鉴赏者和传承者，文化遗产保护必须依靠人民群众，文化遗产保护成果也必须惠及社会，融入社会，为民造福。文化遗产是中华民族文化的结晶，也是中华民族多元一体文化格局的实物见证。弘扬社会主义先进文化，增强全民族文化创造活力，推动文化事业全面繁荣发展，这就是我们实现文化遗产价值的现实需要，也是我们要保护、弘扬文化遗产的根本目的。

赤峰市文化遗产综述

张红星

赤峰蒙古语称"乌兰哈达"，意为红色山峰，因城区东北部赭红色山峰而得名。赤峰市位于内蒙古自治区东南部，地理坐标北纬41°17′10″～45°24′15″，东经116°21′07″～120°58′52″。东、东南与通辽市和辽宁省朝阳市相连，西南与河北省承德地区接壤，西、北与锡林郭勒盟毗邻。东西最宽375公里，南北最长457.5公里，总面积90275平方公里，辖红山区、松山区、元宝山区、宁城县、林西县、阿鲁科尔沁旗、巴林左旗、巴林右旗、克什克腾旗、翁牛特旗、喀喇沁旗、敖汉旗。赤峰是一个以蒙古族为主体民族、汉族占多数的多民族城市，有蒙、汉、回、满等三十多个民族，总人口460万，是内蒙古第一人口大市，约占内蒙古人口的五分之一，其中蒙古族人口93万。

一 赤峰市自然环境概况

赤峰地区地处大兴安岭南段和燕山北麓山地，整体西高东低，多山地、丘陵，西部为高平原区，北部、南部为山地丘陵区，东部为平原区，山地约占赤峰市总面积的42%，丘陵约占24%，高平原约占9%，平原约占25%。赤峰地区海拔高300～2000米不等，东部在西拉沐沦河与老哈河即将汇流的翁牛特旗大兴乡地区，海拔高度不足300米，为赤峰市地势最低地带；西部克什克腾旗、松山区和河北省围场县交界处的大光顶子山，海拔高2067米，为赤峰市第一高峰。主要山脉有大兴安岭南段、努鲁儿虎山、七老图山三条山脉。赤峰属中温带半干旱大陆性内陆季风气候区。春季干旱而多风，夏季短促炎热，雨水集中，秋季较短，霜冻早临，冬季漫长而寒冷。大部地区年平均气温为0～7℃，1月平均气温为−10℃左右，极端最低气温−27℃；7月平均气温在20～24℃之间。年降水量300～500毫米不等，受地形影响十分明显，不同地区差别很大。主要水系有乌尔吉木伦河水系、西拉沐沦河水系、教来河水系、老哈河水系，还有一些内陆河。其特定的地理位置、复杂的地质地貌、差异显著的自然环境，使赤峰地区成为较为独特的农耕文明与游牧文化交错碰撞地带，孕育了丰富多彩、绚丽缤纷、复杂多样的古代文明，在中华民族灿烂悠久的历史长河中熠熠生辉，成为中华文明的重要源头之一。

二 赤峰市历史沿革

活跃在赤峰地区的古代先民，在创造了光辉灿烂文明的同时，也留下了大量珍贵的文物古迹。目前，赤峰地区已经查明的不可移动古文化遗存达7340处之多[1]，约占全区不可移动古文化遗存的35%。其中全国重点文物保护单位52处（包括遗址群），自治区级重点文物保护单位29处，市县级重点文物保护单位350处。这些遗存或为地下，或为地上，涵盖遗址、墓葬、长城、建筑、岩画、碑刻、近现代重要史迹等各个方面，跨越石器时代、青铜时代、战国秦汉、南北朝、唐、宋辽金元、明清、近现代等不同时期。它们像一篇篇隽永绚丽的长篇史诗，默默地为世人展示着赤峰地区悠远浑厚的文化底蕴和丰富独特的文化内涵，也为赤峰及内蒙古考古事业的蓬勃发展提供了得天独厚的资源优势。

早在遥远的旧石器时代，在赤峰这块辽阔的土地上就已经有了人类的活动。1974年，在翁牛特旗乌丹镇大新井村上窑自然村西北1.5公里的老虎洞山上发现一处旧石器时代人类穴居遗址，该洞穴处在老虎洞山山顶陡峭的崖壁底层。在洞口附近曾采集到三件打制石器，为旧石器时代遗物，距今约一万年。上窑遗址是赤峰地区目前发现的唯一的一处旧石器时代文化遗存。

到新石器时代，这里形成了以西辽河流域为中心的、自成系统的文化圈，小河西、兴隆洼、赵宝沟、富河、红山、小河沿等诸文化在这里诞生。

20世纪80年代初，敖汉旗文物管理所在孟克河沿岸及附近地区进行文物普查时，发现十余处以素面陶为特征的遗址。1987年，中国社会科学院考古研究所内蒙古工作队发掘了敖汉旗木头营子乡小河西遗址，提出了"小河西文化"的命名[2]。1988年中国社会科学院考古研究所内蒙古工作队发掘了翁牛特旗广德公乡大新井子遗址、敖汉旗玛尼罕乡榆树山遗址和牛古吐乡西梁（千斤营子）遗址[3]，均为小河西文化遗存，并在1990年提出了小河西文化"千斤营子类型"的命名。1988～1991年内蒙古自治区文物考古研究所在发掘林西县双井店乡白音长汗遗址时，发现小河西文化遗存。1999年中国社会科学院考古研究所内蒙古工作队与喀喇沁旗文物管理所联合对喀喇沁旗牛营子镇马架子遗址进行了调查，属小河西文化遗存。从第二次文物普查得知，内蒙古该时期文化遗存数量较少，仅39处，全部分布在赤峰敖汉旗、翁牛特旗、喀喇沁旗、松山区、阿鲁科尔沁旗、巴林右旗等地区，敖汉旗、翁牛特旗为其分布中心地带。小河西文化是目前内蒙古东南部地区已确认的时代最早的新石器时代考古学文化，年代距今9500～8400年左右，与稍后的兴隆洼文化存在一定的文化承继发展关系。

1982年敖汉旗文物普查时发现了兴隆洼遗址，1983～1994年中国社会科学院考古研究所等相关单位对该遗址进行了七次考古发掘，确定该遗址年代距今8200～7400年，命名为兴隆洼文化[4]。1988～1991年内蒙古自治区文物考古研究所发掘白音长汗遗址，认定为兴隆洼文化白音长汗类型[5]。1991年内蒙古自治区文物考古研究所发掘了克什克腾旗南台子遗址，提出了"南台子类型"的命名[6]。1991年发掘了克什克腾旗盆瓦窑遗址[7]，该遗址为兴隆洼文化遗存。1991年、2009年发掘巴林右旗塔布敖包遗址，发现兴隆洼文化遗存[8]。1998年中国社会科学院考古研究所和敖汉旗博物馆发现了北城子遗址，为一处大型兴隆洼文化环壕聚落遗址[9]。2001～2003年，中国社会科学院考古研究所内蒙古工作队对兴隆沟聚落遗址进行了局部发掘[10]，第一地点为兴隆洼文化中期大型聚落。兴隆洼文化的分布范围十分广阔，东起医巫闾山，西逾大兴安岭，北过乌尔吉木伦河，东北至吉林省通榆，向南波及天津附近冀东南一带。其中，西拉沐沦河、老哈河、教来河、大凌河流域是兴隆洼文化遗址的主要分布区。全国第二次文物普查时发现在赤峰松山区、敖汉旗、翁牛特旗、克什克腾旗、林西县、巴林右旗、巴林左旗、喀喇沁旗等地有该时期遗迹一百多处。兴隆洼文化是继小河西文化之后的分布于西辽河及大小凌河流域的新石器时代中期的考古学文化，为该地区新石器时代文化发展的第一个繁荣期，年代距今8400～7000年。其以大型聚落建筑、最早使用玉器、出现居室墓以及独特的陶器等令后人叹为观止。

1982年，中国社会科学院考古研究所内蒙古工作队在敖汉旗相继发现赵宝沟遗址和小山遗址，采集到一些以压划几何纹为主要特征的夹砂黄褐陶和夹细砂黑陶标本，苏秉琦先生称这类遗存为"赵宝沟类型"[11]。1983年，敖汉旗博物馆发现南台地遗址，为赵宝沟文化遗址。1984～1986年，中国社会科学院考古研究所内蒙古工作队先后对小山遗址和赵宝沟遗址[12]进行了考古发掘，命名了赵宝沟文化。1988年，中国社会科学院考古研究所内蒙古工作队发掘了翁牛特旗小善德沟遗址，为赵宝沟文化遗存。1988～1991年，内蒙古自治区文物考古研究所在林西县白音长汗遗址中也发现赵宝沟文化遗存。1991年内蒙古自治区文物考古研究所发掘了林西县水泉遗址，命名为赵宝沟文化"水泉类型"[13]。赵宝沟文化的分布区域相对较大，西起西拉沐沦河上源，东到教来河流域的奈曼旗附近，北越西拉沐沦河抵林西地区，南抵辽东湾，主体分布范围在西拉沐沦河、老哈河、大凌河流域，以及滦河上游。全国第二次文物普查时发现赤峰地区有赵宝沟文化遗存九十余处，除红山区、元宝山区、宁城县外，其他各旗、县、区均有发现。赵宝沟文化承继了兴隆洼文化发展而来，它是燕北西辽河流域考古学文化发展的第二次高峰期，时代距今7500～6500年。

1962年，中国科学院考古研究所内蒙古工作队发掘了巴林左旗富河沟门遗址，发现一种新的新石器时代考古学文化[14]，此后提出"富河文化"的命名。1961～1962年发掘巴林左旗金龟山遗址，发现了富河文化遗存。1962年发掘的巴林左旗南杨家营子遗址也发现了富河文化遗存。与西辽河流域其他考古学文化相比，已发现的富河文化遗址相对较少，主要分布在西拉沐沦河以北地区，南部与红山文化有所重叠，以乌尔吉木伦河流域较为集中。全国第二次文物普查在赤峰地区发现近四十处，集中在巴林左旗、阿鲁科尔沁旗，时代距今7500～5000年。富河文化先民已经有了占卜习俗，遗址中发现了卜骨，这是我国迄今为止发现的最早的卜骨。

红山文化的发现可以追溯到20世纪初，1906～1908年，日本人鸟居龙藏三次进入赤峰境内开展野外考古调查，首次向世人披露了西拉沐沦河流域红山文化遗存的信息。1919～1924年，法国学者桑志华和德日进也曾数次在赤峰地区进行调查。1930年，梁思永先生对英金河和红山嘴一带进行考古调查。1930～1933年，日本人牟田哲二等人在红山及其附近采集文物标本，德永重康等人在红山前后搜集了一些遗物并发掘了几座石棺墓。1935年，日本东亚考古学会对红山后遗址进行发掘。1938年，滨田耕作和水野清一出版了《赤峰红山后》一书，在学界引起较大反响[15]。1943年，佟柱臣先生到赤峰地区进行考察。1954年，尹达先生根据梁思永先生的建议，正式定名为红山文化[16]。1956年，裴文中、吕遵谔、严文明先生等对红山文化遗存进行了野外调查和复查发掘，1958年，发表了《内蒙赤峰红山考古调查报告》[17]。此后一大批红山文化遗存被调查或发掘，主要有赤峰西水泉、蜘蛛山[18]、魏家窝铺[19]、上机房营子、陈家营，翁牛特旗三星他拉[20]、海金山、二道窝铺、老牛槽沟、下山湾，敖汉旗三道湾子、四棱山、兴隆洼、西台、兴隆沟、草帽山[21]，巴林左旗友好村二道梁，巴林右旗那斯台[22]、洪格力图、黑德宝龙、查干诺尔、查干木伦河流域C类型、查日斯台、古日古勒台，林西县白音长汗，克什克腾旗南台子，元宝山区哈啦海沟等遗存。红山文化分布范围西起河北省的张家口，东到辽河中游，北达大兴安岭，南抵京津地区，老哈河中上游到大凌河中上游的两河流域是红山文化分布的中心区。全国第二次文物普查时发现赤峰地区有红山文化遗存七百三十余处。红山文化是中国北方新石器时代最具有代表性的考古学文化，时代距今6700～5000年。红山文化展露出中华文明的曙光，她是燕北西辽河流域考古学文化发展的第三次高峰期。翁牛特旗三星他拉出土的大型红山文化玉龙，是我国目前发现的时代最早、体形最大、制作最精美的龙型玉器，赤峰因此成为"龙的故乡"。

1960年，昭乌达盟文物工作站（赤峰博物馆前身）在敖汉旗石羊石虎山发掘了一座墓葬，该墓葬不同于该地区已知的文化遗存，为新材料。相同类型的遗存在喀喇沁旗楼子店西山、赤峰市三座店、林西县锅撑子山、翁牛特旗等均有发现。1974年，辽宁省博物馆、昭乌达盟文物工作站、敖汉旗文化馆对敖汉旗小河沿乡南台地遗址发掘后，正式命名为"小河沿文化"[23]。此后在翁牛特旗石棚山墓地和老鹤窝山墓地、克什克腾旗上店村北墓地和村西遗址、林西县白音长汗遗址、元宝山区哈啦海沟墓地均发现小河沿文化遗存。小河沿文化主要分布在西拉沐沦河、老哈河和教来河流域，第二次文物普查时在赤峰地区发现八十余处，年代距今5500～4000年。当时社会生产男女分工明确，已出现了贫富不均的现象，并有了原始刻划文字符号或祭文。

至青铜时代，赤峰地区形成了独具地方特色的夏家店下层文化和夏家店上层文化。全国第二次文物普查时发现青铜时代遗存三千六百九十余处，占赤峰地区文物遗址点的50%左右，充分说明青铜时代赤峰地区文化发展又出现了一个繁荣期。

1960年，中国科学院考古研究所内蒙古发掘队在松山区药王庙和夏家店两地进行试掘，发现了两种青铜文化并存，其中一种命名为"夏家店下层文化"[24]。1960年，内蒙古文物工作组发掘宁城县小榆树林子遗址，其时代与松山区夏家店遗址相同。1961年，中国科学院考古研究所内蒙古发掘队发掘了宁城县南山根遗址[25]，发现夏家店下层文化的遗存。20世纪60年代徐光冀先生等人对阴河、英金河流域的夏家店下层文化山城进行了详细调查，共发现山城43座，并得出其分布规律，城址东西大体可为三大组，并且有中心城址[26]。1963年，中国社会科学院考古研究所内蒙古工作队对蜘蛛山遗址进行了考古发掘，发现夏家店下层文化遗存。1974～1983年，中国社会科学院考古研究所内蒙古工作队对敖汉旗大甸子遗址进行了四次考古发掘，发现该遗址是一处由土筑城墙、环壕的聚落遗址和墓地组成的大型夏家店下层文化遗址，也是目前唯一一处保存状况较好且经过有计划大面积发掘的夏家店下层文化墓地[27]。1981年，在翁牛特旗梧桐花镇头牌子敖包山前出土了四件夏家店下层文化大型青铜器，内蒙古地区极为罕见。1982年，内蒙古文物工作队对敖汉旗范仗子墓群进行发掘，为夏家店下层文化遗存。1982年，中国社会科学院考古研究所内蒙古考古工作队在敖汉旗进行文物普查时发现柳南墓地，1983年，开始发掘工作并提出了柳南类型，其时代为夏家店下层文化晚期[28]。此后，赤峰地区夏家店下层文化考古研究工作迅速升温，取得了大量成果。1996～1998年，中国社会科学院考古研究所、内蒙古自治区文物考古研究所、吉林大学考古系联合发掘了喀喇沁旗大山前遗址，属夏家店下层文化类型[29]。1999年，中国社会科学院考古研究所、内蒙古自治区文物考古研究所、吉林大学考古系联合对半支箭河中游进行调查时，发现了38处夏家店下层文化[30]。2000年，中国社会科学院考古研究所和敖汉旗博物馆考古人员对敖汉旗城子山遗址进行了调查，初步确定城子山遗址是目前发现的规模最大的夏家店下层文化祭祀遗址[31]。2003年，中国社会科学院考古研究所发掘了敖汉旗兴隆沟遗址，发现夏家店下层文化遗存。2005年，内蒙古自治区文物考古研究所对松山区上机房营子遗址、陈家营遗址和敖汉旗西粉房遗址进行发掘，发现夏家店下层文化遗存。2005～2006年，内蒙古自治区文物考古研究所对三座店遗址进行了发掘，为夏家店下层文化遗存[32]。2006年，内蒙古自治区文物考古研究所、吉林大学边疆考古研究中心联合发掘了赤峰市康家湾遗址、上机房营子石城址、上机房营子西梁石城址。2009年，内蒙古自治区文物考古研究所发掘了红山区二道井子遗址，为夏家店下层文化聚落遗址[33]。夏家店下层文化分布范围以赤峰为中心，东至辽宁西部，南达京津地区，西到张家口以东，北抵西拉沐沦河流域，夏家店下层文化年代距今4000～3300年，以山城遗址最具代表性。第二次文物普查时在赤峰地区发现三千余处，约占赤峰地区文物遗址的41%。除巴林左旗外都有分布，基本集中在西拉沐沦河以南地区，有二千九百八十余处。

1960年，中国科学院考古研究所内蒙古发掘队在赤峰松山区药王庙和夏家店试掘时，将发现的其中另一种青铜文化命名为"夏家店上层文化"。1960年，内蒙古文物工作组发掘宁城县小榆树林子遗址，发现夏家店上层文化遗存。1961年，中国科学院考古研究所内蒙古发掘队发掘了宁城县南山根遗址，出土了夏家店上层文化遗物。1963年，昭乌达盟文物站、中国科学院考古研究所东北工作队在南山根遗址附近发掘一座石板墓，出土大量夏家店上层文化遗物。1963年，中国社会科学院考古研究所内蒙古工作队对蜘蛛山遗址进行了考古发掘，发现夏家店上层文化堆积；辽宁省昭乌达盟文物工作站、中国科学院考古研究所东北工作队对南山根石椁墓进行发掘，出土了一批夏家店上层文化遗物[34]。1976年，辽宁省博物馆文物工作队、林西县文化馆对林西县大井铜矿遗址进行了发掘，1978~1988年，林西县文物管理所又对该遗址进行两次专题调查，该遗址为我国最早发现、发掘的夏家店上层文化矿冶遗址，也是目前世界上唯一的直接以共生矿冶炼青铜的古矿冶遗址[35]。1981年，中国社会科学院考古研究所内蒙古工作队、昭乌达盟文物工作站、敖汉旗文化馆联合发掘了敖汉旗周家地墓地，发现夏家店上层文化服饰，是我国北方所出土最早的成套服饰实物。1985~1993年，内蒙古自治区文物考古研究所、赤峰文物工作站、宁城县辽中京博物馆等对宁城县小黑石沟遗址进行了三次发掘，发现大量夏家店上层文化遗物，多属东胡遗存[36]。1987~1991年，内蒙古自治区文物考古研究所、克什克腾旗博物馆对克什克腾旗龙头山遗址进行了四次发掘，该遗址由居住区、墓葬区、祭祀区和石器打制场构成，出土了青铜鹿牌饰等遗物，并提出夏家店上层文化"龙头山类型"[37]命名。1991年、2009年，内蒙古自治区文物考古研究所和中山大学人类学系分别对巴林右旗塔布敖包遗址进行了发掘，发现大量夏家店上层文化遗存[38]。1996年，林西县文物管理所在林西县井沟子清理一座墓葬，发现一些夏家店上层文化遗物；2002~2003年，内蒙古自治区文物考古研究所与吉林大学边疆考古研究中心对井沟子墓地进行了发掘，出土了大量青铜时代遗物，确认为青铜时代晚期"井沟子类型"[39]。夏家店上层文化分布以西拉沐沦河和老哈河流域最为密集，范围北至查干沐沦河、乌尔吉木伦河流域，东南到凌河上游，东北至教来河、孟克河，西南达承德地区。赤峰地区发现六百八十余处，各旗县区均有分布，大多集中在西拉沐沦河以南地区。夏家店上层文化年代距今3000~2300年，有学者认为夏家店上层文化为"东胡文化"，也有学者认为是山戎遗存[40]。山戎是西周春秋之际崛起于中国北方的一支强族。从夏家店上层文化的时间和分布看，与史籍记载的山戎族的活动正相吻合，故其族属可以确认为山戎。从赤峰地区发现的夏家店上层文化的年代北部早于南部这一迹象分析，山戎的始兴和发展，曾经历了一个由北而南的过程。夏家店上层文化之所以南迁，是因为强大的山戎步步南迫所致。

可见，20世纪50年代以来，通过一代代文物工作者的辛勤耕耘，确认了小河西、兴隆洼、赵宝沟、富河、红山、小河沿、夏家店下层、夏家店上层等考古学文化的特点和属性，建立了内蒙古东部地区新石器时代至青铜时代的考古学文化发展序列及谱系。这一时期，赤峰地区高度发展的文明足可与中原与南方地区媲美，有的并驾齐驱，有的有过之而无不及。因此，新石器时代至青铜时代，赤峰地区丰富的文化内涵、鲜明的区域特色、高度发达的文明程度备受学界瞩目。

战国以来，赤峰地区一直活跃着许多或农耕或渔猎或逐水草而居的少数民族，先后有山戎、东胡、匈奴、乌桓、鲜卑、契丹、库莫奚、霫、女真、蒙古、满族等。这些民族大多建立了政权，在这片土地上生息繁衍。他们既有自身独特的文化传统，又与周边及中原各族有着极为密切的联系。他们是祖国大家庭中的重要成员，为创造中华民族光辉灿烂的古代文明、建立多元一体的格局，作出了突出的贡献。

战国时期，山戎后裔东胡在赤峰地区崛起，这是一个由许多族属相同而名号各异的部落组成的强大部落集团。自战国至汉初，数百年间东胡一直是中国北方的强族，并在战国晚期一度成为北方草原的霸主。燕昭王十二年（公元前300年），燕国派大将秦开率军北伐，一举击破东胡，东胡却地千里，退居西拉沐沦河流域草原地区，转而向西发展。燕国屯田戍守，修筑长城，东起襄平（今辽阳），西止造阳（今张北），是中国历史上最早修筑的长城之一。长城在赤峰地区西从河北围场入境，东行经喀喇沁旗，越老哈河，穿越辽宁省建平县北部入敖汉旗，再东下进入通辽市奈曼旗，境内长三百余公里。同时燕国设右北平郡，郡址位于宁城县甸子乡黑城村，为赤峰历史上首次设立郡县。依据全国第二次文物普查统计，赤峰地区战国时期遗存约四百处，基本集中在西拉沐沦河以南地区，敖汉旗、喀喇沁旗、松山区占绝大多数，阿鲁科尔沁旗、巴林左旗、林西县尚未发现。1943年文物工作者调查了赤峰境内的燕北长城部分地段，1965年昭乌达盟文物工作站又曾在市郊对燕北长城进行调查[41]。1961年，昭乌达盟文物工作站在赤峰市箭亭子胡同发现一座战国墓。20世纪70年代敖汉旗老虎山遗址曾出土大量战国和秦代遗物。1975～1979年，文物工作者调查了赤峰市境内的燕北长城[42]。1984年，在敖汉旗刁家营子城址东出土燕国刀币。1985年，赤峰市文物站在红山区清理了一座战国墓葬。1991年，敖汉旗博物馆对敖汉旗铁匠沟战国墓地进行调查。1993年调查、清理了乌兰宝拉格战国墓地。1995年，内蒙古自治区文物考古研究所、吉林大学考古系对敖汉旗水泉墓地进行清理[43]，发现战国时期遗存。2005年内蒙古自治区文物考古研究所对赤峰市陈家营遗址、敖汉旗西粉房遗址进行发掘，也发现了战国遗物。

秦始皇帝二十六年（公元前221年），秦建立了统一的中央集权国家。为防止北部的匈奴和东胡入侵，始皇帝三十二年（公元前215年）将战国时期秦、燕、赵三国的长城连接起来，西起临洮（甘肃），东止辽东（辽阳）。赤峰地区主要为原燕北长城，沿线设有多处烽火台、戍堡。秦二世元年（公元前206年）匈奴冒顿单于袭击东胡，"遂大破灭东胡王"，东胡部众四散，其中与部分流散至西拉沐沦河以北的乌桓山（巴林右旗罕山）聚集为乌桓部。长城以南属右北平郡、辽西郡所辖，长城以北饶乐水（今西拉沐沦河）流域为乌桓属地。西汉元朔元年（公元前128年），汉匈战争开始，右北平地区成为当时重要的战场之一。元狩四年（公元前119年），霍去病出右北平击破匈奴。西汉王朝为了阻止匈奴南下，修筑长城，东起辽宁丹东，西止甘肃。长城在赤峰境内主要分布在喀喇沁、宁城南部山区，长约150公里。长城以南属右北平郡、辽西郡所辖，长城以北依然为乌桓属地。新莽始建国元年（公元9年），开郡国铸钱之例，宁城县甸子乡黑城成为东汉初期中国北方规模最大的郡国铸钱基地。东汉建武二十五年（公元49年），乌桓部部分南迁，部分留居原地归属鲜卑。是时，五郡塞外地遂为鲜卑所据。汉廷在其辖境复置护乌桓校尉。东汉建武三十年（公元54年），鲜卑内附，汉廷令居乌桓故地，赤峰地区为东部宇文鲜卑居地。赤峰地区秦汉时期遗存较少，只有数十处，多分布于喀喇沁旗、宁城县、敖汉旗地区，其他旗县只有零星分布。1956年，内蒙古文物工作组对宁城黑城子遗址进行调查，发现了一些汉代遗存[44]。1962年，中国社会科学院考古研究所内蒙古工作队与昭乌达盟文物站发掘了巴林左旗南杨营子遗址，为汉代鲜卑文化遗存[45]。1963年，中国社会科学院考古研究所内蒙古工作队对赤峰蜘蛛山遗址进行发掘，出土了大量秦汉时期遗物。20世纪60~70年代，红山区、巴林左旗、阿鲁科尔沁旗、宁城县、翁牛特旗等地曾出土汉代铜印。1976年，在赤峰三眼井发现秦始皇诏书铭铁权。1976年，昭乌达盟文物工作站和宁城县文化馆对宁城县黑城遗址进行清理，出土"后钟官工哀造世"、"前钟官工良造第世"、"始建国元年三月"铭文钱币陶范[46]。1979年，文物工作者对宁城县黑城遗址进行了详细勘测[47]。1981年，林西县文物管理所在苏泗汰清理墓葬一座，为汉代鲜卑文化遗存。2005年，内蒙古自治区文物考古研究所、赤峰市博物馆对敖汉旗西粉房遗址进行发掘，发现东汉时期鲜卑墓葬。

三国时期，赤峰地区一直为宇文鲜卑居地。西晋初期，宇文鲜卑建牙帐于紫蒙川（今老哈河流域），赤峰地区为宇文部活动的中心。4世纪中叶，宇文鲜卑被慕容鲜卑击败，赤峰地区为慕容鲜卑所占。西晋中晚期至隋代，赤峰南部分属北朝的后赵、前燕、前秦、后燕、北燕和后魏、东魏、北齐、北周统辖，赤峰北部松漠之间为库莫奚、契丹所居。赤峰地区该时期遗存明确的较少，只有巴林右旗巴罕宝力格遗址、他斯拉哈遗址和林西马莲滩遗址、克什克腾旗砧子山岩画群等数处[48]。1965年，巴林左旗白音戈洛曾出土北魏时期铜镞一件。

隋代，赤峰地区南部为奚族领地，中部为契丹所占，北部为霫族所属。唐代赤峰地区为唐所有，为了加强统治，对北方民族实行羁縻政策，设置羁縻府州。唐高祖武德五年（622年），曾于奚地置饶乐都督府，后不久废置。唐贞观二十一年（647年），在霫地设居延州。贞观二十二年（648年），在奚族境内设置了饶乐都督府，故址为林西县饶州故城[49]；在契丹驻地设立松漠都督府，有学者认为其故址在阿鲁科尔沁旗境内。唐开元十四年（726年）饶乐都督府改为奉诚都督府。唐天宝初年（742年为天宝元年），再次将奉诚都督府恢复原名饶乐都督府。唐朝后期政治衰微，藩镇渐成割据势力，朝廷对边疆羁縻府州经营无力，契丹、奚脱离了唐朝的统治。1962年，在阿鲁科尔沁旗白音花苏木曾发现《大唐营州都督许公德政之碑》碑额。1975年，在敖汉旗李家营子出土了一批金银器，为唐代具有波斯萨珊王朝风格的遗物[50]。1976年，在喀喇沁旗哈达沟门出土几件唐代金银器[51]，可能为唐王朝回赐给奚王之物。1979年，在赤峰郊区洞山发现唐代金银器窖藏。1989年，敖汉旗太平营子也出土了一批唐代具有波斯萨珊王朝风格的遗物。

辽太祖神册元年（916年），耶律阿保机建立了契丹国，将中国北方地区的政治、经济和文化发展水平推向前所未有的高度，开创了北方草原民族发展的黄金时代。赤峰地区作为契丹族龙兴之地，设上京临潢府、中京大定府，并有祖陵、庆陵、怀陵及其奉陵邑，同时又设置大量州、县城、投下州城、边防城等。其中上京始建于太祖神册三年（918年），是契丹在本土兴建的第一座京城，也是我国草原上兴建的最早的都城。据全国第三次文物普查统计，赤峰地区辽代各类城址70处、遗址2305处、墓葬913处、其他35处，约占赤峰地区全部文物遗址点的45%。目前祖陵与祖州[52]、怀陵与怀州[53]、高州[54]、松山州[55]、仪坤州、义州、全州、长泰县、黑河州、庆州[56]、饶州及长乐县、临河县、安民县、丰州、永州、降圣州、武安州[57]等位置和文化属性已基本明确。清道光二十六年（1846年），学者张穆踏查了辽上京遗址[58]。1892年，俄国人波兹德涅耶夫调查了庆州遗址。20世纪初发现喀喇沁旗耶律琮墓[59]、宁城的李知顺墓。1914年，庆陵遭林西县王知事盗掘。1920年，法国神甫牟里对上京、祖州、庆州、怀州、庆陵等地进行考察。1922年，比利时神父凯尔温从庆陵中抄录了辽兴宗契丹小字哀册和仁懿皇后契丹小字哀册。1930年，庆陵又遭热河军阀盗掘。1936年，日本人江上波夫等对上京等多处辽代遗址进行调查。1939年，日本人盗掘庆陵，并对壁画进行临摹[60]。1944年，岛田正郎等人发掘了祖州城[61]。新中国成立后，文物工作者开始对赤峰地区辽代遗存进行了详细的调查、发掘工作。1953～1954年，前热河省博物馆筹备组调查、发掘了赠卫国王墓[62]；1957年，清理阿鲁科尔沁旗水泉沟墓；1959～1962年，内蒙古文物考古工作者对辽中京进行全面调查、勘测和重点发掘[63]；1959年，清理辽尚暐墓、宁城小刘仗子墓群[64]；1964年，调查了赤峰缸瓦窑遗址[65]；1966年、1975年，清理克什克腾旗二八地墓葬；1969～1970年，发掘翁牛特旗耶律氏家族墓地、解放营子墓葬；1973年，发现耶律万辛家族墓地；1976年、1983年，对怀陵及其奉陵邑进行了调查、勘探；1978年，清理巴林右旗友爱窖藏；20世纪80年代，发掘了敖汉旗英凤沟墓葬；1981年、1983年，对巴林右旗黑山祭祀遗址进行了调查和发掘[66]；1986～1988年，对辽中京大塔塔基进行了发掘[67]；1987年，发现了耶律习涅墓；1989年，发现了蔡志顺墓、辽回纥国国信使墓、庆州白塔遗物[68]；1990年，发现了耶律元宁墓；1991年，发掘了怀陵5号墓[69]、阿鲁科尔沁旗温多尔敖瑞山墓葬、林西县刘家大院墓葬；1992年，发掘了耶律羽之墓[70]；1992～1995年，发掘了宁城埋王沟墓葬[71]；1993年，发掘了耶律祺家族墓地[72]；1994年，发现了泽州刺史墓、宝山辽墓[73]、萧府君墓[74]；1995～1998年，发掘了赤峰缸瓦窑遗址[75]；1997年，清理了庆陵东陵[76]、耶律慈特兀里本墓[77]；1999年，清理了敖汉旗羊山辽墓；2000年，发掘了庆陵东陵、巴林左旗韩氏家族墓地[78]；2002～2003年，发掘了辽中京半截塔；2005年，清理了巴林右旗浩乐包吉山墓葬；2008年，发掘了敖汉旗白塔村墓葬；2007～2010年，发掘了辽祖陵陵园遗址[79]；2011～2013年，发掘了辽上京遗址[80]。通过数十年的考古工作，赤峰地区契丹文化研究蒸蒸日上，并成为赤峰文化名片之一，享誉海内外。

金灭辽后，赤峰地区为女真人统治，为金朝北部边陲军事重镇。天眷元年（1138年），改辽上京道为北京路，治所在临潢府，管辖赤峰北部地区；改中京道为中京路，治所在大定府，统辖赤峰南部地区。天德二年（1150年），改北京路为临潢路。元贞元年（1153年），改中京路为北京路。辽代设置的州、城大部分废止，个别县寨另行建设，如长泰县、新罗寨等。12世纪蒙古草原各部逐渐崛起，为了防其南下，自天会至承安年间大肆兴筑界壕，东北起于莫力达瓦达斡尔族自治旗，西至黄河后套，全长数千里。赤峰境内阿鲁科尔沁旗、巴林左旗、巴林右旗、克什克腾旗北部的界壕为明昌年间所筑，林西县、克什克腾旗东部、翁牛特旗、松山区境内界壕为承安年间所筑[81]。20世纪50～70年代，宁城县、喀喇沁旗、敖汉旗、元宝山区等地曾出土一些铜印；1954年，发掘了巴林左旗东白音高洛墓葬；1958年，发掘了巴林左旗林东镇墓葬；1964年，在巴林左旗发现了银铤；1972年，发现了林西县大川乡窖藏；1982年，发掘了敖汉旗小柳条沟墓葬、巴林右旗辉腾高勒窖藏；1983年，发掘了敖汉旗英凤沟墓葬；1985年，在赤峰郊区出土了钱币窖藏；1991年，发掘了林西县土庙子墓葬；1993年，发掘了敖汉旗博州防御使墓；2007年，发掘了喀喇沁旗两家大黑山墓葬；21世纪初，发掘了巴林右旗巴根吐金界壕[82]。另外，在赤峰地区还曾发掘巴林左旗金奉国上将军墓葬、巴林右旗老房身窖藏等。

成吉思汗建立蒙古汗国后，赤峰地区成为成吉思汗黄金家族及其后裔们的领地。克什克腾封给了其岳父特薛禅及其子孙，巴林封给了其二弟合赤温，翁牛特封给了四杰之首木华黎，喀喇沁封给了四骏之首者勒蔑。此后赤峰作为中央的"腹里"地区，大部属中书省管辖，西部属辽阳行省管辖。中书省设有上都路、全宁路、应昌路等，全宁路治所在翁牛特旗乌丹镇，应昌路治所在克什克腾旗达日罕乌拉苏木[83]。辽阳行省设有大宁路、宁昌路、武平路等，大宁路治所在辽中京故城[84]，宁昌路治所为辽降圣州故城，武平路治所为辽武安州故城。路下许多州县沿用前朝。20世纪初曾在翁牛特旗发现竹温台碑，1937年，日本人田村实造在翁牛特旗考察后刊布了张氏先茔碑，1996年，内蒙古自治区学者重新刊布了该碑[85]。1957年，调查了喀喇沁旗龙泉寺遗迹[86]、应昌路遗址；1959～1960年，发掘了宁城大宁路遗址[87]；1965年、1976年，清理了松山区三眼井墓葬；20世纪70～80年代，在敖汉旗发现了一批金银器窖藏；1978年，发掘了赤峰大营子窖藏；20世纪80年代初，在松山区发现了也里可温瓷质碑；1982年、1989年，发掘了元宝山区沙子山墓葬；1988年，发掘了翁牛特旗梧桐花墓葬、发现了宁昌路加封孔子制诏碑；2005年，在翁牛特旗发现了《全宁路新建儒学记》碑。

明时，赤峰地区初属大宁卫、全宁卫、应昌卫，后属兀良哈三卫。翁牛特旗曾出土朵颜卫都指挥使司祖莹碑。永乐时期漠北地区鞑靼部势力强盛，赤峰地区一度为鞑靼所有。1990年，赤峰博物馆调查了阿鲁科尔沁旗查干浩特古城及其附近遗迹，该城址是内蒙古自治区境内保存最完整的古代城址，为察哈尔部林丹汗的京都。清代，满族人建立了统一的国家，赤峰大部分地区属昭乌达盟，南部一部分属卓索图盟，为蒙古人的居住地。清朝政府在赤峰地区分封了很多蒙古王公，下嫁公主实行满蒙联姻，建立了大量王公府邸，如喀喇沁王府[88]、巴林王府、贝子王府、康熙行宫等。清王朝还在赤峰地区大力推行喇嘛教，"崇释以制其生"，建造大量寺庙，到清末约有寺庙一百五十余座，较为出名的有根培庙、荟福寺[89]、梵宗寺、灵悦寺[90]、福会寺、咸应寺、法轮寺等。另外，在赤峰地区还发现清军击败葛尔丹的乌兰布统战场遗址[91]、克什克腾旗白岔巡检司故址等遗存。

民国前期，赤峰地区属热河特别区。日伪时期南部属伪热河省，北部属伪兴安西省。1945年以后，赤峰境内分别建立了热中、热北、热辽、乌丹四个专署，隶属热河省。解放战争时期，这里曾经历了中共冀察热辽中央分局第一次党代会、柴火栏子事件、中头地事件、南场事件、古山和平庄战役等重大历史事件，留下了中共冀察热辽党代会会址、柴火栏子烈士陵园、中头地事件遗址、南场事件遗址、古山革命烈士纪念碑、平庄革命烈士纪念塔等。1949年，克什克腾旗、林西县、阿鲁科尔沁旗、巴林右旗、巴林左旗划归内蒙古自治区。1955年，热河省撤消，赤峰县、宁城县、敖汉旗、喀喇沁旗、翁牛特旗划归内蒙古自治区，与北部五个旗县合并为昭乌达盟。1969年昭乌达盟划归辽宁省，1979年又划回内蒙古自治区。1983年经国务院批准，撤盟建市，现实行市管县体制。

赤峰境内还分布有规模庞大的岩画群，主要集中在松山区境内阴河流域、克什克腾旗境内白岔河流域、翁牛特旗境内的巴润高日苏村的黑头山和乌丹的海金山等地区。1981年，赤峰文物工作者对白岔河流域岩画进行考察，揭开了这一地区岩画研究的序幕[92]。此后松山区英金河两岸岩画，巴林右旗岗根岩画、东马鬃山岩画，阿鲁科尔沁旗双胜岩画、巴彦高力岩画，翁牛特旗海金山岩画，克什克腾旗土城子岩画、栅子店岩画、河沿岩画、砧子山岩画、洞子岩画等陆续被发现，以克什克腾旗岩画群最为精美和密集[93]。赤峰境内岩画题材丰富，主要有人物、人面像、手掌印、动物、几何纹、生殖符号等，涉及舞蹈、狩猎、放牧等场面。制作时间跨度很大，从新石器时代到元代均有。制作手法多样，有磨刻、凿刻、彩绘。画风古朴、粗犷、凝炼，或写实、或抽象、或夸张。赤峰地区岩画真实地记录了古代先民的生产生活、风俗习惯、宗教信仰、自然环境和社会风貌，其数量之丰、内容之全、技法之精、风格之多、分布之广、历时之长在国内较为罕见，对研究民俗学、人类学、原始宗教史、艺术史、民族史等具有较高的学术价值。

三　赤峰市文物考古事业的发展

赤峰地区的文物考察工作开展较早。清道光二十六年（1846年），有学者就对辽上京遗址进行勘察。此后的19世纪90年代至20世纪40年代近半个世纪，俄国人、日本人、比利时人对庆州、庆陵、上京、祖州、怀州以及西拉沐沦河流域红山文化遗存等地进行考察或盗掘。虽然20世纪30年代至40年代，我国的文物工作者对英金河和红山嘴一带进行考古调查、对赤峰境内的燕北长城部分地段进行调查，但这些只是零星的工作。新中国成立以后，赤峰文物考古事业才真正迎来了春天。1954年内蒙古文物工作组的成立，标志着内蒙古自治区文物工作进入一个新的历史时期。1958年组建昭乌达盟博物馆筹备处，1961年改称昭乌达盟文物工作站，为内蒙古文物工作队在内蒙古东部地区的派出机构，赤峰地区文物工作走上正轨。特别是20世纪60年代、80年代全国第一次、第二次文物普查工作的开展，摸清了赤峰地区文物遗址的情况。到20世纪80年代末的三十余年中，经内蒙古文物考古工作者与中国社会科学院考古研究所内蒙古工作队的共同努力，赤峰地区建立了小河西、兴隆洼、赵宝沟、富河、红山、小河沿、夏家店下层、夏家店上层等新石器时代至青铜时代的考古学文化发展序列及谱系，春秋以后的各历史时期文化、特别是辽文化研究也得到空前发展，一大批文化遗存被发现、确认，大量重大考古发现不断涌现。再加上各旗县专业的文物保护机构的成立，赤峰文物考古事业进入了第一个高峰期。20世纪80年代末以来，随着我国经济建设的不断发展、科学技术的日新月异，配合国家基本建设项目大量增加，文物考古工作从原来的主动性调查、发掘逐渐转到配合国家经济建设进行文物保护中来，文物考古视野不断开阔，与国内外同行合作日渐加强。这一时期在利用传统的考古学理论方法的基础上，一些现代科技手段和新的理论方法不断应用到文物考古工作中，文物考古工作呈现出多学科、多角度、立体性的工作趋势。白音长汗、南台子、兴隆沟、魏家窝铺、水泉、大山前、龙头山、二道井子、辽中京、辽上京遗址，辽祖陵、庆陵、怀陵、耶律羽之墓、埋王沟墓葬、宝山辽墓、韩氏家族墓地等等不断有惊世发现，加之全国第三次文物普查、长城资源调查的开展，以及赤峰地区文物保护机构的空前完善，赤峰文物考古事业进入了第二个高峰期。形成了独具地方特色的新石器时代至青铜时代考古学文化、辽文化两大品牌，红山文化遗址群、辽上京及祖陵遗址双双列入联合国世界文化遗产预备名单，彰显了赤峰文物考古事业的所取得的巨大成就和赤峰文化的独特魅力。

赤峰是内蒙古自治区的文物大市，有七千余处令世人叹为观止的古代文化遗产，历史积淀丰厚。从旧石器时代晚期至清代，一直有古代先民活跃在这片土地上，文明发展从未间断。新石器时代至青铜时代，这里形成了以红山文化为代表的西辽河文化圈，其丰富的遗迹和遗物、悠久的历史、灿烂的文化，证实了中华民族文明的源头可以追溯到内蒙古草原深处，这里同样是中华文明曙光升起的地方，她们与黄河文化、长江文化一样，是中华民族文化的重要组成部分，是中华文化三大源头之一。此后曾繁衍生息在这片土地上的北方游牧民族创造了光辉灿烂、独具北疆特色的草原文化，特别是辽文化在国内外享有极高声誉，"在整个欧亚大陆，Kitaia、Kathaia或Cathay成为中国的代称。在俄罗斯和整个斯拉夫语系中，至今还用这个称呼来称中国"。赤峰地区孕育的史前文明和辽文化，已经成为该地区的两大文化名片。

赤峰地区文化遗产或为地上，或为地下，它们是草原文化的重要载体，也是中华民族多元一体文化格局的实物例证。经过一代代文物考古工作者的辛勤耕耘，兴隆洼、红山、夏家店、三座店、二道井子、小黑石沟、南杨家营子、苏泗汰、黑城、辽上京、辽中京、辽祖陵、辽庆陵、耶律羽之墓、宝山壁画墓、缸瓦窑、应昌路等数以千计的遗存不断展现给世人，默默地诠释着赤峰地区悠久浑厚的文化底蕴和丰富独特的文化内涵。曾经活跃在赤峰地区的北方民族，有的雄踞一方，声名显赫；有的入主中原，威震四方。纵观赤峰地区的民族发展史，既是一部北方游牧文化与中原农耕文明不断碰撞、冲突、兼并的战争史，也是一部中国北方草原地带与中原农耕地区往来、交流、融合的交融史。游牧文化在与农耕文明的交融中，不断汲取养分，其创造的灿烂文化早已润物无声地融入了中华文化之中，源源不断地为中华文化发展壮大注入新鲜血液，为中国统一多民族国家的形成、中华民族多元一体文化格局的形成作出了突出的贡献。

目前，赤峰市有国家级重点文物保护单位52处，自治区级重点文物保护单位29处，旗县级重点文物保护单位350处。

注释

[1]   全国第二次文物普查时，赤峰地区文物遗址点为5891处，第三次文物普查时增为7340处。本文涉及的全国第三次文物普查相关数据均来源于内蒙古自治区文化厅（文物局）、内蒙古自治区文物考古研究所编《内蒙古自治区不可移动文物目录》；所涉及的全国第二次文物普查相关数据来源于国建文物局主编《中国文物地图集内蒙古自治区分册》，西安地图出版社，2003年。

[2]   杨虎：《敖汉旗榆树山、西梁遗址》，《中国考古学年鉴（1989年）》，文物出版社，1990年；杨虎、林秀贞：《内蒙古敖汉旗小河西遗址简述》，《北方文物》2009年第2期；索秀芬：《小河西文化初论》，《考古与文物》2005年第1期；索秀芬、李少兵：《小河西文化聚落形态》，《内蒙古文物考古》2008年第1期。

[3]   杨虎、林秀贞：《内蒙古敖汉旗榆树山、西梁遗址房址和墓葬综述》，《北方文物》

2009 年第 2 期；杨虎、林秀贞：《内蒙古敖汉旗榆树山、西梁遗址出土遗物综述》，《北方文物》2009 年第 2 期。

[4] 中国社会科学院考古研究所内蒙古工作队：《内蒙古敖汉旗兴隆洼遗址发掘简报》，《考古》1985 年第 10 期；中国社会科学院考古研究所内蒙古工作队：《内蒙古敖汉旗兴隆洼聚落遗址 1992 年发掘简报》，《考古》1997 年第 1 期；杨虎、刘国祥：《兴隆洼文化居室葬俗及相关问题探讨》，《考古》1997 年第 1 期。

[5] 内蒙古自治区文物考古研究所：《内蒙古林西县白音长汗新石器时代遗址发掘简报》，《考古》1993 年第 7 期；索秀芬、郭治中：《白音长汗遗址小河西文化遗存》，《边疆考古研究》2004 年第 2 期；索秀芬、郭治中：《白音长汗遗址兴隆洼文化一期遗存及相关问题》，《边疆考古研究（第 2 辑）》，科学出版社，2004 年；内蒙古自治区文物考古研究所：《白音长汗——新石器时代遗址发掘报告》，科学出版社，2004 年。

[6] 内蒙古自治区文物考古研究所：《克什克腾旗南台子遗址发掘简报》，《内蒙古文物考古文集（第一辑）》，中国大百科全书出版社，1994 年；内蒙古自治区文物考古研究所：《克什克腾旗南台子遗址》，《内蒙古文物考古文集（第二辑）》，中国大百科全书出版社，1997 年；连吉林：《试论南台子类型》，《内蒙古文物考古》2007 年第 1 期。

[7] 郭治中：《克什克腾旗盆瓦窑新石器时代遗址》，《中国考古学年鉴（1992 年）》，文物出版社，1994 年。

[8] 齐晓光：《巴林右旗塔布敖包新石器时代及夏家店上层文化遗址》，《中国考古学年鉴（1992 年）》，文物出版社，1994 年；姚崇新：《2009 年赤峰市巴林右旗塔布敖包遗址发掘成果》，《中国文物报》2010 年 7 月 30 日第 4 版；中山大学人类学系、内蒙古文物考古研究所：《内蒙古巴林右旗塔布敖包新石器时代遗址 2009 年发掘简报》，《考古》2011 年第 5 期。

[9] 杨虎、刘国祥、邵国田：《敖汉旗发现一大型兴隆洼文化环壕聚落》，《中国文物报》1998 年 7 月 26 日。

[10] 中国社会科学院考古研究所内蒙古工作队、敖汉旗博物馆：《内蒙古敖汉旗兴隆沟新石器时代遗址调查》，《考古》2000 年第 9 期；刘国祥、邵国田等：《内蒙古赤峰市兴隆沟聚落遗址 2002-2003 年的发掘》，《考古》2004 年第 7 期；刘国祥：《兴隆沟遗址第一地点发掘回顾与思考》，《内蒙古文物考古》2006 年第 2 期。

[11] 苏秉琦：《辽西古文化古城古国——兼谈当前田野考古工作的重点或大课题》，《文物》1986 年第 8 期；中国社会科学院考古研究所：《敖汉赵宝沟——新石器时代聚落》，中国大百科全书出版社，1997 年。

[12] 中国社会科学院考古研究所内蒙古工作队：《内蒙古敖汉旗赵宝沟一号遗址发掘简报》，《考古》1988 年第 1 期。

[13] 内蒙古自治区文物考古研究所：《林西县水泉遗址发掘述要》，《内蒙古文物考古文集（第二辑）》，中国大百科全书出版社，1997 年；内蒙古自治区文物考古研究所：《内蒙古林西县水泉遗址发掘简报》，《考古》2005 年第 11 期。

[14] 中国科学院考古研究所内蒙古工作队:《内蒙古巴林左旗富河沟门遗址发掘简报》,《考古》1964 年第 1 期;徐光冀:《富河文化的发现与研究》,《新中国的考古发现和研究》,文物出版社,1984 年。

[15] 滨田耕作:《赤峰附近发现的完形彩纹陶器》,《考古学杂志》第 27 卷 2 号,1937 年;水野清一:《赤峰先史时代的问题》,《蒙古学》第 2 册,1938 年;滨田耕作、水野清一:《赤峰红山后——热河省赤峰红山先史遗迹》,东亚考古学会,1938 年。

[16] 尹达:《新石器时代》,生活·读书·新知三联书店,1955 年。

[17] 吕遵谔:《内蒙古赤峰红山考古调查报告》,《考古学报》1958 年第 3 期。

[18] 中国社会科学院考古研究所内蒙古工作队:《赤峰蜘蛛山遗址的发掘》,《考古学报》1979 年第 2 期。

[19] 段天璟、成璟瑭、曹建恩:《红山文化聚落遗址研究的重要发现 2010 年赤峰魏家窝铺遗址考古发掘的收获与启示》,《吉林大学社会科学学报》2011 年第 4 期;塔拉、曹建恩、成璟瑭、王春雪:《内蒙古赤峰魏家窝铺遗址 2011 年发掘成果》,《中国文物报》2012 年 2 月 10 日第 4 版。

[20] 翁牛特旗文化馆:《内蒙古翁牛特旗三星他拉村发现玉龙》,《文物》1984 年第 6 期。

[21] 席永杰:《红山文化研究回顾与展望》,《红山文化研究——2004 年红山文化国际学术研讨会论文集》,文物出版社,2006 年。

[22] 巴林右旗博物馆:《内蒙古巴林右旗那斯台遗址调查》,《考古》1987 年第 6 期;索秀芬、李少兵:《那斯台遗址再认识》,《草原文物》2013 年第 2 期。

[23] 辽宁省博物馆、昭乌达盟文物工作站、敖汉旗文化馆:《辽宁敖汉旗小河沿三种原始文化的发现》,《文物》1977 年第 12 期;李恭笃等:《试论小河沿文化》,《中国考古学会第二次年会论文集》,文物出版社,1982 年。

[24] 中国科学院考古研究所内蒙古发掘队:《内蒙古赤峰药王庙、夏家店遗址试掘简报》,《考古》1961 年第 2 期;中国科学院考古研究所内蒙古工作队:《内蒙古赤峰药王庙、夏家店遗址试掘报告》,《考古学报》1974 年第 1 期。

[25] 中国科学院考古研究所内蒙古发掘队:《宁城南山根遗址发掘报告》,《考古学报》1975 年第 1 期。

[26] 徐光冀:《赤峰英金河、阴河流域的石城遗址》,《中国考古学研究》,文物出版社,1986 年。

[27] 中国社会科学院考古研究所:《大甸子——夏家店下层文化遗址与墓地发掘报告》,科学出版社,1996 年。

[28] 杨虎:《敖汉旗柳南墓地》,《中国考古学年鉴 1984 年》,文物出版社,1984 年;杨虎、林秀贞:《内蒙古敖汉旗柳南墓地综述》,《北方文物》2011 年第 4 期。

[29] 中国社会科学院考古研究所、内蒙古自治区文物考古研究所、吉林大学考古系赤峰考古队:《内蒙古喀喇沁旗大山前遗址 1996 年发掘简报》,《考古》1998 年第 9 期;中国社会科学院考古研究所、内蒙古自治区文物考古研究所、吉林大学考古系赤峰考古

队:《内蒙古喀喇沁旗大山前遗址 1998 年发掘简报》,《考古》2004 年第 3 期。

[30] 中国社会科学院考古研究所、内蒙古自治区文物考古研究所、吉林大学考古系赤峰考古队:《内蒙古赤峰半支箭河中游 1996 年调查简报》,《考古》1998 年第 9 期;国家文物局合组中国社会科学院考古研究所、内蒙古自治区文物考古研究所、吉林大学边疆考古研究中心赤峰考古队:《半支箭河中游先秦时期遗址》,科学出版社,2002 年。

[31] 康爱国、孙国军:《赤峰市国家级重点文物保护单位⑧——敖汉城子山山城遗址简介》,《赤峰学院学报》2011 年第 10 期。

[32] 内蒙古自治区文物考古研究所:《赤峰市松山区三座店遗址 2005 年度发掘简报》,《内蒙古文物考古》2006 年第 1 期;内蒙古自治区文物考古研究所:《内蒙古赤峰市三座店夏家店下层文化石城遗址》,《考古》2007 年第 7 期。

[33] 内蒙古自治区文物考古研究所:《内蒙古赤峰二道井子夏家店下层文化聚落遗址》,《中国考古新发现年度记录 2009》,《中国文化遗产》2009 年增刊;内蒙古自治区文物考古研究所:《内蒙古赤峰市二道井子遗址的发掘》,《考古》2010 年第 8 期;曹建恩、党郁、孙金松:《完美再现青铜时代的“东方庞贝城”——内蒙古二道井子遗址发掘纪实》,《中国文化遗产》2010 年第 3 期。

[34] 辽宁省昭乌达盟文物工作站、中国科学院考古研究所东北工作队:《宁城县南山根的石椁墓》,《考古学报》1973 年第 2 期;中国科学院考古研究所东北工作队:《内蒙古宁城县南山根 102 号石椁墓》,《考古》1981 年第 4 期。

[35] 辽宁省博物馆文物工作队:《辽宁林西县大井古铜矿 1976 年试掘简报》,《文物资料丛刊》1983 年第 7 期;王刚:《林西县大井古铜矿遗址》,《内蒙古文物考古》1994 年第 1 期;李延祥:《大井古铜矿冶遗址》,《金属世界》1994 年第 5 期;李延祥、韩汝玢:《林西大井古铜矿冶遗址冶炼技术及产品特征初探》,《边疆考古研究(第 1 辑)》,科学出版社,2002 年。

[36] 赤峰市博物馆、宁城县文物管理所:《宁城小黑石沟石椁墓调查清理报告》,《文物》1995 年第 5 期;内蒙古自治区文物考古研究所、宁城县辽中京博物馆:《小黑石沟——夏家店上层文化遗址发掘报告》,科学出版社,2009 年。

[37] 内蒙古自治区文物考古研究所、克什克腾旗博物馆:《内蒙古克什克腾旗龙头山遗址第一、二次发掘简报》,《考古》1991 年第 8 期;齐晓光:《内蒙古克什克腾旗龙头山遗址发掘的主要收获》,《内蒙古东部区考古学文化研究文集》,海洋出版社,1990 年。

[38] 齐晓光:《巴林右旗塔布敖包新石器时代及夏家店上层文化遗址》,《中国考古学年鉴(1992 年)》,文物出版社,1994 年;姚崇新:《2009 年赤峰市巴林右旗塔布敖包遗址发掘成果》,《中国文物报》2010 年 7 月 30 日第 4 版;李延祥、朱延平:《塔布敖包冶铜遗址初步考察》,《有色金属》2003 年第 3 期;李延祥、董利军、陈建立、朱延平:《塔布敖包冶铜遗址再探》,《边疆考古研究(第 12 辑)》,科学出版社,2012 年。

[39] 王刚:《林西县井沟子夏家店上层文化墓葬》,《内蒙古文物考古》1998 年第 1 期;王

立新、塔拉、张亚强：《2002 年内蒙古林西县井沟子遗址西区墓葬发掘纪要》，《考古与文物》2004 年第 1 期；内蒙古自治区文物考古研究所、吉林大学边疆考古研究中心：《林西县井沟子——晚期青铜时代墓地的发掘与综合研究》，科学出版社，2010 年。

[40] 武家昌：《略论夏家店上层文化（摘要）》，《辽宁大学学报》1987 年第 5 期。

[41] 李文信：《中国北部长城沿革考》，《社会科学辑刊》1979 年第 2 期。

[42] 李庆发、张克举：《辽西地区燕秦长城调查报告》，《北方文物》1987 年第 2 期。

[43] 郭治中：《水泉墓地及相关问题之探索》，《中国考古学跨世纪的回顾与前瞻》，科学出版社，2000 年，第 297 ～ 309 页。

[44] 张郁：《内蒙宁城县古城址的调查》，《考古通讯》1958 年第 4 期。

[45] 中国科学院考古研究所内蒙古工作队：《内蒙古巴林左旗南杨家营子的遗址和墓葬》，《考古》1964 年第 1 期。

[46] 昭乌达盟文物工作站、宁城县文化馆：《辽宁宁城县黑城古城王莽钱范作坊遗址的发现》，《文物》1977 年第 12 期。

[47] 冯永谦、姜思念：《宁城县黑城古城址调查》，《考古》1982 年第 2 期。

[48] 国家文物局主编：《中国文物地图集内蒙古自治区分册》（下），西安地图出版社，2003 年，第 133、134、143、161 页。

[49] 冯永谦、姜念思：《辽代饶州调查记》，《东北考古与历史》1982 年第 1 期；林西县文物管理所：《辽饶州及长乐临河安民三县调查》，《内蒙古文物考古》1998 年第 1 期。

[50] 敖汉旗文化馆：《敖汉旗李家营子出土的金银器》，《考古》1978 年第 2 期；张松柏：《敖汉旗李家营子金银器与唐代营州西域移民》，《北方文物》1993 年第 1 期。

[51] 喀喇沁旗文化馆：《辽宁昭盟喀喇沁旗发现唐代鎏金银器》，《考古》1977 年第 5 期。

[52] 洲杰：《内蒙古昭盟辽太祖陵调查散记》，《考古》1966 年第 5 期。

[53] 张松柏：《辽怀州辽陵调查记》，《内蒙古文物考古》1984 年第 3 期。

[54] 张松柏、任学军：《辽高州调查记》，《内蒙古文物考古》1992 年第 1、2 期。

[55] 张松柏、任学军：《辽金松山州遗址调查》，《内蒙古文物考古》1986 年第 4 期；项春松：《内蒙古赤峰地区辽代中小城市的发现与研究》，《北方文物》1994 年第 1 期。

[56] （俄）阿·马·波兹德涅耶夫著，刘汉明、张梦玲、卢龙译：《蒙古及蒙古人》，内蒙古人民出版社，1989 年；苏赫：《辽庆州城遗址》，《松州学刊》1987 年第 4、5 期。

[57] 邵国田：《辽代武安州城址调查》，《内蒙古文物考古》1997 年第 1 期。

[58] 董新林：《辽上京遗址的发现和研究综述》，《北方文物》2006 年第 3 期。

[59] 李逸友：《耶律琮墓石刻及神道碑铭》，《东北历史与考古》1982 年第 1 期。

[60] 田村实造、小林行雄：《庆陵》，京都大学文学部，座右宝刊会版，1953 年。

[61] （日）岛田正郎著，汪宇平译：《祖州城》，《文物参考资料》1983 年第 5 期。

[62] 郑绍宗：《赤峰县大营子辽墓发掘报告》，《考古学报》1956 年第 3 期。

[63] 李逸友：《辽中京城址发掘的重要收获》，《文物》1961 年第 9 期；项春松：《辽中京遗址》，《文物》1980 年第 5 期；张郁：《辽上京城址勘查报告》，《内蒙古文物考古

文集（第一辑）》，中国大百科全书出版社，1994 年。

[64] 内蒙古自治区文物工作队：《昭乌达盟宁城县小刘仗子辽墓发掘简报》，《文物》1961 年第 9 期。

[65] 洲杰：《赤峰缸瓦窑村辽代瓷窑调查记》，《考古》1973 年第 4 期。

[66] 润新：《罕山辽碑》，《松州学刊》1987 年辽金史学会专刊；内蒙古文物工作队、巴林右旗文物馆：《内蒙古巴林右旗罕山辽代祭祀遗址发掘报告》，《考古》1988 年第 11 期；王承礼：《契丹祭黑山的考察》，《社会科学战线》1990 年第 2 期。

[67] 内蒙古自治区文物考古研究所、宁城县博物馆：《辽中京大塔基座覆土发掘简报》，《内蒙古文物考古》1991 年第 1 期。

[68] 德新、张汉君、韩仁信：《内蒙古巴林右旗庆州白塔发现辽代佛教文物》，《文物》1994 年第 2 期。

[69] 内蒙古自治区文物考古研究所：《巴林右旗床金沟 5 号辽墓发掘简报》，《文物》2002 年第 3 期。

[70] 齐晓光、王建国等：《辽耶律羽之墓发掘简报》，《文物》1996 年第 1 期。

[71] 内蒙古自治区文物考古研究所、辽中京博物馆：《宁城县埋王沟辽代墓地发掘简报》，《内蒙古文物考古文集（第二辑）》，中国大百科全书出版社，1997 年。

[72] 齐晓光：《近年来阿鲁科尔沁旗辽代墓葬的重要发现》，《内蒙古文物考古》1997 年第 1 期。

[73] 内蒙古自治区文物考古研究所、阿鲁科尔沁旗文物管理所：《内蒙古赤峰宝山辽壁画墓发掘简报》，《文物》1998 年第 1 期。

[74] 内蒙古自治区文物考古研究所、赤峰市博物馆：《宁城县岳家杖子辽萧府君墓清理记》，《内蒙古文物考古文集（第一辑）》，中国大百科全书出版社，1994 年。

[75] 王大方、郭治中：《赤峰松山区缸瓦窑遗址发掘获重大新成果》，《中国文物报》1996 年 4 月 28 日第 1 版；彭善国、郭治中：《赤峰缸瓦窑的制瓷工具、窑具及相关问题》，《北方文物》2000 年第 4 期。

[76] 青格勒：《辽皇室墓出土契丹文》，《中国文物报》2000 年 4 月 26 日第 1 版；巴林右旗博物馆：《辽庆陵又有重要发现》，《内蒙古文物考古》2000 年第 2 期。

[77] 刘凤翥：《最近 20 年来的契丹文字研究概况》，《燕京学报》2001 年第 11 期；盖之庸：《内蒙古辽代石刻文研究》，内蒙古大学出版社，2007 年。

[78] 内蒙古自治区文物考古研究所、赤峰市博物馆、巴林左旗博物馆：《白音罕山辽代韩氏家族墓地发掘报告》，《内蒙古文物考古》2002 年第 2 期。

[79] 中国社会科学院考古研究所内蒙古第二工作队、内蒙古自治区文物考古研究所：《内蒙古巴林左旗辽代祖陵考古发掘的新收获》，《考古》2008 年第 2 期；中国社会科学院考古研究所内蒙古第二工作队、内蒙古自治区文物考古研究所：《内蒙古巴林左旗辽代祖陵陵园遗址》，《考古》2009 年第 7 期；中国社会科学院考古研究所内蒙古第二工作队、内蒙古自治区文物考古研究所：《内蒙古巴林左旗辽代祖陵陵园黑龙门址

和四号建筑基址》，《考古》2011 年第 1 期；中国社会科学院考古研究所内蒙古第二工作队、内蒙古自治区文物考古研究所：《内蒙古巴林左旗辽代祖陵龟趺山建筑基址》，《考古》2011 年第 8 期；董新林：《辽代祖陵陵园考古新发现和研究述论》，《草原文物》2011 年第 1 期。

[80] 董新林：《内蒙古巴林左旗辽上京皇城西山坡佛寺遗址考古获重大发现》，《考古》2013 年第 1 期；董新林、陈永志：《内蒙古辽上京遗址探微》，《中国文化报》2013 年6 月 7 日。

[81] 李逸友：《中国北方长城考述》，《内蒙古文物考古》2001 年第 1 期。

[82] 内蒙古自治区文物考古研究所、巴林右旗博物馆：《巴林右旗巴根吐金代界壕发掘简报》，《内蒙古文物考古文集（第四辑）》，科学出版社，2013 年。

[83] 李逸友：《元应昌路故城调查记》，《考古》1961 年第 10 期；刘志一：《元应昌路遗址》，《内蒙古文物考古》1984 年第 3 期。

[84] 内蒙古文物工作队编：《内蒙古文物资料选辑》，文物出版社，1964 年，第 131 ～ 139页；李逸友：《辽中京城址发掘的重要收获》，《文物》1961 年第 9 期。

[85] 王大方：《翁牛特旗元代"张氏先茔碑"与"住童先德碑"探讨》，《内蒙古文物考古文集（第二辑）》，中国大百科全书出版社，1997 年。

[86] 李逸友：《喀喇沁旗元代龙泉寺遗迹》，《文物参考资料》1957 年第 12 期。

[87] 辽中京发掘委员会：《辽中京城址发掘的重要收获》，《文物》1961 年第 9 期。

[88] 张汉君、吴汉勤：《喀喇沁王府历史与建筑规制探析——兼议清代封爵制度与京师王府实例之比照》，《中国古都研究（第十八辑）》（下），国际华文出版社，2001 年；琪琪格：《喀喇沁王府沿革》，《实践》2006 年第 4 期。

[89] 赤峰市文化局、赤峰市博物馆编：《文物古迹博览》，内蒙古科学技术出版社，1994 年，第 271 ～ 272 页。

[90] 张晓东：《灵悦寺现状勘察与研究》，《中国民族建筑论文集》，中国建筑工业出版社，2004 年。

[91] 袁深波：《乌兰布统考》，《历史研究》1978 年第 8 期。

[92] 张松柏、刘志一：《内蒙古白岔河流域岩画调查报告》，《文物》1984 年第 2 期。

[93] 孙继民：《克什克腾旗岩画述略》，《内蒙古文物考古》1994 年第 1 期；韩立新：《内蒙古克什克腾旗岩画》，《内蒙古文物考古》2004 年第 1 期。

文化遗产

文化遗产 目录

新石器时代

　　新石器时代赤峰地区形成了以西辽河流域为中心的、自成系统的考古学文化圈，小河西、兴隆洼、赵宝沟、富河、红山、小河沿等文化在这里诞生，留下各类文化遗址点千余处。这类考古学文化有的早晚延续，有的并列发展。从小河西文化至小河沿文化一直延续，未有缺环，对赤峰和周边地区影响深远，使该区域数次出现文化发展的高峰期。特别是红山文化，分布范围西起河北省的张家口，东到辽河中游，北达大兴安岭，南抵京津地区，将西辽河流域新石器时代考古学文化推上一个全新的高度，其高度发达的文明及用玉制度，特别是大型红山文化玉龙的使用，使红山玉器成为北方玉器文化的杰出代表，也使赤峰成为龙的故乡，绽放出中华文明的曙光。赤峰地区诸新石器时代考古学文化的诞生，建立了内蒙古东部地区新石器时代文化发展序列及谱系，使该地区成为与黄河流域、长江流域齐名的中华文明的源头之一，同时也成为赤峰的文化名片之一，闻名世界。

1 喀喇沁旗马架子遗址

撰稿：张红星　张倩
摄影：张义成　刘晨辉

全国重点文物保护单位。

位于喀喇沁旗牛家营子镇下水地马架子村东北约0.8公里的山顶及东坡。地表现为林地。

1986年，喀喇沁旗文物管理所对马架子遗址进行了调查。1999年，中国社会科学院考古研究所内蒙古工作队与喀喇沁旗文物管理所联合对该遗址又进行了调查。

马架子遗址南北约300米，东西约270米，面积约六万平方米。地表可见大量的灰土圈，应为房址，约六十余座，直径5~6米，7~9排，沿东北至西南向有序排列。采集有陶片及石器等。陶器以红陶为主，均为夹砂陶，质地疏松，胎体厚重。素面为主，个别陶片上饰有之字纹、捐印纹或稀疏的短斜线纹。器形有罐、瓮等。

石器数量多，以打制石器为主，磨制石器数量较少，器形有锄形器、环形器、饼形器、斧、锛、球、磨盘、磨棒等。根据采集标本推测，遗址为小河西文化遗存，是内蒙古东南部地区目前已确认的年代最早的新石器时代文化遗存之一。

从地表暴露的遗迹分析，马架子遗址所反映的社会组织较为复杂。已知的白音长汗遗址一期、查海遗址一期规模与马架子遗址差别较大。白音长汗遗址一期有两级社会组织，查海遗址一期有三级社会组织。马架子遗址至少有三级社会组织：每间房址是一级，每一排房址是二级，整个遗址是三级组织。该遗址为研究小河西文化聚落形态提供了珍贵的实物资料。

遗址远景

⫽ 2 ⫽ 林西县白音长汗遗址

撰稿：张红星　张倩

摄影：李言　张凤歧　王刚　孔群

全国重点文物保护单位。

位于林西县新城子镇双井店村白音长汗自然村西南山坡上，南距西拉沐沦河约一公里，东侧为平双公路。这里地处大兴安岭南段余脉的群山中，山势平缓，较为开阔，地表隐约可见灰土圈，遗址

远景（东—西）

现为耕地。

1987年在林西县发现了白音长汗遗址，1988~1989年内蒙古自治区文物考古研究所对该遗址进行了考古发掘，1991年内蒙古自治区文物考古研究所和吉林大学联合对该遗址又进行了考古发掘。三次发掘共揭露7264平方米，出土了大量遗迹遗物。

遗址现存面积十余万平方米，有房址、灰坑、墓葬、聚落围壕等遗迹。该遗址文化内涵非常丰富，包括小河西文化、兴隆洼文化南台子类型、兴隆洼文化白音长汗类型、赵宝沟文化赵宝沟类型、赵宝

房址

房址

沟文化西荒山类型、红山文化、小河沿文化。其中兴隆洼文化遗存最为丰富，被学术界认定为兴隆洼文化白音长汗类型。

根据调查、勘探和发掘情况，白音长汗遗址为南北两个聚居区，分为五期七类。

一期遗存为小河西文化，发现遗存较少。陶器种类单一，主要为夹砂褐陶素面筒形罐，陶质疏松，器体较大，器口用泥条做简单装饰。

二期遗存为兴隆洼文化，有两种类型。一种类型为南台子类型，分布在遗址西南部山顶东坡上，遗迹、遗物数量较少，出土有陶器、石器等；一种类型为白音长汗类型，分布在山东坡，数量最多，是白音长汗遗址中最主要的遗存，遗物十分丰富。这两处相邻的聚落遗址，均由房址、灰坑、墓葬区、围沟组成，较为完整。房址均为半地穴式建筑，绝大多数为长方形，少数是方形，设有门道。多数房址内有灶，分石板坑灶、地面灶两种。房址内柱洞发现较少，窖穴不多，壁龛破坏严重。居住面上遗留有生产工具、生活用具、装饰品等。遗物主要有陶器、石器、玉器、骨器、蚌器等。陶器为大宗，多为夹砂陶，以夹粗砂黄褐陶和夹粗砂黑褐陶为主。器形有筒形罐、杯、盆、钵、碗、盘、盅、盏、纺轮等。大部分器表有装饰，纹饰有之字纹、勾连纹、凹弦纹、附加堆纹凸泥带、平行竖线纹、平行斜线纹、短交叉线纹、网格纹、篦点纹、折线纹、人字纹、波浪纹、菱形纹、短线纹等，以之字纹和勾连纹最具代表。石器数量较多，以磨制为主，其次为琢制石器，打制石器数量也占有一定比例，器形

有刀、铲、斧、磨石、纺轮、锄形器、网坠、石叶、刮削器、石核、饰件、石雕人像、石蛙形器等。玉器只发现少量玉管、玉玦、玉蝉。骨器亦较少，器形有刀、柄、簪、锥、针、镞等。蚌器数量较多，有蚌珠、蚌臂钏、蚌刀、叉形蚌器等。

三期遗存为赵宝沟文化，有两种类型。一种为赵宝沟类型，有三排房址，遗物较为丰富；一种为西荒山类型，有房址和灰坑，遗迹数量较少。

四期遗存为红山文化，遍布整个遗址，有房址、灰坑和墓葬等。遗物数量较多，种类丰富，有陶器、石器、骨器、蚌器等。陶器为多数，主要为生活用具。以夹砂陶为主，素面器较少，纹饰有之字纹、划纹、附加堆纹、乳钉纹、指甲纹、凹弦纹、压印平行短线纹、窝纹、编织纹等，并有一定数量的彩陶。

五期遗存为小河沿文化，遗迹较少，只发现灰坑。陶器以素面和细绳纹为主，不见之字纹。

白音长汗遗址文化内涵丰富，基本涵盖了西辽河流域从早到晚各个时期考古学文化，尤以兴隆洼文化白音长汗类型和红山文化遗存最为丰富，在西辽河流域乃至内蒙古地区十分罕见。白音长汗遗址直接影响着该地区时代略晚的赵宝沟文化、富河文化，极大地丰富了赤峰地区史前文明的发展谱系及脉络，为西辽河流域史前聚落研究及中华文明探源提供了珍贵的实物资料。

人面蚌饰

石雕人像

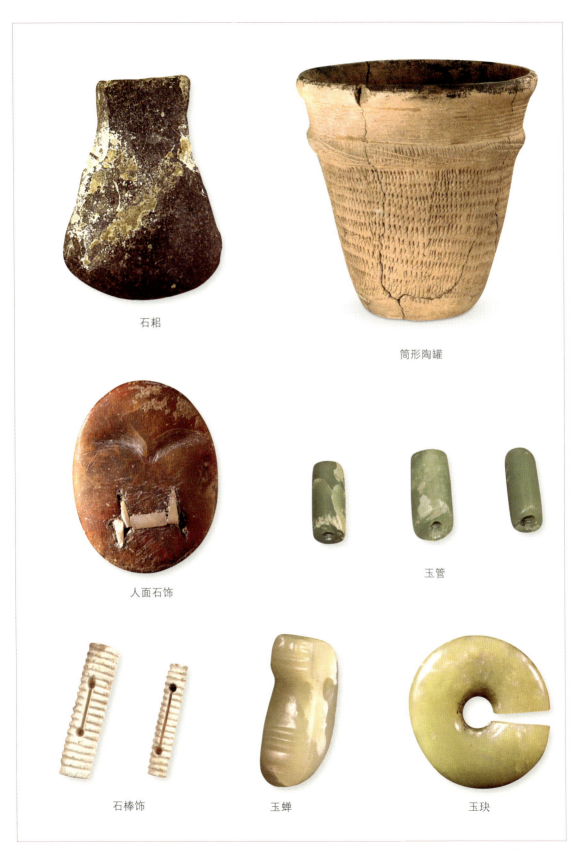

石耜

筒形陶罐

人面石饰

玉管

石棒饰

玉蝉

玉玦

⫴ 3 ⫴ 敖汉旗兴隆洼遗址

撰稿：张文惠　张红星
摄影：薛玉尧　庞雷　张焱

全国重点文物保护单位。

位于敖汉旗宝国吐乡兴隆洼村东南1.3公里，座落在东西走向的山梁向北伸出的两道漫岗坡地上，西距敖汉旗人民政府所在地新惠镇80公里。兴隆洼遗址地处努鲁儿虎山脉北麓、大凌河上游，南为连绵群山，北为浅山丘陵，东面大凌河支流牤牛河。1982年文物普查时发现该遗址，总面积达6万平方米。1983~1994年中国社会科学院考古研究所等单位对遗址进行了七次考古发掘，获得一系列较为重要的考古资料。

1983~1994年间七次大规模的考古发掘，揭露总面积三万余平方米，清理出环壕一处、房址一百八十余座、窖穴四百余座、居室墓葬三十余座，出土了大量的陶器、石器、玉器、骨器、蚌器及动植物标本等。通过对房址内出土的木炭标本进行^{14}C年代测定，确定该遗址年代为距今8200~7400年。

兴隆洼聚落外侧为环壕，内侧是成排分布的房址，布局规整，秩序井然，显然经统一规划营建而成，这是中国迄今所知保存最完整、年代最早、经过全面考古发掘的一处原始村落。

聚落外侧环壕为椭圆形，东北至西南最大径183米，西北至东南最小径166米，壕宽1.5～2米，壕深0.55～1米。环壕西北最高处有一"寨门"式设置，为整个聚落出入口。"寨门"外西北侧分布有房址，已发掘二十余座，但均较小，属中晚期房址。

环壕内分布有房址近一百座，共有11排，沿西北至东南向排列，排列整齐。

房间面积50～80平方米不等，最小的不足13平方米，最大的一座位于聚落中部，面积达一百四十余平方米。房址均为半地穴式，平面呈圆角方形或长方形，地穴多为生土壁，四壁较直，多为黄褐色生土，少数房址毁于火灾，壁面被烧烤成红褐色。居住面为生土底砸实而成，有的居住面上留有陶器、石器、骨器、动物骨骼等生产、生活用品。灶址位于居室的中部，平

遗址全景（东北—西南）

人猪合葬墓

1992年的发掘区

期阶段聚落部局、房屋建筑、生活方式等提供了宝贵的实物资料。

窖穴主要分布在房址周围，也有少部分位于室内。圆形直壁平底坑占绝大多数，少量为袋状坑以及平面呈椭圆形、长方形或不规则形坑。口径最大的达3米左右，小的不足0.5米。坑内堆积土质多疏松，有的含有陶片、红烧土块、炭粒、动物骨骼等。

遗址内发现成批的居室墓葬，均为长方形竖穴土坑墓，分布在居室的特定位置。有些房屋埋入墓葬后，即被废弃；也有些房屋埋入墓葬后，仍继续居住。墓葬均为仰身直肢单人葬，头向因在房址中的位置不同而有别，一类向西北，一类向东北。大多有随葬品，数量不等。随葬品种类有陶器、石器、玉器、骨器、饰品等。兴隆洼聚落居室墓葬的总数为三十余座，推测埋在居室内的死者仅限于少数特殊人物。其中一座男性单人墓，在墓主人的右侧葬有一雌一雄的两头整猪，均成仰卧

面呈圆形，灶壁和底部经过抹泥，被烧烤成红褐色，个别灶址底部铺垫了一层石块。灶两侧有柱洞，多为四个。有的房屋为木构，有的地穴内有柱洞，有的没有柱洞。有柱洞的房址柱洞排列较规整，分为内、外两圈，内圈呈圆形，分布在灶址周围，外圈呈长方形或方形，分布在四周穴壁内侧。有的房址内有窖穴。房址均未发现门道，可能以梯出入，房址西南侧居住面踩踏较严重，出入口应在西南侧。有的在灶西南侧的居住面上发现有浅坑，可能是立梯后上下攀爬脚踏的结果。位于聚落的中心并排的两座房址，面积达一百四十余平方米，可能是该聚落的首领所居，或举行公众议事、原始宗教活动的场所。这样大的房址出现在八千多年前，是中国建筑史上的奇迹，对研究我国新石器时代早

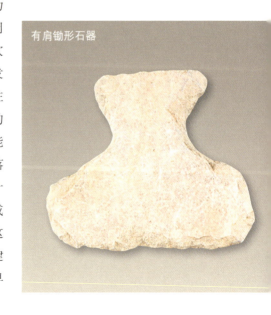

有肩锄形石器

状，占据墓穴底部近一半的位置，猪腿有明显的捆绑痕迹。人猪合葬现象，在中国新石器时代遗址发掘中尚属首例。有的居室墓的墓主人还装饰有"蚌裙"，即有数百个经打磨和穿有一孔的蚌壳成排地出现在腰间到腿部，似钉缀在腰部的裙子上。有的蚌壳成组地出现在肩部、胸部，是迄今为止我国发现的最早、最完整的服饰资料，这在世界范围内也极为罕见。另外，有的墓葬内出土有玉器，这些玉器均磨光，是迄今所知中国年代最早的磨光玉器，开中国史前用玉之先河，为探索中国玉文化起源提供了最为宝贵的实物资料。

兴隆洼遗址出土了大量陶器、石器、骨器、玉器、牙饰、蚌饰等珍贵遗物。陶器均为夹砂灰陶，器形以罐为主，其次为钵，还有碗、杯、盅等。大型和部分中型陶罐夹粗砂，钵、碗、杯、盅等小型器和部分中型陶罐夹细砂。器类中筒形罐占绝大多数，口或敞或敛，也常见陶钵。石器数量较多，主要出土在房址的居住面上，

有的两件或多件叠放在一起，分打制、磨制、琢制和压削四类。打制石器数量最多，器体相对较大，器形有锄形器、铲形器、刀、砍砸器、盘状器等，以有肩锄形石器最具代表性。磨制石器数量较少，主要有斧、斧形器、饼形器、凿、砥石、磨石、石管等。琢制石器最少，主要为磨盘和磨棒，多出土于房址内居住面上。压削石器较多，有的成堆出土于房址内，有的出土于居室墓人骨周围或填土中。多为小石叶，镶嵌在骨刀、骨镖一类的复合工具上做刃部或锋部。另外，还发现有少量的石容器、石刻人像，以及同心圆纹饰的石方块等，似与某种祭祀有关。骨器出土数量较多，保存较好，磨制精细，主要有刀、锥、针、两端器、叉状器等。1986年出土骨笛一只，有完整的七个音阶，是目前发现的西辽河流域最早的、音律最准、音孔最多的骨质笛乐器，表明早在约八千年前，我们的祖先就已经认识和掌握了乐器的制作技术。玉器数量不多，均为小型

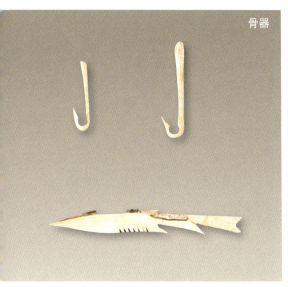

骨器

骨器

玉饰

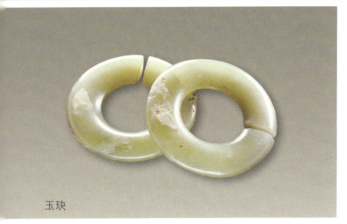

玉玦

器物，主要出土于居室墓中。多为玦，还有少量斧、锛和钻孔匕形器等。牙饰较少，出土于居室墓中，为野猪牙剖开磨制而成，部分饰品钻有圆孔。蚌饰亦较少，出土于居室墓中，有圆形、长条形、人面形几种。遗址中还出土一批动物遗骸和植物标本。动物主要有鹿、狍、猪；植物有胡桃楸果核、枣核等。

兴隆洼遗址内房址成排分布，外围环绕椭圆形壕沟，是目前中国全面发掘保存最完整、年代最早的原始村落。兴隆洼遗址的发现和发掘具有划时代的学术价值，将内蒙古东部地区新石器时代的考古学文化向前推进了一千余年，极大地完善了内蒙古东部地区考古学文化谱系。

筒形陶罐

‖‖ 4 ‖‖ 敖汉旗兴隆沟遗址

撰稿：张文惠　张红星
摄影：刘海洋　庞雷　中国社会科学院考古研究所内蒙古第一工作队

全国重点文物保护单位。

位于敖汉旗宝国吐乡大窝铺村兴隆沟村民组西南山坡上，东南距离兴隆洼遗址13公里。遗址地处大凌河支流牤牛河上游左岸的浅山、丘陵地带，有多道自然冲沟，地势高低不一。遗址分三个地点，第一地点位于兴隆沟村西约一公里的山坡上，第二地点位于村北约300米的缓坡地上，第三地点位于第一地点西、南两侧及隔沟相望的山梁上。遗址保存较好。

1982年中国社会科学院考古研究所内蒙古工作队与敖汉旗文化馆普查时发现了兴隆沟遗址，此后经过多次复查，1998年再次进行了复查，并对地表所见到的房址灰圈进行了测绘。2001~2003年中国社会科学院考古研究所内蒙古工作队对遗址进行了发掘。2012年又对该遗址进行调查。

第一地点所处坡地西南高东北低，西侧环绕有起伏的山丘，南北两侧有多道自然冲沟，现为高低不一的岗地，东侧地

发掘现场

势比较低平，东北侧为一稍高的土丘。东西长约400米，南北宽约120米，总面积约5万平方米。地表清晰可辨有大量灰土圈，约145个，东北至西南向成排分布，排列整齐。根据灰土圈分布的疏密状况，可将遗址分为东、中、西三个区。东区有灰土圈52个，分11排，每排1～8个不等。中区有灰土圈67个，分12排，每排1～9个不等。西区有灰土圈26个，分10排，每排2～4个不等。2001～2003年对三个区均进行了发掘，揭露面积约4000平方米，清理房址38座、居室墓28座、灰坑50余个，出

全景（南—北）

土了大量陶器、石器、骨器、角器、蚌器及少量的玉器，同时还发现大量的种子、植物标本。

房址平面呈长方形或近方形，皆为半地穴式，东北—西南向成排分布。有大、中、小三种。大型房址面积为70～80平方米，中型房址面积为40～60平方米，小型房址面积为30～35平方米。房址地穴均建在生土上，穴壁较直。部分房址穴壁有烧烤痕迹。灶址位于居室的中部，平面呈圆形，口大底小，底部较平整。柱洞排列较规整，每座房址内有四个或六个，对称分布在灶址的东北和西南两侧。未发现门道，东南部偏中的居住面有明显的下凹，应为出入口。部分房址西角有暗道，可供出入。房址内居住面残留有陶器、石器、动物骨骼、人骨、山核桃、粟等。墓葬为居室墓，在房址中有固定的位置，墓口呈长方形，墓壁竖直，底部平整。有的房址埋入墓葬后仍继续使用，有的埋入墓葬后

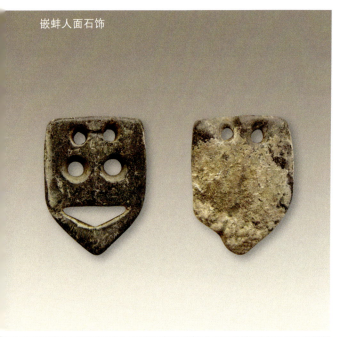

嵌蚌人面石饰

红陶壶

划，疏密有致。有的灰坑底部放置猪头骨，用陶片、残石器和自然石块摆放出S形躯体。

遗物主要有陶器、石器、骨器、玉器、蚌器、复合工具等。陶器均为夹砂陶，多数夹粗砂，质地疏松，胎体较厚，烧制火候偏低。少数器体夹细砂，质地较硬，胎体较薄，烧制火候较高。器表颜色不均，多呈灰褐、黄褐色，有的为灰黑色。均为手制，采用泥圈套接法制成。器表均有纹饰，以短斜线交叉纹为主，弦纹、横人字形纹、横带状网格纹次之，此外还有横排或竖排平行短斜线纹、短横线纹、竖人字形纹、竖压横排之字形纹等。器形以罐为主，钵、杯、盅次之。陶罐唇部较厚，颈部多附加一周凸泥带，器体自上至下分段施纹。石器有打制、磨制、琢制三种，以打制为主，磨制较少，个别器物集打制、磨制、琢制为一身。器形有亚腰石铲、石球、石斧、锛、饼形器、大型磨盘、磨棒以及长条形细石叶、锥状石核等。骨器有锥、匕、刀、镖等。玉器有玉玦、玉坠、小玉锛等。此外还发现有人头盖骨牌饰，石、蚌质人面饰等。根据遗迹和遗物分析，为兴隆洼文化中晚期聚落遗存。

第二地点位于兴隆沟村东北约0.2公里的坡地上，地势西北高，东北和东南偏低。西侧有一条冲沟，东侧、北侧为漫梁。遗物散布于东西80米、南北100米的范围内。地表散布有泥质陶罐、泥质陶钵、夹砂灰陶之字纹罐、夹砂红陶瓮残片及石刀等。2001年、2003年两次进行发掘，发现完整的围壕和房址。2012年对兴隆沟遗址第二地点进行复查。

即被废弃。

灰坑平面呈圆形、椭圆形或长方形，以直壁平底坑为主，也有少量坑壁外袋或自上至下斜弧内收。有的位于室内，有的分布在房址外围。灰坑排列经过统一规房址大体呈东北至西南向排列，面积偏小，排列不整齐。平面呈方形或长方形，半地穴式，西南侧穴壁中段有外凸弧形门道。灶址位于居室中部，圆形浅坑式。每座房址的外围都分布有相对独立的灰坑（窖穴）群。灰坑平面呈圆形或椭圆形，坑壁竖直，坑底平整。有的灰坑内存有陶器、石器等物品。房址最外围有一道长方形围沟。2012年发现了一尊较为完整的整身陶塑人像，通高55厘米，最大胸围65厘米，头部和面部比较完整，双目圆睁，口部圆张，鼻梁高挺，头顶盘发，戴冠，双腿盘坐，两脚相对，双臂弯曲。右手握住左手，搭放在双脚上。泥质红陶，火候较高，质地坚硬。身体中空，双臂则为实心。外表通体磨光，局部施黑彩。根据遗迹和遗物分析，为红山文化晚期聚落遗存。

第三地点位于兴隆沟村西南约1.2公里的坡地上。2003年进行了小面积试掘，揭露面积约250平方米，清理出房址3座、灰坑42座。房址平面呈长方形，半地穴式建筑，有的房址在西北角紧靠穴壁修筑有火墙，入火口用石块垒砌。房址周围有较宽的围沟，具有明显的防御功能。出土遗物主要为陶器和石器，少量为骨器。骨镞磨制精良，具有很强的实用性。根据遗迹和遗物分析，为夏家店下层文化聚落遗存。

兴隆沟遗址分布范围广，历时长，聚落相对完整，文化内涵丰富。遗址内发现了大量的遗迹、遗物，特别是炭化的粟、红山文化陶人像、用猪头和石块摆塑躯体等的发现，具有极高的科研价值。兴隆沟遗址为研究该地区史前的聚落形态、生业方式、原始宗教信仰、丧葬习俗、生活环境等提供了大量实物资料，填补了该时期的某些空白，对西辽河流域文明起源及早期国家形态研究增添了新的视角，对东北亚地区史前文化交流等也具有一定的推动作用。

玉玦

玉玦

▕▏▏5 ▕▏▏敖汉旗北城子遗址

撰稿：张红星　宋国栋
摄影：姜仕勋　杨国权

全景（西—东）

遗址断面暴露出的文化堆积（西—东）

内蒙古自治区重点文物保护单位。

位于敖汉旗下洼镇敖音勿苏村北城子村民组北约500米的教来河东岸台地上，高出河床约30米，地势比较平坦开阔。遗址西侧临河，隔河一公里为围子村，南约200米为乡级砂石路。南北两侧及东侧各有一道自然冲沟，将台地分隔成长条状。遗址现为耕地，由于耕种，遗址受到一定程度破坏。

1998年，中国社会科学院考古研究所内蒙古工作队和敖汉旗博物馆在对敖汉旗境内的兴隆洼文化遗址进行复查及重点测绘期间，发现了北城子遗址。第三次文物普查时进行了复查。

遗址南北长约600米，东西宽100米，总面积达六万余平方米。表面暴露有大量灰土圈，约两百多处。南北向成排分布，自东向西共11排，每排有4～31个不等。

采集的石器、陶器

灰土圈呈不规则圆形，或灰黑色，或灰黄色，灰黑色者轮廓十分清楚，灰黄色者轮廓不甚明显。遗址西北部残存两段弧形灰土带，其中一段长约50米。从自然冲沟断崖分析，灰土带为围壕遗迹。围壕直径约100米。围壕内外均有房址分布。可见遗址内西部有一处带有围壕的聚落遗存。

遗址东部地表散布有陶片、石器及动物骨骼等。陶片为夹砂陶，有灰褐色、黄褐色两种，陶胎较厚，陶质疏松，烧制火候较低。器形主要为筒形罐。陶器装饰手法有压印、压划、戳压，纹饰有竖、斜长窝纹，窝点纹、横人字形纹、短斜线交叉纹等。有的筒形罐颈部还附加有细泥条堆纹。石器加工方法可分为打制、琢制、磨制三类，器类包括有肩锄形器、石球、梯形石斧、饼形器和磨棒等。从遗迹、遗物的特征分析，该遗址为兴隆洼文化遗存。遗址西部环壕内遗存文化层厚约2米。第三次文物普查时在遗址中采集到打制亚腰石斧、泥质磨光陶鬲足等遗物，为夏家店下层文化遗存。

北城子遗址是一处规模较大的史前文化聚落遗存，主体以兴隆洼文化遗存为主，并有较为完整的夏家店下层文化聚落，规模大，延续时间长，对进一步认识该地区史前社会组织、经济形态等具有重要的参考价值。

6 克什克腾旗盆瓦窑遗址

撰稿：方月　张红星
摄影：韩立新　孔群

克什克腾旗重点文物保护单位。

位于克什克腾旗经棚镇红星村盆瓦窑组西二级台地上，这里地处高山盆地之中，碧柳河由北向南从遗址东侧流过。盆瓦窑遗址原为耕地，现退耕还林。

该遗址为1985年克什克腾旗博物馆调查时发现，1991年内蒙古自治区文物考古研究所进行了考古发掘，获得一系列较为重要的考古资料。

盆瓦窑聚落遗址分布面积约一平方公里，由山前台地居住区、山顶墓葬区及临河的台地边缘制陶区构成。地表散见夹砂褐陶圆腹罐、筒形罐残片及打制石锄、石斧等。1991年发掘面积四百余平方米，分四个地点进行，共清理方形和圆角长方形半地穴式房址3座、长方形双坑陶窑6座、聚落围沟1段，出土夹砂褐陶之字纹或网格纹筒形罐。根据盆瓦窑遗址的遗迹、遗物分析，属兴隆洼文化和红山文化遗存。

房址平面呈方形或圆角长方形，半地穴式。有的房址门向东，较窄。有的室内中央部分为抹泥的居住面，有的地面局部有烧烤痕迹。有的房址有方形土坑灶，有的未见灶坑。有的房址后壁有壁龛。房址室内残存扁平长方形石铲，竖压横排之字纹、短线交叉

遗址远景

遗址局部及采集陶片（东—西）

红陶牛

采集的陶器残片

纹筒形罐等遗物。陶器均为夹砂陶，火候较低，仅见筒形罐一种，纹饰多为压划而成，口沿部位装饰波状细泥条纹。

墓葬分布于紧靠遗址的山岗顶部，地表有石砌圆圈，竖穴土坑单人葬。采集有夹砂褐陶弦纹、网格纹或之字纹罐残片，还发现有泥质红陶黑彩陶片。出土有管状串饰、玉玦等。

陶窑位于临近河床的台地边缘，结构独特。窑室呈细窄长条形，略弯曲。在窑室的另一侧挖出一个同窑室大体等长的窑膛。窑室与窑膛间保持一定距离而形成隔墙，隔墙上开凿若干个火洞与窑室相通。

盆瓦窑遗址面积较大，保存较好，各类遗存较为丰富，为研究该地区史前聚落形态、丧葬习俗、生产技能等提供了珍贵的实物资料。

‖‖ 7 ‖‖ 巴林右旗塔布敖包遗址

撰稿：萨仁毕力格　李权
摄影：乌力吉

赤峰市重点文物保护单位。

位于巴林右旗查干沐沦镇查干锡热嘎查敖包恩格日独贵龙西北50米的太本敖包山南坡向阳台地上，东50米处为集通铁路，西500米为自北向南流过的查干沐沦河，南距旗政府所在地大板镇约25公里。塔布敖包遗址所在台地呈北高南低斜坡状，中部有两条自然冲沟。遗址地表滞留有很厚的流沙。由于多年风沙侵蚀、水土流失等，遗址受到一定程度破坏。

1987年，巴林右旗博物馆发现塔布敖包遗址。1991年，内蒙古自治区文物考古研究所对遗址进行了发掘。2001年，北京科技大学冶金学院、中国社会科学院考古

遗址远景（东南—西北）

灶址（北一南）

采集的陶器、石器

研究所对遗址又进行了调查。2006年第三次文物普查进行了复查。2009年，内蒙古自治区文物考古研究所、中山大学人类学系对遗址再次进行发掘。

塔布敖包遗址东西200米，南北100米，总面积两万平方米。遗址西南部地表暴露有圆形房址4座，东西排列，直径约3米。房址均为半地穴式，无门道迹象。房内堆积黑色土，内夹红烧土块。地表散布有夹砂褐陶鬲、鼎、钵、豆、盆、罐残片，石器、蚌器及铜渣等。根据遗址内遗迹、遗物判断，该遗址包含兴隆洼文化、夏家店上层文化、辽代遗存。

1987年在该遗址曾采集到鼓风管等冶炼青铜的工具。1991年发掘面积2500平方米，清理出新石器时代兴隆洼文化灰坑6个、方形半地穴式房址4座、椭圆形土坑墓1座，出土夹砂褐陶凸棱、圆窝、交叉纹筒形罐等遗物；清理青铜时代夏家店上层文化灰坑94个，长方形半地穴房址19座，出土夹砂红陶罐、盆、钵、鼎、鬲、豆等遗物；清理辽代墓葬2座，为梯形竖穴土坑，石砌墓室，随葬有泥质灰陶篦点纹盘口壶、罐等物品。2001年对塔布敖包遗址进行冶炼遗迹调查时发现，冶炼遗址位于塔布敖包山向阳山坡上，面积初步估算超过10000平方米，炉渣、陶片、石器、动物骨骼等遗物随处可见，并有数量较多的灰坑等遗迹显露于地表或断崖。采集到炉渣、炉壁残片以及矿石、石器等样品，并从断崖显露的灰坑中剥离出少量木炭屑。所见陶片和石器属夏家店上层文化遗物。2009年发掘分三个区进行，总面积959平方米。其中村北满头山南坡台地上的二区遗迹、遗物最为丰富，发现灰坑2座、房址4间，并出土石器、陶器、骨器、玉器、蚌饰等共计120余件。

塔布敖包遗址主要包含兴隆洼文化遗存和夏家店上层文化遗存，该遗址的发现与研究丰富了我们对兴隆洼文化和夏家店上层文化的认识，为研究西拉沐沦河流域南北两岸新石器和青铜时代文化的关系以及谱系增添了新的资料，对这一地区早期社会聚落形态等的研究具有重要意义。

8 敖汉旗赵宝沟遗址

撰稿：张红星　史静慧
摄影：杨国权　庞雷　孔群　中国社会科学院考古研究所内蒙古工作队

全国重点文物保护单位。

位于敖汉旗新惠镇赵宝沟村民组西北两公里。遗址地处平缓开阔的坡地上，四面环山，山上多覆盖着较厚的土层，少数山体岩石裸露。这里向阳背风，其西南部有一条通向教来河的泉水沟，终年水源不断，适合古代先民居住。现已辟为耕地。

1982年，在文物普查时发现赵宝沟遗址，采集到一些以压印几何纹为主要特征的夹砂陶片。1986年，中国社会科学院考

遗址全景（西北—东南）

房址局部

遗址全景

房址

古研究所内蒙古工作队对一号遗址进行了发掘，发掘面积两千余平方米，发现房址、灰坑一百四十余座，出土了较多的陶器、石器、骨器、蚌器等。第三次文物普查对遗址进行了复查。

遗址东西长约340米，南北宽约270米，面积约9万平方米，文化层厚约1米。遗址西南、东南为自然冲沟，西北部为居住区，东南部为祭祀遗迹。

居住区内有大量房址，目前已探明89座。房址均为半地穴式，平面呈方形、长方形或梯形，有大、中、小三种，大型

房址面积近百平方米，中型房址面积在30～80平方米之间，小型房址面积小于30平方米。灶址多位于室内中部，长方形或方形土坑灶。有的房址居住面较为平整，有的房址居住面有明显的高低两层，呈阶梯状，将居住面一分为二，房屋面积较大，柱洞以灶为轴心对称分布。所有房址均按东北至西南向成排分布，自西北至东南共12排，每排房址数量1～17座不等。西北部房址保存较好，西南部房址破损较甚。整个聚落房屋布局经过统一规划和精心设计，层次分明。最大的一座房址位居该区的中心部位，每排中亦有一座相应的中心性房屋，从而形成了普通性房屋、单排里的中心性房屋、整个聚落里最大的中心性房屋三重结构。祭祀区地势东南高、西北渐低，房址较少，沿西北至东南方向成排分布，自东北至西南可分成两排。与

居住区相比，作为独立的祭祀区房屋数量明显偏少。房址东侧坡顶有石块堆砌的大型祭祀平台，面积达三百二十余平方米，构成了一个有机的整体，与西北侧的居住区对应共存。

赵宝沟遗址陶器为大宗，主要为生活器皿，绝大部分为夹砂陶。除个别器物外，大部分均有纹饰，压划或压印而成，主要有几何形纹、之字形纹、动物形纹、指甲窝纹、压划形纹、刷划纹、篦点纹和弦纹等，以几何形纹、之字形纹、动物形纹最具代表性。器形比较简单，主要有钵、罐、碗、尊等。

石器数量仅次于陶器，其中大型石器较多，细石器占一定比例。大型石器多数为磨制成器，制作精美，个别为打制或琢制。器形主要有斧、斧形器、耜、锄、凿、刀、球、弹丸、磨棒、磨盘、磨石、

南台地遗址出土的赵宝沟文化鹿纹陶尊

南台地遗址出土的赵宝沟文化鹿纹陶尊

砍砸器、饼形器等，以侧边起棱石斧、顶端有凹缺的石耜最具特色。细石器均为压制而成，有单面压制和双面压制之分。主要有刮削器、尖状器、石叶、石核等。有些房址内石器数量多于陶器，反映了石器在当时人们生产和生活中是很重要的物品。骨器和蚌器数量较少，种类单一。骨器为磨制而成，器形有角器、带槽骨锥等。

赵宝沟遗址发现大量石耜、石锄、石斧、石磨棒、磨盘等生产工具，还有纺轮、藏储器具、制陶工具，以及较多的鹿、狍等野生动物残骸等，可知该时期农业有了一定的发展，狩猎经济占有一定的比重，还有其他一些辅助经济。根据遗迹、遗物判断，赵宝沟遗址所反映的文化是在直接继承兴隆洼文化的基础上发展起来的，是该地区一种新的新石器时代考古学文化类型，介于兴隆洼文化和红山文化之间，命名为赵宝沟文化，年代距今7500～6500年。

赵宝沟遗址为目前已知规模最大的一处赵宝沟文化聚落遗存，其北侧有红山文化遗存，西有小河沿文化遗存，东南有夏家店下层文化遗存，可见赵宝沟文化在辽西地区新石器时代文化发展过程中起到了承上启下的作用，它的出现使燕北西辽河流域史前社会发展进入了第二次高峰期。

解放营子遗址出土的赵宝沟文化凤形陶杯

南台地遗址出土的赵宝沟文化鹿纹陶尊展开图

▌9▐ 巴林左旗富河沟门遗址

撰稿：史静慧　张红星
摄影：左利军　庞雷

全貌（东南—西北）

全国重点文物保护单位。

位于巴林左旗富河镇富河村北的考古山乌尔吉木伦河上游的东岸的山坡上，南距林东镇约70公里。这里为浅山丘陵地貌，遗址高出河床数十米，西北高，东南低。富河沟门遗址是"富河文化"的命名地，是一种新石器时代的遗存。

1962年，中国科学院考古研究所内蒙古工作队对富河沟门遗址进行发掘。第二次、第三次全国文物普查均复查了该遗址。

遗址东西长约300米，南北宽约200米，面积约6万平方米。地表可见大量灰土圈，约150余座，东西排列有序。经发掘发现，灰土圈均为房址。房址有近方形和圆形两种，以方形居多。近方形房址为半地穴式，一般东西4～5米，南北长3～5米，面积约十几平方米，最大的边长6米左右。房址有的为一层，有的几层叠压在一起。居住面比较平坦，有的是经过夯砸。地面上还发现了用火痕迹。房址中央

筒形陶罐

筒形陶罐

有方形灶，分土坑灶和石板灶两种，灶旁埋有陶器。靠近北墙地面有柱洞，4~7个不等。部分房址内有圆形窖穴。圆形房址也是半地穴式，直径3.5~5米，地面中央有灶，有圆形土坑灶和方形石板灶两种。房址内靠墙一周有六个柱洞，有的房屋内发现印有柱痕的草拌泥。

陶器均为夹砂陶，烧制火候偏低，器表多呈灰褐、黄褐色，均为手制，多以长条的泥片围筑。陶器外壁多经压磨，内壁抹光。器表多压印纹饰，横向竖排篦点之字纹和弧线之字纹颇多，纵向横排线形之字纹较少。在陶器上为缀合裂痕而钻孔的现象很普遍。陶器种类主要有筒形罐、钵、圈足器、小杯等，其中以筒形罐占大多数。

石器数量较多，制作精细，器形规整，分大型石器和细石器两类，其中细石器约占石器总数的三分之二以上。大型石器多为打制，并经二次加工，磨制数量较少，多在器物的刃部稍加磨光。器形主要有砍砸器、斧、锛、锛形器、凿形器、锄形器、尖状器、刮削器、磨盘、磨棒等，以砍砸器、锛形器居多。有些磨制石器仍见打制痕迹。细石器的加工技术十分成熟，数量最多。其制作方法多采用间接打制和压削法。器形有镞、锥、钻、圆刮器、尖状器、条形石片、石核等。其中，有使用痕迹的条形石片数量最多，镞的数量也十分可观。

骨器数量也比较多，主要有锥、镞、刀柄、针、有齿骨条、匕、鱼钩、骨饰等。还发现一些卜骨，有灼而无钻，是我国占卜习俗最早的实物例证。此外还有一些角器及蚌、贝、牙质的装饰品和大量的动物骨骼。

根据富河沟门遗址的遗迹、遗物分析，该遗存为一种新的新石器时代考古学文化类型，命名为富河文化，时代距今7500~5000年。富河文化是乌尔吉木伦河流域的一种细石器文化，存有一定的农业经济成分，但以渔猎为主要经济活动方式。富河沟门遗址为研究该地区细石器文化及当时的聚落形态、生活方式、宗教信仰等提供大量实物资料。

||10|| 红山区红山遗址群

撰稿：史静慧　张倩
摄影：赵爱民　庞雷

全国重点文物保护单位。

位于红山区东北红山前后较平缓的台地上，西临英金河，是红山文化的命名地。

1906～1908年日本人鸟居龙藏三次进入赤峰境内开展野外考古调查，首次向世人披露了西拉沐沦河流域红山文化遗存的信息。1919～1924年法国学者桑志华和德日进也曾数次在赤峰地区进行调查。1930年梁思永先生对英金河和红山嘴一带进

红山远景

黄玉龙

碧玉龙

行考古调查。1930～1933年日本人牟田哲二等人在红山及其附近采集、收集文物标本，德永重康等人在红山前后搜集了一些遗物并发掘了几座石棺墓。1935年日本东亚考古学会对红山后遗址进行发掘。1943年佟柱臣先生到赤峰地区进行考察。1956年裴文中、吕遵谔、严文明先生等对红山文化遗存进行了野外调查和复查发掘。此后，有关红山遗址的调查、研究工作从未间断。

红山遗址群分布在红山前后，有多个地点，面积达数平方公里。地表散见陶片、石器等。经多年的调查、发掘，出土了大量遗迹、遗物。遗迹以房址、墓葬为主，遗物有陶器、石器、玉器、骨器、蚌器等。

房屋多建筑在缓坡或台地上，为直壁长方形半地穴式建筑，居住面经过捶打，中央有瓢形灶，灶有斜坡火道。

墓葬分为两类，一类为积石冢石棺墓，数量占绝大多数；一类是小型的石棺墓。早期墓葬较少，以合葬墓居多，随葬品主要有石器、陶器，没有玉器。晚期的墓葬气势恢宏，大冢之下有很多排列有序的小石棺墓，随葬玉器较多。

陶器主要是泥质红陶和夹砂灰陶两类。泥质红陶质地较为坚硬，饰以黑彩，器形有罐、碗、钵等。夹砂灰陶质地较为疏松，饰以压纹、附加堆纹等，其中以之字纹最常见，之字纹深腹筒形罐是典型器形。

石器分为磨制石器、打制石器、细石

墨玉钺

器三种。磨制石器较多，器类主要有斧、刀、锛、耜、磨盘、磨棒等生产工具。其中桂叶形石耜、叶形双孔石刀是红山文化中典型器物。细石器采用石髓、碧玉、水晶、燧石等石料，经打击琢制加工，工艺精巧，形制各异。种类主要有石核、石叶、石片、刮削器、尖状器、石镞等。

玉器材质较好，工艺精湛，种类十分丰富。材质多为岫岩玉，硬度较高，十分温润。制作工艺分为片雕、镂雕、圆雕等。器形有璧、双联璧、三联璧、马蹄形箍、勾云形玉佩、双龙首璜、玉龙、玉猪龙等。

红山文化时代距今6700～5000年，是中原仰韶文化和北方草原文化在西辽河流域相碰撞而产生的富有生机和创造力的优秀文化，是中国北方新石器时代最具有代表性的考古学文化，内涵十分丰富，文明程度高，影响范围极广。在西起河北张家口、东到辽河中游、北达大兴安岭、南抵京津的广大区域内，均有红山文化遗存分布。红山文化的先民以农耕经济为主，有固定住所。手工业达到了很高的阶段，形成了极具特色的陶器装饰艺术和高度发展的制玉工艺。红山文化露出中华文明的曙光，她是燕北西辽河流域考古学文化发展的第三次高峰期。红山文化的发现，揭示了中华文明起源并非完全出自黄河、长江流域，这里同样是中华文明的源头之一。

‖ 11 ‖ 红山区魏家窝铺遗址

撰稿：史静慧　张红星
摄影：曹建恩　孙金松　党郁

遗址发掘现场

房屋基址居住面出土的器物

全国重点文物保护单位。

位于红山区文钟镇三眼井村魏家窝铺自然村东的丘陵地带。遗址位于一台地上，东北高，西南低，西临平双公路，东侧较为开阔，北侧是东西走向的冲沟，南侧为东西走向的冲沟，西侧是无名河，现为耕地和林地。

2008年，第三次文物普查时发现魏家窝铺遗址。2008年10~11月，内蒙古自治区文物考古研究所对遗址进行勘探测绘。2009~2012年，内蒙古自治区文物考古研究所、吉林大学边疆考古研究中心对该遗址进行了四次大规模发掘。

遗址东西长约310米，南北约290米，面积约9万平方米。地表暴露有成排分布的灰土圈，散见陶器残片及石器等，采集有泥质红陶片、石磨棒、石斧等。2009~2012年揭露面积约1.6万平方米，发现房址114座、灰坑219个、灶址19个、墓葬2座、灰沟5条，揭露和出土了大量遗

遗址房屋排列情况

迹、遗物。

魏家窝铺遗址由房址、灰坑、灰沟、墓葬、环壕构成，是一个完整的聚落遗存。房址呈西北至东南向成排分布，排列较为整齐。房址均为半地穴式，平面呈圆角方形、方形、梯形或平行四边形，面积8～60余平方米不等。门道多朝向西南或东南方，亦有少数房址朝西，大部分为斜坡状，个别有类似台阶的设施。居住面有的为碾碎的料姜石和草拌泥混合而成，有的经过烧烤。房址中部有灶，多为瓢形，个别为方形。灶坑与火道相连，方向与门道方向一致。灶坑周边多见筒形罐、钵、石磨盘、石磨棒等日常用品。

灰坑多位于房址周边，平面有圆形、

椭圆形、圆角方形和不规则形几种，以圆形、椭圆形为多。坑体结构有直壁筒形、袋状、锅底形等，底部有的为平底，有的有二层台，有的呈锅底状。灰坑内多有陶器或石器，一些器物为完整器。墓葬位于遗址内，发现较少。竖穴土坑墓，仰身直肢，头东向，未见随葬品。

陶器为大宗，有夹砂陶和泥质陶两类，夹砂陶略多。夹砂陶多为灰陶、黑陶，砂粒均匀，器壁较厚，火候较低。泥质陶多为红陶，壁较薄，火候较高。纹饰以之字纹、刻划纹、戳印纹为主，还有部分席纹、压印纹、弦纹、附加堆纹和彩陶。彩陶以红彩为主，少量为黑彩。纹样有弧线条带纹、平行折线纹、几何网格

纹、三角纹等。平底器为主，还有少量圈底器和有足器。器形有筒形罐、斜口器、钵、釜、双耳罐、瓮、鼓腹罐、盆、碗、鼎、杯、器盖、纺轮及陶球等，以筒形罐、红陶钵、几何纹彩陶钵、斜口器为基

灰坑内出土的器物

清理的房屋基址

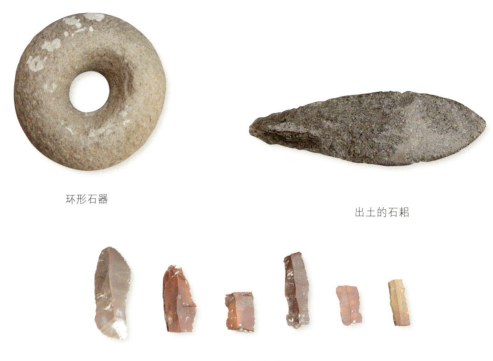

环形石器

出土的石耜

出土的细石叶

出土的陶器

本组合。石器主要为生产工具和粮食加工工具，分磨制石器、打制石器和压制细石器三类。磨制石器最多，制作较细，主要有石耜、石锄、石斧、穿孔石刀、石磨盘、石磨棒、石饼、石球、石杯等。打制石器数量不多，主要有刮削器、砍砸器等。细石器数量较多，加工精细，主要有石镞、石刃、石叶、石核等。另外还有少量骨器、蚌器和一定数量的动物骨骼。

遗址周边有两条环壕，两条环壕无

出土的陶釜

出土的斜线纹筒形陶罐

出土的之字纹筒形陶罐

出土的彩绘陶罐

明显打破关系，长短、深浅、位置均有明显差异，说明该聚落的规模在不断扩大，布局会有一定的调整，需要建造新的聚落和环壕。

魏家窝铺遗址文化属性单一，聚落结构完整，根据遗址的遗迹、遗物判断，为红山文化遗存，年代为红山文化早、中期，是内蒙古目前发现的规模较大、保存最完整、发掘面积最大的红山文化时期聚落址。遗址带有环壕，在已发掘的红山文化遗存中尚属首例。魏家窝铺遗址不仅保留着以筒形罐为代表的辽西地区新石器时代文化传统，还接受了来自燕山以南的文化影响；聚落布局既显示出辽西地区新石器时代的地方特征，也具有华渭文化区的某些特点，体现出了南北交融的文化特征。为深入分析红山文化聚落遗址的分期与年代、文化构成、居住情况以及生产方式等提供了重要线索，对研究该时期与各方文化的交流、人地环境的变迁、社会结构的变化等具有重大意义。

‖12‖ 红山区蜘蛛山遗址

撰稿：宋国栋　史静慧
摄影：张艳玲　中国社会科学院考古研究所内蒙古工作队

内蒙古自治区重点文物保护单位。

位于赤峰市红山区三中街道兴隆街居委会东北约800米处、锡伯河与阴河汇合处的英金河南岸山岗上，当地群众称之为蜘蛛山。山岗北面是熔岩断崖，上覆沉积黄土和文化层，山岗的中部较高，东、南、西三面逐渐低下，山岗上大部分为市区建筑所占。

蜘蛛山遗址东西长约200米，南北宽约100米，面积约2万平方米。

早在新中国成立前，就有考古工作者对该遗址进行过调查。1963年，中国社会科学院考古研究所内蒙古工作队对该遗址进行了考古发掘，发掘面积100平方米。发现红山文化、夏家店下层文化、夏家店上层文化和战国至汉初四种文化的堆积

蜘蛛山遗址（北—南）

层，红山文化层在最下面，只分布于遗址的西部。夏家店下层文化的堆积层几乎遍布整个遗址，是遗址最丰富的堆积层。夏家店上层文化的堆积因被战国至汉初的建筑破坏，很少有连成大片的堆积层。战国至汉初的文化层主要分布于遗址中部较高处。

在红山文化层中，没有发现遗迹，出土遗物仅陶片一种，数量也很少。陶质分为泥质红陶、夹砂褐陶和泥质灰陶三种。泥质红陶最多，占全部陶片的二分之一以上。纹饰有压纹、划纹、附加堆纹和彩陶四种。出土陶片较破碎，能复原的极少，器形有钵、罐等。

夏家店下层文化遗存中发现四处居住遗迹和11处窖穴。有的房址半地穴式、有的房址用石块垒砌的居住遗迹。窖穴分布相当密集，可分为筒形和袋形两类。出土遗物有陶器、石器、骨器、动物骨骼。陶器以泥质灰陶和夹砂褐陶最多，夹砂灰红陶和泥质红陶次之。陶器以手制为主，主要用泥条盘筑，少量采用轮制。陶器火候较高，质地坚硬。纹饰有绳纹、篮纹、划纹、附加堆纹、压纹、弦纹和彩绘等，两种纹饰并用的很多。器形有鬲、甗、鼎等

炊器，罐、豆、盆、尊、盘、瓮等容器或盛器。石器多为生产工具，其中打制石器有盘状器、石球、磨石。磨制石器有铲、刀、斧、杵、碗形器。骨器系将动物肢骨、肋骨截开，再经磨制而成。有镞、锥、匕、笄以及卜骨。动物骨骼有牛、羊、猪、狗、兔五种。

夏家店上层文化遗存中发现两处居住遗迹和13处窖穴。居住遗迹为半地穴式，呈方形，正方向。窖穴分布密集，分为筒形和袋形两类。出土遗物有陶器、石器、骨器、动物骨骼。陶器都是夹砂陶，有红色和褐色两种，表面经磨光，纹饰只见附加堆纹，器形有鬲、甗、鼎、罐、豆、盆、钵等。石器有打制细石器及磨制的刀、斧等。骨器有镞、锥、匕、勺形器、珠、牌等。动物骨骼有猪、狗、羊、牛、马、鹿六种。

战国至汉初文化遗存中发现10处窖穴，有圆形、椭圆形、长方形三类。遗物有陶器、瓦、铁器、铜器、石器、动物骨骼等。陶器有泥质和夹砂两类，有纹饰的陶片约占全部陶片的60%，其余或素面或磨光，纹饰有绳纹、暗纹、划纹、弦纹、回纹和附加堆纹。器形有盆、甑、盘、碗、豆、罐、瓮、量器等，有的量器上刻有秦始皇二十六年（公元前221年）诏书："廿六年皇帝尽……诸侯黔首大安……诏丞相绾……"，"……皇帝尽并兼天下诸侯黔首大安立号为皇帝乃诏丞状绾法度量则不壹歉疑者皆明壹之"；有的量器则刻有"十六斗黍半斗"，"……斗大半斗"；有的陶片上有"亭印"戳记。瓦类碎片数量很多，外表拍印粗绳纹或细绳纹，里面大多数为素面。半瓦当有饕餮

出土夏家店上层文化器物

出土秦代陶量器

出土红山文化陶器

纹、山形纹、兽形纹、环纹。铁器有斧、凿、轴瓦和钩形器等。铜器有镞、剑、铜印、钱币等。动物骨骼有猪、牛、马、羊、狗五种。

蜘蛛山遗址有着清晰的时代发展脉络，是研究赤峰古代历史的重要文化遗存。刻有秦始皇二十六年诏书的秦代陶量的发现，是秦始皇统一度量衡的重要物证，同时也说明秦继燕之后，曾有效地在赤峰地区行使过统辖权。

‖13‖ 敖汉旗草帽山遗址

撰稿：李倩　张倩
摄影：张焱　张亚强　庞雷

全国重点文物保护单位。

位于敖汉旗四家子镇东800米的草帽山后的山梁上，遗址南临大凌河支流老虎山河，高出河床约40米，南面为努鲁儿虎山最高峰断亲山，山峦叠嶂，奇峰兀立。

1983年发现草帽山遗址。2001年、2006年内蒙古自治区文物考古研究所和敖汉旗博物馆对遗址进行发掘，揭露面积1500平方米，清理墓葬14座，祭坛1处。第三次文物普查时对该遗址进行了复查。

草帽山遗址为祭坛和积石冢相结合的文化遗存，分为东、中、西三处，最东的第一地点在突起的山岗上；第二地点位于第一地点西侧隔沟的山梁北部，两者东西相距500米，遗址高出地表约3米；第三地点位于第二地点西南，两者相距200米，并在同一梁岗上，遗址高出地表约2米。

第一地点为祭坛，四周有近长方形的石砌围墙，保存较差。第二地点为坛冢结合遗存，保存十分完整，结构较为清晰，出土有夹砂灰陶"之"字纹罐残片、半月形双孔石刀等遗物。南面两祭坛之间为墓葬区，均为石板墓，头西脚东，有的为二次葬。随葬品较少，出土有方形玉璧、石环、玉环、骨笛等遗物。墓葬上面为封石

和砌筑石基。在石基外侧及部分封石的外表见成排的筒形或折肩小口罐形无底器，部分器物有彩绘，有的筒形无底器的内壁上刻有"米"字形等符号。有的彩陶器周围有很多的灰烬，可能与祭祀活动有关。在石基外侧和祭坛旁发现有石雕人像，大小不一，大者大于真人，小者额宽仅有10厘米左右。其中一件保存完整的头像，头戴冠，双目微闭，十分逼真。这些石雕人像是在红山文化遗址中首次发现，堪称史前艺术宝库之珍品，被誉为中国第一石雕人像。第三地点也为坛冢结合遗存，保存状况较差，积石冢距地表较浅，破坏十分严重。东墙和南墙已不存在，只在北面和西面还依稀存有石墙痕迹。积石冢有石棺，石棺周围有一圈碎陶片带，大部分都是泥质红陶、黑色彩陶，有的还带有弦纹。石棺长2米多，棺内只剩下一部分

远景

遗址局部（东北—西南）

遗址局部

遗址局部

上肢骨和下肢骨，头骨无存，未发现随葬品。在石棺前还发现了厚厚的红烧土，证实这里经常有用火行为，当与祭祀有关。根据草帽山遗址揭露出土的遗迹、遗物判断，为红山文化遗存。

目前，在老虎山河两岸上下10公里的范围之内已发现几处类似草帽山这种带有祭祀性的红山文化遗址，如椴木梁、小古立吐、牛夕河、芦家地遗址等，这些祭祀性质的遗址构成一个十分庞大的遗址群，是当地红山文化时期的一个祭祀中心。草帽山第二地点规模尽管比辽宁省牛河梁遗址小，但保存较好，坛冢结合，层次清晰，石砌建筑十分规整，层层高起，有方有圆，是我国现存时代最早的地上建筑之一，对研究红山文化葬制、宗教祭祀、社会结构以及中华文明起源，都具有很高的学术价值。

玉镯

方形玉璧

石雕人像

石棺

‖14‖ 敖汉旗小古立吐遗址

撰稿：宋国栋　史静慧

摄影：王春明

内蒙古自治区重点文物保护单位。

位于敖汉旗四家子镇小古立吐村第二小学东北300米的低丘顶部，坐落在老虎山河西岸的山前平缓坡地上，东距现代河床约1000米。坡地西侧逐渐高起，与小古立吐后山相连接。再向西是崖壁峭立的红石砬山。低丘北部略陡，其余三面坡势平缓，丘顶平坦，似经人工整治。现为杏林。

2001年中国社会科学院考古研究所内蒙古工作队与敖汉旗博物馆调查时发现小古立吐遗址。第三次全国文物普查时进行了复查。

遗址主体为祭坛，东西向，东西长约36米，南北宽约22米。

坛顶是经平整的低丘顶部，周围环绕赤红色碎石堆积而成的低矮坛墙，西墙中部凸出呈圆弧形，北墙凸出呈扁长的等腰梯形，东墙和南墙大致呈直线，但南墙外连接有与北墙对称的扁长梯形外墙，整体略似龟腹甲状。坛墙顶面为弧形，底部宽约1米，残存高度30～40厘米。西墙凸出的圆弧形部分和南外接墙的中部已严重破坏，只存散石，其余部位墙体保存基本完好。坛西略偏北处有一积石遗迹，也由赤

红色碎石堆积而成，破坏严重。残存范围呈扇形，半径约5米，中部略凸起，高约20厘米。无底筒形器的残片在祭坛顶部随处可见，积石遗迹附近也有分布，在小古立吐后山顶部都有零星碎片发现。遗址范围内未见其他时代遗物。无底筒形器为红山文化祭祀遗址的标志性器物，因此该遗址属红山文化遗存。采集有无底筒形器口部残片。泥质红陶或红褐陶，圆唇，沿外卷，颈部饰凹弦纹，弦纹结束部位起一凸棱，有的为素面。

小古立吐遗址文化性质比较单一，是红山文化时期祭祀遗存，为研究该时期古代先民的祭祀、信仰等意识形态有重要价值。

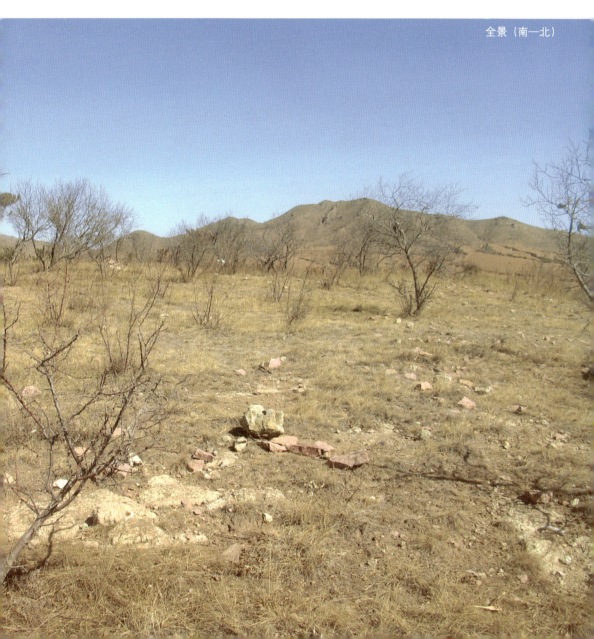

全景（南—北）

‖15‖ 巴林右旗那日斯台遗址

撰稿：萨仁毕力格　史静慧
摄影：乌力吉　孔群　庞雷

赤峰市重点文物保护单位。

位于巴林右旗大板镇那日斯台嘎查境内的巴彦汉山东麓、查干沐沦河西岸二级台地上，南距西拉沐沦河约14公里。遗址东部是台地，西部是坡地，中间被宽约20米的乌兰沟隔断。由于风沙侵蚀，植被破坏，文化层被严重扰乱。

1980年，巴林右旗博物馆在巴彦汉公社那斯台大队进行考古调查时发现那日斯台遗址，并采集了许多遗物。1981年，昭乌达盟文物站与巴林右旗博物馆对那斯台遗址进行了联合调查，对其文化内涵及分布情况有了进一步的认识。此后又进行多次复查。

遗址东西长约1500米，南北宽约1000米。遗址周围个别地段残存有壕沟痕迹，东北侧尚有几座清晰可辨的窑址。地表散布有陶片、石器等。采集和征集有数量较多的陶器、石器、玉器、骨器、蚌器等。

陶器有泥质红陶、夹细砂红陶、夹粗砂褐陶和泥质灰陶等。皆为手制，有盘筑和套接之别。器物内壁多经磨光。彩陶数量较多，陶质坚硬，火候较高，表面磨光，多施黑彩，间或有紫红色彩。纹饰有平行斜线纹、菱形纹、三角形纹、竖线

灰坑遗迹局部（北—南）

遗址远景（东南—西北）

玉饰件

玉蚕

三联玉璧

玉鸮

玉鸟

龙形玉

玉鸮

玉佩

玉鸮

石人像

纹、弧线纹、鳞纹、三角涡纹和条带状花纹等。此外，还发现有"3"字形的似符号纹饰。夹砂褐陶质地粗松，火候较低。纹饰以之字纹为主，还有指甲纹、网格纹、回字纹、凸形纹、乳钉纹、凹弦纹、斜线纹、附加堆纹、点状纹、螺旋纹等。器底多见席纹。器形主要有壶、盅、纺轮、罐、钵、碗、盆等。

石器有打制石器、磨制石器和压制细石器三种。打制石器主要是锄形器、镰形器、镢形器、尖状器、刮削器、敲砸器等。磨制石器主要有耜、斧、锛、凿、刀、圆饼状器、三角形器、钺形器、磨盘和磨棒等。压削细石器主要有石镞、石钻、尖状器、刀形器、刮削器、石核、石叶等。另外还发现石杯、石罐等容器及石人雕像、鸟形玦、兽面形器、石兽等。玉器数量较多，器形有蚕、勾云形佩饰、鸟形饰件、鸮、龙形玦、鱼形饰件、三联璧、钩形器、坠饰、玉管、玉斧等。此外，遗址中还发现少量骨角器和蚌器，主要包括角器、骨锥、骨刀柄、骨镞及蚌壳、小海螺等饰品。

那日斯台遗址是西拉沐沦河以北发现的较大的原始文化遗存之一，从遗存的特征上看，包含兴隆洼文化、赵宝沟文化和红山文化遗存，其中红山文化遗物占大多数，其次是兴隆洼文化，再次是赵宝沟文化遗存。另外，还有一些遗物如细石器、骨角器、蚌器、石人、石兽、石杯等，因没有可比较资料，文化属性尚难确定。

玉蚕

玉斧　　　箍形玉器　　　钩形玉器

玉鱼形饰件

青铜时代至早期铁器时代

青铜时代至早期铁器时代，赤峰地区形成了独具地方特色的夏家店下层文化和夏家店上层文化。夏家店下层文化年代距今4000～3300年，分布范围以赤峰为中心，东至辽宁西部，南达京津地区，西到张家口以东，北抵西拉沐沦河流域，以山城遗址最具代表性。夏家店上层文化年代距今3000～2300年，分布范围以西拉沐沦河和老哈河流域最为密集，北至查干沐沦河、乌尔吉木伦河流域，东南到凌河上游，东北至教来河、孟克河，西南达承德地区。全国第二次文物普查时发现夏家店下层文化和夏家店上层文化遗存三千六百九十余处，占赤峰地区文物遗址点总数的一半左右。其中著名的有药王庙、夏家店、南山根、蜘蛛山、大甸子、柳南、大山前、城子山、三座店、二道井子、大井铜矿、小黑石沟、龙头山、井沟子遗存等。这些遗存或为山城，或为墓葬葬，或为矿址，属山戎、东胡文化遗存。其出土的大量遗迹、遗物，令世人叹为观止，尤其大批独具特色的青铜器，代表了青铜时代至早期铁器时代北方系青铜器的最高水平。另外，这一时期还出现了大量岩画，主要集中在松山区境内阴河流域、克什克腾旗境内白岔河流域、翁牛特旗境内的巴润高日苏村的黑头山和乌丹的海金山等地区。以克什克腾旗岩画群最为精美和密集。岩画题材主要有人物、人面像、动物、几何纹、生殖符号等，涉及舞蹈、狩猎、放牧等场面。这些文化遗存，反映出青铜时代赤峰地区文化发展又出现了一个繁荣期。

‖16‖ 松山区夏家店遗址群 ─────

撰稿：张红星　李倩
摄影：李术学

全国重点文物保护单位。

位于松山区王家店乡夏家店村北英金河北岸临河一带的几个低缓的山丘上，山丘之间有自然冲沟相隔，南距英金河0.5公里，西距赤峰市约15公里。

1960年，中国科学院考古研究所内蒙古工作队对夏家店遗址群进行试掘，发现了两种新的青铜时代文化，命名为"夏家店下层文化"和"夏家店上层文化"。

夏家店遗址群面积3.8万平方米，由九处相邻的文化内涵基本相同的遗址组成。地表暴露有石圈遗迹，散布有大量陶片及石器等。1960年试掘了四个地点，揭露面积270平方米，文化层深浅不一，有

的厚达4米以上。夏家店下层文化堆积相对较薄，夏家店上层文化堆积较厚。发现有灰坑、房址、墓葬等遗迹。出土了大量陶器、石器、骨器、蚌器、铜器及动物骨骼等，为夏家店下层文化、夏家店上层文化两个时期。

灰坑多为圆形，有筒状和袋状两种，袋状坑有的坑口部用石块垒砌，有的坑壁留有工具痕；筒形坑多有埋人现象。房址有圆形半地穴式和地上建筑两种。半地穴式房址室内地面经填土夯打，有的抹有草拌泥。居住面西部有烧烤痕迹，有的房址有灶址，灶址旁留有鬲、豆等生活用具。地面中央有柱洞，坑壁抹有泥皮，有的房

全景（北—南）

近景（南—北）

器物表面多经压磨。陶器均为手工制作，器表多为素面，少数施有纹饰。器形有鬲、甗、罐、豆、钵、纺轮、陶坠等。石器数量较多，大多先打制成形，再经磨制加工而成。出土的石器多为生产工具，主要有斧、锤、石刀、盘状器、环状器、杵、臼、石坠、磨石和石范等。骨器种类较多，有三棱锥形骨镞、骨锥、骨匕、骨针、骨珠等。铜器较少，均为小型器物，有刀、镞、锥、扣、双尾铜饰、联珠饰等。另外，还发现了许多狗、猪、羊、牛、马、鸡等骨骼，以猪、狗的骨骼最多。

夏家店下层文化是赤峰地区出现最早的青铜文明，其年代相当于夏、商、西周中期。遗存的分布范围以赤峰地区为中心，东至辽宁省西部，南达京津地区，西到河北省张家口以东，北抵西拉沐沦河流域的广大地区。在中心地区，文化遗址分布尤为稠密，据初步调查多达三千余处。夏家店上层文化属晚期青铜文化，分布范围北至查干沐沦河、乌尔吉木伦河流域，东南到凌河上游，东北至教来河、孟克河，西南达承德地区，以西拉沐沦河和老哈河流域最为密集。

夏家店文化遗址群，展示了赤峰地区从公元前20世纪到公元前3世纪这一漫长过程中的丰富多彩的历史，体现了西辽河上游西拉沐沦河流域高度发达的古代文明。夏家店文化遗址群是我国北方重要的文化遗存，也是该地区早期青铜器时代人类文明的重要标志，她的发现和研究确立了夏家店下层文化和夏家店上层文化在中国乃至世界历史与考古学上的重要地位。

址填土内埋有人骨遗骸。地上建筑墙壁为土筑，居住面经过夯打，并留有柱洞。墓葬为长方形竖穴土坑墓和石板墓两种。多仰身直肢，头向西北、南、东均有。长方形竖穴土坑墓有木质葬具，葬具和圹壁间填土夯打或填塞石块，单人葬或合葬，随葬有陶器、骨器、铜器等。石板墓墓圹较浅，圹内四周砌有石块，上盖石板。随葬品较少。这些灰坑、房址、墓葬均为夏家店上层文化遗存。

夏家店下层文化遗物有陶器、石器、骨器等。陶器以夹砂灰陶为主，泥质灰陶和夹砂褐陶次之，亦有少量的红陶和黑陶。陶质坚硬，火候较高，陶色较纯。纹饰以绳纹和绳纹加划纹为主，其次是附加堆纹，素面陶和磨光陶占有一定比例。器形丰富，制作技术精湛。主要器形有尊、罐、瓮、钵、鬲、盆、鼎、甗等。石器有打制和磨制之分，主要有石锄、石铲、石刀、石杵、石球等。此外还有骨针、骨锥、卜骨、骨管、蚌饰等。

夏家店上层文化出土的遗物有陶器、石器、骨器、铜器等。陶器以红陶为主，褐陶次之，质地疏松粗糙，火候偏低，

‖ 17 ‖ 松山区太平庄遗址群

撰稿：宋国栋　马婧
摄影：娄海峰

全国重点文物保护单位。

位于松山区城子乡太平庄自然村村北的六个山岗上，南临半支箭河。山岗东侧和西侧各有一条通向半支箭河的大冲沟，与南部的半支箭河一起将太平庄遗址群所在山岗环抱其中。山岗西部地势高而险峻，向东逐渐低缓。山丘南部边缘为陡峭的基岩，北部为低缓的坡岗。

1999年，内蒙古自治区文物考古研究所、中国社会科学院考古研究所、吉林大学边疆考古研究中心对太平庄遗址群进行了调查。

太平庄遗址群包括岱王山、石碴子、太平庄后山、太平庄后山东、老爷庙后山、庙东山六个遗址，是夏家店下层文化类型在半支箭河流域分布的较为集中、完整的聚落遗址。它们分布于相临近的六个山岗上，彼此呼应又各有特点，组成了一

近景（西—东）

庙东山遗址地表暴露的石圈（西—东）

庙东山遗址全照（西—东）

石砌窨穴（南—北）

个较为完整的聚落遗址，总面积11万平方米。该遗址群属夏家店下层文化、夏家店上层文化及战国时期文化遗存。

庙东山遗址位于坡岗顶部的两个凸包上，面积约7000～8000平方米，地面散布少量夏家店下层文化陶片。陶片有泥质褐陶、夹砂褐陶，表面饰绳纹或划断绳纹。老爷庙后山遗址位于庙东山遗址西南100米处，遗址位于老爷庙后山的山顶及东山坡上，面积约1.3万平方米，地面上散布的陶片以夏家店下层文化为主，夏家店上层文化和战国时代陶片也有一定发现。夏

庙东山遗址地表石圈（东南—西北）

家店下层文化陶片主要有夹砂褐陶、夹砂灰陶、泥质灰褐陶，表面饰绳纹、划断绳纹、箍堆纹。夏家店上层文化陶片主要为夹砂红陶。战国陶片有夹云母红陶釜，表面饰纵向绳纹。太平庄后山东遗址与老爷庙后山遗址仅隔一沟壑，面积约两万平方米。山顶上有一个三角形缓台和一单一双两个石圈，单石圈的直径约7米，双石圈的内外直径分别为6米和10米。遗址地面的陶片全部为夏家店下层文化夹砂灰陶或夹砂红、褐陶，可辨器形有陶瓮，陶器装饰主要为绳纹、划断绳纹、箍堆纹。

太平庄后山遗址位于一个自北而南的椭圆形台子上，南北长约110米、东西宽约60米。台子南北两端分别有三个石堆，其中北部石堆的直径分别为5米、7米、10米，南部石堆中较大的直径为5米，另外，两个直径为3～4米。台子中部和西边的陡坡上，又有一个直径10米的石堆和五个石圈，其中单石圈有三个，直径5～7米，其余两个为双重石圈，外圈直径7米左右。石堆一般高出地面0.5米。台子以西的斜坡上也散布着许多石圈。北部上坡处存留两段排列有序的石圈，北面的一段有七个，直径3米，南面的一段有三个，直径5米。此外还有四个散见于南部下坡处的石圈，其中一个是外径10米的双石圈，其余的都是直径5～7米的单石圈。遗址面积约有2.4万平方米。地面的遗物非常丰富，主要为夏家店下层文化遗物，少

老爷庙后山、太平庄后山东遗址全景（东—西）

岱王山遗址全景（东—西）

量为夏家店上层文化。陶片有泥质灰陶、夹砂灰陶、夹砂红陶，纹饰主要为绳纹、划断绳纹、箍堆纹。石器有斧、刀等。

　　石砬子遗址位于东北至西南走向的狭长山头上，面积约一万平方米。沿山顶窄脊一线分布有五个石圈，东北端和西南端各有一个直径10米的大石圈，东北端的石圈似乎是两三重。两个大石圈之间夹有两个直径6米的石圈，西南部大石圈的坡下也发现了一个直径6米的石圈。在主山头南坡上，也分布着四个石圈，直径5～6米。矮山头山顶西南部有一个直径6米的浅土坑。地面遗物全部属于夏家店下层文化，主要有陶片和石器。陶片主要有夹砂灰陶、夹砂褐陶、

泥质灰陶，饰绳纹、划断绳纹、箍堆纹。石器主要为石斧。

　　岱王山遗址所处位置有东西并列的两个山头，面积约3.5万平方米。东山头的北面和东面有一道7～8米宽的条带。东山头西边的陡坡下有一个呈三角形的平台，平台长20米、宽15米左右，台子大部分面积被一个深约1米的椭圆形凹坑所占据。凹坑长13米、宽10米。平台与山头背面的条带恰好连成一体。东山头则被东、北两面的条带和西端的平台围成一个近三角形高台，高台长100米、宽70米。沿隆起的台脊东西向分布有10个石圈，自西向东有三对两两相切的石圈，其中一个偏北的是双重石圈。大石圈直径6～7米，小的直径5米。西山头的顶部略呈椭圆形，在其附近自西而东分布着一条石带和11个石圈。石带由石块堆积而成，长33米、宽1～1.5米、高约0.5米。沿石带东南分布着三个双重石圈，间距7～8米，大者直径9米，小者直径7米。其余八个石圈大致可分为东西两部分，西面的四个直径约8～9米，东边的四个直径约3～6米，其中北端的是双重石圈。两个山头上的石圈多数已被盗掘，陶片和石器散落在其间，绝大多数可以确认为夏家店下层文化。遗物主要有夹砂灰、褐、红陶，泥质褐陶，器形有瓮、盆等，还发现有穿孔石器。

　　太平庄遗址群为了解赤峰地区古遗址分布规律、特点、文化发展、人类活动，以及研究该地区夏、商时期的历史提供了重要的资料。

‖18‖ 宁城县南山根遗址

撰稿：王建伟　张红星
摄影：马景禄　庞雷

全国重点文物保护单位。

位于宁城县三座店南山根村五组南山北坡上，北临昆都仑河谷平地，平坦开阔。

1958年，内蒙古文物工作组在调查一批青铜器出土情况时发现了南山根遗址。1961年，中国科学院考古研究所内蒙古工作队对遗址进行了发掘，发现灰坑15座，墓葬9座。1963年，辽宁省昭乌达盟文物工作站、中国科学院考古研究所东北工作队对南山根两座石椁墓进行发掘。

南山根遗址大体呈长方形，东西长约300米，南北宽约100米，面积3万平方米。

灰坑多为圆形袋状，坑壁上工具痕迹明显，有的底部抹有草拌泥。墓葬为长方形石椁墓，单人葬，有的有木质葬具。葬

遗址远景

金耳环

青铜头盔

祖柄青铜勺

青铜簋

青铜斧

式多为仰身或侧身直肢。随葬品以装饰品居多，日用器较少。

遗物主要有铜器、陶器、石器、骨器和金饰件、绿松石等。铜器种类很多，有容器、工具、兵器、车马具、牌饰等。主要有簋、簠、瓿、鼎、罐、杯、豆、勺、刀、斧、凿、镐、锄、戈、矛、盾、镞、匙、剑、扣、环、镜、马衔、銮铃、泡、饰件等。陶器的陶质疏松，多为泥条盘筑。纹饰主要以绳纹、绳纹加划纹最多。器形主要有鬲、甗、鼎、罐、盆、尊、瓮、豆、钵、壶、盘、纺轮等。石器多数是生产工具，主要有铲、刀、锛、斧、锄、刮削器等。骨器主要有骨针、锥、卜骨、蚌饰、穿孔贝及各式珠饰等。根据遗迹、遗物分析，南山根遗址包含两种性质的文化遗存，即夏家店下层文化和夏家店上层文化遗存。

南山根遗址是内蒙古地区青铜时代的典型遗存之一，遗址内出土的大量青铜器造型别致，工艺精湛，具有东胡文化的典型特征，是北方系青铜器的代表之一。南山根遗址对研究青铜时代我国北方草原地区先民的经济、军事、文化、青铜器铸造工艺、丧葬习俗等提供了大量珍贵实物资料。

青铜鬲

青铜鼎

‖19‖ 喀喇沁旗架子山遗址群

撰稿：王建伟　张倩

摄影：张义成　宋宝泉　塔拉

全国重点文物保护单位。

位于喀喇沁旗西北，是由架子山、大山前、城子顶等组成的大型聚落遗址群。在30平方公里范围内分布有33个典型遗址。

1986年，喀喇沁旗文物管理所进行普查时发现架子山遗址群。1996～1997年，内蒙古自治区文物考古研究所、中国社会科学院考古研究所、吉林大学边疆考古研究中心组成的赤峰考古队对遗址群进行了调查，对大山前遗址进行了发掘。

架子山遗址位于喀喇沁旗牛家营子镇野猪沟门村当铺地自然村东约2.4公里处，长约400米，宽约260米，面积约5.7

远景（南—北）

万平方米。遗址依山修筑九层平阶，外侧有巨大的围壕。地表有大量石圈和石墙遗迹。石圈五十余个，多为单石圈，一般直径3～8米，大的直径为10～11米。东侧山顶附近有四个石圈形制略为特殊，圈外均接有一段用石块堆积而成的长条形石墙。在坡地西部还有一道西北至东南向石墙，长35米，宽3～5米，残高约0.5米。地表散见陶器残片和零星石器。采集有夹砂红陶绳纹罐口沿、泥质灰陶磨光罐、夹砂红陶绳弦纹鸡冠耳、夹砂红陶绳纹残足、泥质褐陶乳丁纹口沿、打制梯形石斧、打制亚腰石斧等。

大山前遗址位于喀喇沁旗永丰乡大山前自然村后面的山坡上，共有五个地点，其中两个地点属于祭祀址、三个地点属于居住址，发现有房址、灰坑和围沟等。1996～1998年发掘发现大量灰坑、灰沟、

遗址群局部航拍图

房址和残墙遗迹。出土了一批陶器、石器、骨器、蚌器、铜器等遗物，一些陶器留有修补痕迹。

城子顶遗址位于喀喇沁旗牛家营子镇西南沟村南约700米处。遗址位于梁坡上，呈台状，高约4米，文化层厚0.5～4米。四周是围墙，土筑，略呈椭圆形，东西长约180米，南北宽约150米。墙外侧有围壕，宽10～15米。采集有鬲、罐、鬲残片及石铲等。

根据架子山遗址群遗迹、遗物分析，主体为夏家店下层文化、夏家店上层文化遗存。该遗址群处于夏家店文化分布区的中心地带，规模大，遗址多，层次清晰，充分体现了夏家店文化繁荣发展时期的社会组织结构、物质生产水平以及地域文化风貌，对研究该时期的聚落形态、社会结构等有着重要的学术价值。

‖20‖ 敖汉旗大甸子遗址

撰稿：张文惠　张倩
摄影：刘海洋　孔群

全国重点文物保护单位。

位于敖汉旗宝国吐乡大甸子村东南200米的台地上，当地居民称为"城子山"。遗址地处大凌河支流牤牛河上源，高出周围地表2米以上，西、北两侧是水土流失形成的沟崖，东、南两侧边缘是陡坡，南侧边缘为公路。

1974年发现大甸子遗址。1974～1983年中国社会科学院考古研究所内蒙古工作队对遗址进行了四次发掘，发掘面积220平方米，清理墓葬804座，出土了一批陶器、石器、骨器、蚌器、玉器等遗物。第三次文物普查时进行复查。

遗址平面近似圆角长方形，南北长约350米，东西宽约200米，面积达7万平方米。东、南两侧边缘地表有一条夯土围墙，围墙以外是壕沟，北侧壕沟外为墓地，是一个带有土筑城墙、环壕和墓地的大型聚落遗存。

围墙略呈椭圆形，用石块竖向错缝垒砌，底宽6.2米，残高约2米。南侧围墙夯土中发现一豁口，两侧有自然石砌壁面，为城门遗址。围墙外为壕沟。房址均为半地穴式，有圆形、方形、圆角方形三种。地面平整，有的房址有柱洞，有的未发

彩绘云纹陶罐

嵌贝彩绘陶鬲

彩绘陶鬲

灰陶爵

遗址全景（东—西）

现柱洞痕迹。有的房址内发现烟道,有的西南壁有门道。墓葬区位于遗址东北部,面积约6万平方米,墓葬分布密集,井然有序。均为长方形土坑竖穴墓,多为单人葬,个别为合葬。葬式多为侧身直肢,头多向西北。在靠近脚端的坑壁上大都挖有土龛,放置随葬器物。墓葬分为大、中、小三种类型,大型墓不足五分之一,随葬物比较丰富。中型墓的数量最多,占总数一半以上,墓内填土有夯打痕迹,葬具的式样颇多,以木构葬具的数量最多。小型墓比大型墓葬略多。

遗址内遗物和随葬品较为丰富,以陶器、石器、骨器为主。房址内出土陶器的陶质以夹砂灰陶、夹砂褐陶为主,泥质灰陶次之,炊器和容器大都是夹砂陶。器表纹饰主要有绳纹、划纹、附加堆纹、篮纹、篦点纹、弦纹等。墓葬中随葬品以各种陶制器皿为主,陶质以泥质陶器最多,大多有彩绘装饰,纹饰样式甚多,极具地方特色,并与商周青铜器纹饰有较大渊源。器形主要有鬲、甗、鼎、罐、豆、

彩绘陶罐

玉饰件

玉璧形坠

彩绘陶罐

云纹彩绘陶壶

尊、碗、盘等，其中鬲、盆的数量最多。石器数量相对较少，打制为主，磨制次之。骨器、蚌器占有一定比例，器形主要有锥、匕、铲、针及卜骨等。

墓葬中还出土了数量较多的小型金、铜、玉、漆、编织器及贝与仿制贝等。多放置在壁龛内，少部分放置在葬具内，有的为墓主随身佩戴的装饰品。金、铅、铜金属器物占有一定数量，并能够按锻、铸工艺的要求调配青铜的含锡量。玉器出土较多，多为白、绿或黄绿色软玉制成。主要器类有珠、玦、斧、锁、璧、环、弧形器、圆柱形器、矩形器、楔形器、勾云形器、钩形器、鸟形器、璇玑形器，其雕琢技艺和造型风格等方面与红山文化玉器具有鲜明的共性。

根据遗迹、遗物确认，大甸子遗址是一处夏家店下层文化遗存。大甸子遗址文化堆积厚，面积较大，遗址旁分布有非常集中的墓葬区，墓地保存较好，数量较多，在夏家店下层文化遗存中为首次发现。大甸子遗存展现了中国北方早期青铜

时代的完整的聚落形态，揭示了夏家店下层文化居民的丧葬习俗，对深入了解夏家店下层文化的内涵及其年代分期，探讨北方和中原地区早期文化关系等均提供了珍贵的实物资料，其成果被选入20世纪100项重要考古发现。

玉坠饰

石钺　　　　　玉凿

鼎形陶罐　　　　　彩绘陶罐

‖21‖ 敖汉旗城子山遗址

撰稿：张倩　张文惠
摄影：杨国权　采自《敖汉旗文物精华》

全国重点文物保护单位。

位于敖汉旗萨力巴乡城子山村哈拉沟村民组东南2000米，遗址处在燕山北麓与松辽平原的过渡地带，是敖汉旗北部的至高点，环绕主峰又有多座较矮的山头。

1987年，文物普查时发现城子山遗址。2000年，中国社会科学院考古研究所和敖汉旗博物馆对遗址进行了调查。

城子山遗址主体分布在主峰顶部，依山势砌筑，平面呈不规则形，北、东、西三面略呈方圆形，南端略呈长方形，面积约15万平方米。地势平坦，由人工修成几层台面。周边有石砌的围墙，基宽1～3米，残高约2米，外围墙边长约90米，内围墙边长约30米。

主遗址区共发现祭坛232个，分为中心区及东、北、西、南、东南六个区。其中主墙内侧六个区内共分布228个，主墙外侧分布四个。西北侧墙外有一个祭坛，直径3米，其内大型自然石块局部有人工磨光痕。另外三个祭坛分布在东南侧墙外，直径2～3米，其中一个祭坛的东北侧有三块大型自然石块，表面全部磨光。祭坛的形制可分四类，第一类是整个祭坛用石块堆砌而成，有的祭坛地面的石块已经凌乱，有的能明显看出由石块堆砌成同心圆状；第二类是祭坛周边砌成圆形或弧形石圈，中间为隆起的土丘，这一类祭坛数量最多；第三类是整个祭坛为一个隆起的土丘，其外围筑有方形石墙；第四类是祭

全景

遗址远景

坛利用大型自然石块围砌，在中心位置立一块较大的石块，石块的一面中央或偏下方有一个圆窝。祭坛结构严谨，东西区祭坛呈排分布。

东区及东南区坛外有方形石墙，祭坛处于墙内一端或中部。祭坛直径最大的13米，最小的有4米左右。在南区南侧外围主墙中部发现一巨型石雕猪首，朝着正南方向的鸡鸭山。石雕猪首长9.3米，吻部宽2.1米，额头宽7.5米，额头顶部距地面高5米，是中国目前发现的最大的猪的图腾形象。地表散见陶器残片。根据遗迹、遗物分析，该遗址为夏家店下层文化遗存。

城子山遗址规模宏大，布局对称规整，层次分明，是目前我国发现的规模最大、祭坛数量最多的夏家店下层文化祭祀遗址，也是辽西地区出现早期国家的实证，堪称西辽河地区继牛河梁红山文化祭祀遗址之后的又一重大考古发现。城子山遗址的发现，为深入探讨夏家店下层文化所处社会发展阶段、辽西地区早期国家出现，以及西辽河地区与夏王朝的关系等提供了考古实证资料。

墙体马面

‖22‖ 松山区三座店石城遗址

撰稿：张红星　李权
摄影：郭治中

全国重点文物保护单位。

位于松山区初头朗镇三座店村阴河左岸的洞子山顶部及南坡上，东南距镇政府所在地约2.5公里，东距赤峰市约40公里。遗址西侧为临河断崖，北侧与阴河东岸的山岗相连，南侧和东侧为河谷冲击而成的平川。

2005～2006年，内蒙古自治区文物考古研究所等单位对三座店夏家店下层文化石城址进行了大规模考古发掘，揭露面积

遗址鸟瞰图

达九千多平方米，包括大城的绝大部分和小城的全部，清理房址65座、窖穴和灰坑49座，以及规模巨大的城墙及马面等遗迹，一座夏家店下层文化的山城全貌基本上被完整地揭露出来。

遗址由东西两座并列的石城组成。东侧城址平面近长方形，形制较小，南北长50米，东西宽40米，面积约1600平方米。小城东、南、北三面均有石砌的城墙和马面。西侧城址平面近圆角长方形，形制较大，北高南低，南北残存140米，东西残存110米，面积一万余平方米。东、北两侧有石砌城墙和马面，东侧与小城之间以一道列石为分界线。大城保存较完好，小城保存状况稍差。由于地表乱石横陈，坡度较陡，不宜垦殖，所以许多建筑露出地表，清晰可辨。

大城清理城墙约140米，墙体建筑方法因地段不同而有所差异。其中北墙两侧用石块包砌，中间填黄土；墙体外高内低，稍高于城内地面。东城墙只在外侧砌石，贴附在内侧的黄土台缘上。整个城墙成为高耸的护坡石壁，使整座城址形成一个凸起的高台。城墙外侧砌石有内外两层，有的地段为三层，形成厚达1米多的石壁，由外而内倾斜砌筑，向上渐收。墙体外侧有15个马面，平面大体呈马蹄状，体量高大，多用石块砌筑三圈，个别为石块砌筑两圈而成。马面石壁与墙体石壁交错砌筑，坚实紧凑，向上渐收。大型马面的中心用黄土填实，外侧用重石块砌筑而成，有的马面之间有进出的通道。城址内还发现有若干不同走向的石墙，将众多房址和窖穴划分成二十余处相对独立的院落，由高到低呈阶梯状分布。院落之间多有一条共用的院墙。

大城内发现两条南北向主干道，其中一条通向中心院落。中心院落南部建有石砌关门，关门向两侧石墙内凹，用石片错缝叠砌而成。关门南段两侧的地面上各安放一块凿有圆窝的石块，窝内磨痕明显，当为安放门轴所用的门臼石，当时装有双扇开启的大门。门道大体呈南北向，长5.8米，宽1.2～1.4米。地面铺砌石板，踩踏痕迹十分清晰。城内南部发现两条东西向通道。

城址内的房址有双圈石砌房址、单圈石砌房址及半地穴式房址三类，其中以双圈石砌房址数量最多，单圈石砌房址次之。石砌建筑遗迹基本上分布在同一平面，仅在大城东部坡底地区堆积较为复杂，有叠压、打破现象。双圈石砌房址平面呈双圈圆形，直径7～10米。墙体均用石块砌筑，直接从地面起建，不设基槽。砌石之间有的用草拌泥粘合，有的则是直接垒砌，也有的墙体为土石混筑，并发现少许墙面上抹泥的现象。内圈为居室，室内有泥土筑成的居住面，基本保持水平，且较为平整，个别抹有白灰面，居住面上有用火痕迹，并留有陶罐、鬲等器物残片，柱洞发现极少。居住面一般不止一层，多者达三、四层。内圈与外圈间为回廊一周，中间多有隔墙。回廊内发现局部经加工的硬面，但与室内居住面不同，平面不是水平的，有烧烤用火痕迹。有的房址内墙用小石块垒砌，在室内墙脚处也黏贴一圈同样的小石块，石块间掺合泥浆，堆积在居住面周围。个别房址外墙只砌筑一部分，呈半圆状。在房址的南侧或东南侧，发现有台阶状砌石，其上踩踏痕迹明显，可能为出入房址的通道。单圈石砌房址一般作为双圈石砌房址的附属建筑出现，平面呈圆形，直径3~5米，室内为居住面，踩踏平整坚硬。有的居住面上遗留有陶鬲、罐等残片。少数房址的南侧另接一半圆形建筑，个别半圆形建筑的外侧保存一块凿有圆窝的砌石，应为门臼石。在部分文化层堆积较厚区域，发现有三座圆角方形半地穴式房址，居住面抹有白灰面。

遗址内窖穴平面多为圆形，直径1~2米，直壁，穴壁用石块砌筑。有的一侧依托自然山石的陡壁，其余部分用石块砌筑。较大的窖穴，底部加工成硬面，有的垫土，有的抹草拌泥。部分窖穴底部发现有1~2个柱洞。窖穴内出土有陶器残片及石器等。城址内还发现有少量灰坑，较浅，平面不甚规则。

小城占地面积约1585平方米，整体呈不规则形。四周都环列着石筑的城墙，但与大城相邻的西城墙构筑十分简便，其南段甚至仅以一排列石作为彼此之间的界限。南城墙的西端直接与大城的东墙相连接，但在南墙上现存一处缺口。在小城的东、西、北面总共发现半圆形马面10个，南城墙上不设马面，在墙根处发现两具人骨，相距10米，皆头东脚西，仰身直肢，紧靠墙根放置。总的来看，小城无论城墙和马面较之大城都比较矮小简陋，砌墙的石块仅只一层，马面的体量也小了许多，有的直径约2米。城内空置地增多，残存的建筑基址只有五处。

遗址内出土陶器、石器、骨器、玉器等遗物数百件，其中陶器、石器为大宗，骨器相对较少，玉器最少。陶器多出土在房址的居室内和回廊北部，少量出土于窖穴、灰坑或地层堆积中。以灰陶为主，分夹砂陶和泥质陶两大类。夹砂陶有灰、灰

三座店古城遗址

褐、红褐等色，器形有鬲、甗、罐、瓮、罐形鼎等。泥质陶有灰、灰黑等色，器形有鬲、尊、钵等。陶器纹饰以绳纹、绳纹加划纹为主，还有少量附加堆纹、戳印纹等。石器出土位置不规律，以双圈房址的回廊和窖穴内出土居多，一般靠近内、外墙墙角摆放。有磨制、打制两种。磨制石器多不甚精细，许多为粗经打磨的半成品，器形有斧、磨石、磨棒、刀、磬等。打制石器相对粗糙，器形有铲、饼形器等。骨器数量不多，种类有锥、簪、卜骨等。

遗址内还发现三幅岩画。第一幅为双漩涡纹，局部压在石墙之下；第二幅为双漩涡纹和折线条组成的颜面纹，刻在通道中央的一块基岩上；第三幅是一块由密集圆窝组成的图案岩画。依据岩画在遗址中的埋藏层位，可以确认这些岩画的作画时间至少与房址同时或更早。在一些建筑

基址的活动面上、窖坑中乃至陶器的腹腔内，还发现较多炭化的谷物籽实，经鉴定为粟、黍、豆科类等种属。另外，遗址中还发现两枚刻有类似文字符号的陶片，每片一个字符，作上下结构，具有典型的表意特征，如此成熟的文字类符号，无疑是一个重大发现。

三座店遗址为夏家店下层文化遗存，年代距今约为4000～3400年，与中原夏王朝的年代大体相当。从发掘出土的遗迹、遗物来看，该遗址是中国北方青铜时代早期文化的典型代表之一，其社会正处于国家产生的雏形阶段。从当时的使用工具和出土的粮食等推断，这里的先民已是一个较完善的农业民族，经济并不逊于中原地区。赤峰境内的英金河和老哈河水系发达，支流众多。沿河的两侧台地以及附近的山头上，分布着密集的夏家店下层文化遗址，无论数量和类型都甚为可观。三座

城内的窖穴

通道上的岩画（南—北）

东北角局部（东—西）

院落布局（北—南）

店遗址大城、小城并存，从出土遗物和城内建筑形制分析，它们是一种共存关系而非前后相继。根据调查得知，在夏家店下层文化时期，像三座店这类大、小城相配置的建制是一种很普遍的现象，应该是当初的先民在规划建设聚落时出于某种考虑而做出的选择，它反映的是一种观念。20世纪60年代和90年代，考古工作者对阴河

沿岸和半支箭河中游的考古调查结果也证实了这一结论。

三座店石城址基本未被后世扰动损毁，遗迹间也不存在复杂的叠压打破关系，特别是规模巨大的城墙及星列的马面最大限度地保留着它的初始状态，蔚为壮观，这在辽西地区以及内蒙古境内极为少见。目前国内发掘的夏家店下层文化遗存

由5号房址、8号房址、10号灰坑构成的院落

城墙上的马面（东—西）

发掘清理的房址（西北—东南）

相对较少，虽然有大甸子、大山前这样的夏家店下层文化遗址经过大规模考古发掘，但总的来说，夏家店下层文化遗存考古发掘工作仍很薄弱，已发掘的遗址类型不够全面，特别像三座店这样的山城遗址，尚无大规模全面揭露的先例。三座店石城址的发掘，对解释夏家店下层文化山城类遗址的功能和性质至关重要，为深入探讨夏家店下层文化所处社会发展阶段、辽西地区早期国家的出现以及中国文明起源等研究提供了考古实证资料，弥足珍贵，有的专家学者将其比作"东方玛雅"或"东方特洛伊"。鉴此，三座店遗址考古发掘被中国社会科学院评为2006年度"中国六大考古新发现"。

‖23‖ 松山区尹家店山城遗址

撰稿：李权　张倩

摄影：娄海峰　宋宝泉　塔拉

全国重点文物保护单位。

位于松山区孤山子乡尹家店自然村西北50米的城子山顶南部。山顶地势平坦，遗址东、南、西三面是陡峭山崖，山脚下有阴河绕山而过。

20世纪60年代，徐光冀先生等人对尹家店山城遗址进行调查。此后许多中外学者来此考察。

尹家店山城遗址平面呈亚腰型，东西最宽处235米，南北最长245米，总面积约

遗址航拍图

南墙西段马面（北—南）

东南角局部（北—南）

东墙北段（北—南）

东墙南段（西—东）

4.6万平方米。由南、北两城组成，其中北城较大，但主要建筑集中在南城，城墙残高2～3米。城址周围有石砌的围墙，北、东两面墙保存较好，围墙内外壁砌石，内填黄土，石块封顶，基宽约5米。北墙和东墙南部外侧砌筑马面，北墙四个，较小的边长7～8米，较大的10米左右，南墙的马面均在转角处，多呈半圆形。

城内有两道东西向石砌隔墙，将城分隔成南北两个部分，北部文化层较薄，有的地方已经裸露出山石，南部遗迹分布较多。西侧和南侧有用石块垒砌的方形或长方形院落二十余处，院落内有石砌方形或圆形房址。南墙内侧有五座圆台状石砌建筑。

城内散布有陶片、石器等遗物。采集有夹砂灰陶绳纹和附加堆纹鬲、罐残片及石斧、铲等，为夏家店下层文化遗存。另外，还采集到少量辽代的瓦片、石臼等。

尹家店山城遗址保存较好，气势恢弘，是赤峰地区非常重要的夏家店下层文化石城址之一，对研究该时期城址布局、防御功能、社会形态等意义重大。

‖24‖ 红山区二道井子遗址

撰稿：李权　张红星

摄影：曹建恩　孙金松　党郁

全国重点文物保护单位。

位于红山区文钟镇二道井子村打粮沟门自然村北部的山坡中部，西北距赤峰市约12公里。遗址所处坡地地势平缓，东高西低，南侧为打粮沟门自然村，西侧濒临一季节性河流，西南为二道井子新村，东侧是林地，周围浅山丘陵连绵起伏，地表现为林地。

二道井子遗址于2009年被发现，南北约190米，东西约140米，占地面积约2.7万平方米，文化层平均厚约8米。遗址由环壕、城墙及城内遗迹、墓葬区四部分构成，为一处非常完整的聚落遗存。2009～2010年，内蒙古自治区文物考古研究所对该遗址进行了考古发掘，出土了大量遗迹、遗物。

环壕平面大体呈椭圆形，南北长约190米，东西宽约140米。环壕剖面呈"V"字形，外壁呈斜坡状，内壁略呈阶梯状，口宽约12米，深约6米。城墙则位于环壕内侧，先挖成隆起于地面的梯形生土墙，进而在其两侧堆土包砌，基宽约10米，残高约6米。城墙内侧坡度较缓，随着聚落内生活面的逐渐抬升，部分房址坐落于城墙之上；城墙外侧坡度陡峭，

与环壕内壁相连形成统一的斜面，落差达12米。修建环壕时产生的土壤直接用于堆砌城墙，由于城墙不断扩建，贴附于城墙的堆土多达数层，且各层的结合面平整光滑、剥离自然。城墙个别地段采用了夯筑技术或包砌了土坯。

城内遗迹主要有院落、房址、灰坑（窖穴）等。院落平面多近于圆角长方形，由房址、灰坑（窖穴）、院墙、踩踏面、院门等组成。院墙多夯筑而成，有的墙体上部用土坯或石块修砌，拐角处以石块包砌，踩踏面较为平整，有的院落之间有小巷。

房址多在同一位置反复建筑，房址在废弃后均有意填充或专门垒砌土坯，门道用土坯封堵，外围修筑多重墙体，上下叠压，最多者可叠压七层。房址分半地穴式、地面式建筑两种。大部分房址为居住

二道井子遗址全景

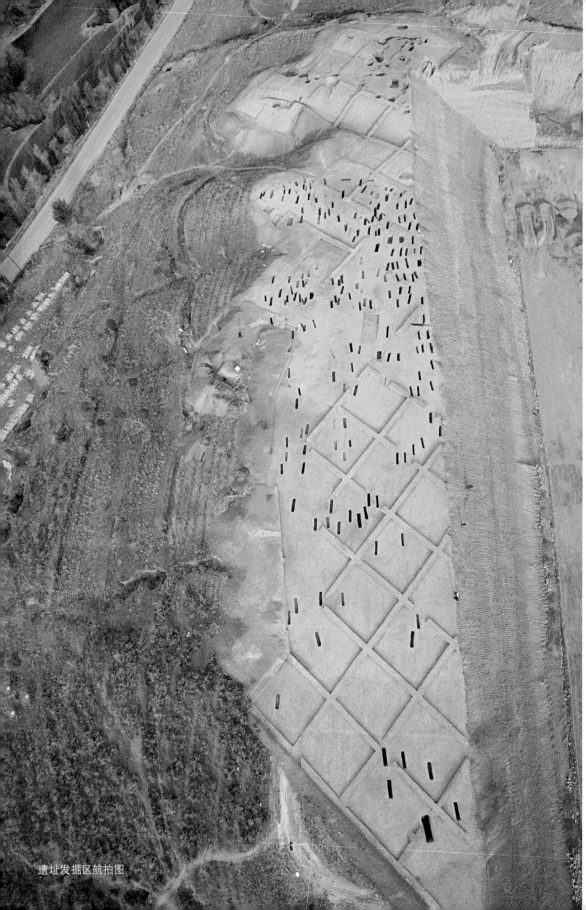

遗址发掘区航拍图

房屋布局情况

遗址局部

考古发掘现场

建筑，少量有祭祀功能。半地穴式房址平面呈长方形，斜坡式门道，南向或西南向，灶位于房址北侧中部，墙壁有草拌泥抹痕。踩踏面平整完好，多反复使用。有的房址内发现圆形柱洞，柱洞内壁贴有陶片。地面式房址平面多为圆形，少数为圆角方形。墙体多为土坯堆砌，部分为夯筑而成，内外抹有数层草拌泥。个别房址在接近房顶处土坯内收，可能为土坯直接券顶。部分墙体之上设有瞭望孔。居住面经烧烤，抹草拌泥，有的厚达十余层。灶多为方形地面灶，位于居住面中部。门道多西南向，斜坡状，上窄下宽，门道两侧土坯砌成圆角弧形。有的房址设有门槛，草拌泥抹面，两侧置有门墩。门道踩踏面与墙体外侧活动面连为一体。房址外部多有侧室或回廊，一些房址的回廊或侧室建筑结构较为复杂，回廊内土坯砌筑横向短墙，将回廊分隔成数量不等的小隔间，有的隔间之间有门道或门洞相连。房址之间活动面多相连，有火烧痕迹，有的分布成排柱洞。

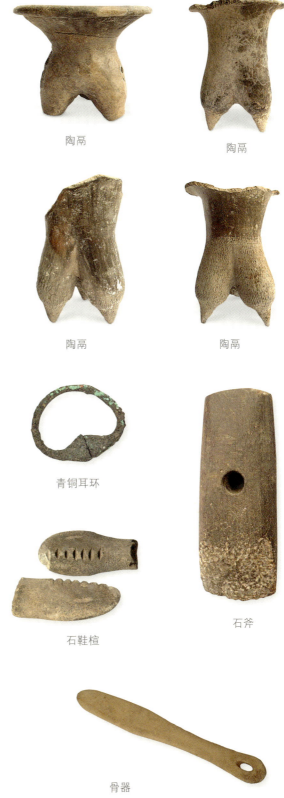

陶鬲　　　　　　　　　　陶鬲

陶鬲　　　　　　　　　　陶鬲

青铜耳环

石鞋楦　　　　　　　　　　石斧

骨器

　　灰坑（窖穴）多位于房址周边，以窖穴为主，圆形袋状居多，坑壁平整光滑，大多在坑壁抹有草拌泥，有的坑壁用土坯垒砌，平底。部分窖穴还在坑边垒砌一周土坯围墙，并留有出口。一些窖穴内发现大量的炭化谷物颗粒和呈穗状的炭化粮食作物以及少量毛、草编织物。少量灰坑平面不规则，制作粗糙，人工加工痕迹不明显，与窖穴明显有别。

　　灰沟呈不规则形，东西走向，可能是起到贵族墓与平民墓，或者墓葬区与生活区"分界线"的作用。陶窑火塘呈圆形，烟道位于火塘边侧，窑壁四周有浅蓝色烧结面。

墓葬区位于遗址南部，绝大多数位于灰沟南侧，成排分布，墓葬间打破关系较少。多为竖穴土坑墓，少量为偏洞室墓。竖穴土坑墓平面呈长方形，仰身直肢，下肢并拢，多为东南向，少数为北向或东北向；偏洞室墓为东南向。绝大多数无随葬品，个别出土少量陶、骨、玉器。极个别墓葬位于灰沟北侧，竖穴土坑墓，东向，有头龛，等级相对较高。

出土遗物以陶器、石器和骨器为主，只发现少量玉器及青铜器等。陶器的陶质有泥质、砂质、夹砂三类，陶色以灰褐色、灰色为主，少量为黑色、红褐色，素面器、绳纹器多见，少量为篮纹、附加堆纹和彩陶器。多见三足器、平底器，器类有筒形鬲、罐形鬲、盘形鬲、鼎、豆、罐、三足盘、大口尊、瓮、杯、纺轮等。石器数量较多，磨制为主，生产工具占大宗，少量为生活用具。器类有斧、刀、铲、镢、锛、饼、球、槽、臼、杵、磨盘及磨棒等，其中用黄色砂岩磨制而成的

8号房址及院墙构成情况

39号窖穴

鞋楦极具特色。骨器数量亦较多，多为生活用品，磨制精致，部分还刻划有精美的几何花纹。器类有勺、匕、镞、锥、铲、针、簪、针管、贝饰等，另见一定数量的卜骨。玉器数量较少，有斧、凿、璧、蚕、蝶、玦、环、项饰等。青铜器数量极少，体量小，有刀、锥以及喇叭口式耳环。

墓葬排列情况

213号土洞墓全景

二道井子遗址文化内涵单纯，文化堆积深厚，建筑遗迹保存完好，有环壕、城墙、院落、房址、窖穴、道路、墓葬区等，结构完备，设施齐全，组成一个非常完整的聚落遗址，是目前我国发现的保存最好的夏家店下层文化遗址，是"中国考古七十五年来所见最好的废墟遗址"，堪称"东方的庞贝城"。特别是遗址中房址数量众多，结构独特，并且在同一位置重复建筑，多层叠压，房址内外活动面保存极佳，这些为了解当时的社会结构、聚落形态、埋葬习俗、建筑技术，研究同一遗

墓葬区185号墓随葬玉器

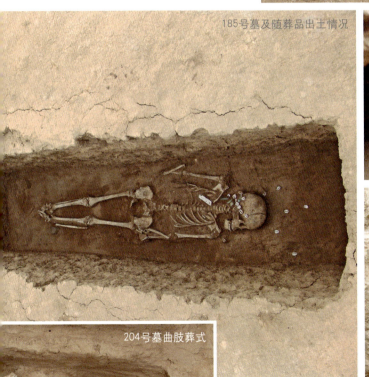

185号墓及随葬品出土情况

22号墓葬出土的随葬品

墓葬内出土的彩绘陶器情况

204号墓曲肢葬式

址不同时期聚落形态变化，探索当时的经济形态、自然环境及人地关系等，均提供了极为珍贵的基础资料和翔实可靠的实物证据。2010年，二道井子遗址被评为2009年度"全国十大考古新发现"。

‖25‖ 克什克腾旗龙头山遗址

撰稿：方月　李倩

摄影：韩立新　冯吉祥　庞雷

遗址远景（东—西）

陶罐

陶鼎

克什克腾旗重点文物保护单位。

位于克什克腾旗土城子镇南6公里的龙头山西坡，西拉沐沦河右岸支流苇塘河西岸，与翁牛特旗凤凰山隔河相望。

龙头山遗址略呈长方形，中部有一条自然小沟。东西长约600米，南北宽400余米，总面积约25万平方米。由居住区、墓葬区、祭祀区、石器制造场四个区组成，是一处大型聚落遗址。南侧为墓葬区；北侧为居住区；小沟的西北为一块台地，是祭祀区；祭祀区西侧靠近山根为石器制造场。

1986年，克什克腾旗博物馆进行文物普查时发现了该遗址。1987～1989年、1991年内蒙古自治区文物考古研究所联合克什克腾旗博物馆对该遗址进行了四次发掘，揭露面积1200平方米，发现大型祭祀址、祭祀坑、灰坑、房址、墓葬、壕沟等遗迹，出土了一批陶器、铜器、石器、骨器等珍贵遗物。

祭祀遗址平面近似半个椭圆形，外有石墙，东西长40米，南北残宽40米。南北墙已塌落，西墙保存较好。墙外有壕沟，宽约5米，深4米。石墙内还增建一方形矮石圈与主墙相接。遗址内文化堆积丰富，

遗址内出土的各类器物

发现有祭祀坑、灰坑和房址等大量遗迹。祭祀坑最典型的是人祭坑，多数为圆形袋状，内弃1~6人不等，死者姿态各异，同时坑内还弃有残破陶器。有的坑内仅放置成组陶器。在建筑石墙前，这里已有祭祀活动，石围墙的建筑使祭祀场所更加突出，祭祀规模有所扩大。

房址为半地穴式，平面呈圆形，门道不清。墙面经过修整，工具加工痕迹明显。地面建在生土之上，中部存有柱洞一个，柱洞西部有灶址。

灰坑为圆形袋状，坑壁规整，坑底平坦，有的经过烧烤。内含灰褐土及少量骨器和陶片。

墓葬大致可分为三类。一类为梯形竖穴土坑墓，内置石椁、木棺，规模较大。随葬品丰富，有铜制兵器、工具，装饰品及石、骨器等。此类墓葬埋葬位置、规格均较高。一类为梯形竖穴土坑墓，内置石棺，随葬有料珠和较多的铜饰件。此类墓葬埋葬位置偏低，规格相对次之。一类为袋状坑套梯形竖穴土坑墓，窄竖穴仅能容身，局部用石板封堵，无木制葬具。随葬品简单，仅有少量铜饰、工具及料珠等。

此类墓葬埋葬位置和规格最低。这三类墓葬明显反映出存有一定的等级差别。

龙头山中部山脊，岩石裸露，散布有大量石料、石坯及石器半成品，为石器制作场所。

龙头山遗址陶器多为夹砂红褐陶，少量灰褐及黑褐陶。陶质疏松，火候较低。纹饰以素面为主，另外还有附加堆纹、戳刺纹等。器形有鬲、罐、钵、盆、鼎、豆等。铜器多为墓葬出土，有剑、斧、刀、凿、镞、联珠扣饰以及素面铜镜和大型鹿形饰牌等。石器以磨制为主，穿孔及打制器物次之。器形有刀、钺、斧、锄、砍砸器等。骨器有骨锥、骨板、穿孔骨器等。

龙头山遗址分布面积大，遗迹、遗物丰富，文化类型单一，其上限可到商代晚期，其下限已延至战国时期，为夏家店上层文化遗存。其地理位置偏北，遗存内涵单纯，自身特征鲜明，年代上限偏早，延续时间长，确定为夏家店上层文化龙头山类型。

龙头山遗址集生活、生产、埋葬及祭祀于一体，为该地区夏家店上层文化首次发现。遗址中出土了众多大型陶器及各种生产工具，并用谷物进行祭祀，表明人们主要从事农业生产活动并聚族定居。龙头山遗址对深入研究夏家店上层文化增添了非常珍贵的实物资料。

鹿形铜饰

‖26‖ 林西县大井古铜矿遗址

撰稿：宋国栋　张新香

摄影：王刚

全国重点文物保护单位。

位于林西县大井镇中兴村大井自然村东北约1公里的山地南坡，遗址东距西拉沐沦河支流查干沐沦河1.5公里，南距西拉沐沦河8公里。大井古铜矿遗址地势北高南低，为西拉沐沦河和查干沐沦河交汇的二级台地，面积约2.5平方公里。

1974年，原昭乌达盟地质队204分队在地质勘探时发现了古矿道。1976年，辽宁省博物馆文物工作队、林西县文化馆对

遗址远景（南—北）

铜矿遗址（南一北）

遗址进行了发掘。1978～1988年间，林西县文物管理所又对该古铜矿遗址进行了两次专题调查。

地表可见露天开采矿坑47条，全都是顺着裂隙充填式的矿脉露天开采，地表留有明显的下洼迹象。每条坑道皆为独立的采矿坑道，相互之间不连通。古矿道内填满了矿渣碎石，四壁是坚固的岩石，上面留有采矿工具敲砸的痕迹。地质队清理的部分古矿道，最宽为11米，最深为20米。考古队发掘的4号古矿道长达500米，坑口处最宽为7米，最窄处3米，挖至6.9米深时宽度为1.2米。4号坑道的局部发掘中，发现了三座房址和一些蜂窝状小圆坑遗迹。房址为圆形半地穴式，直径4米，周围有向内倾斜的柱洞，可能为圆锥顶形，

房内出土了一些陶器、石器、铜器、骨器。在4号石矿道南20米的山坡上，为一处冶炼遗址。冶炼遗址随山势形成了八个阶梯式的平台，每个平台为一个冶炼区，面积为5平方米，上有1～3处炼炉遗址，八个冶炼区共发现炉址12座。这些炼炉分为两类。一类为椭圆形或马蹄形冶炼炉，直径0.8～1.2米，炉门开在低注的西北方，高0.2、宽0.1米。另一类是多孔串窑式炼炉，是焙烧矿石用的焙烧炉，直径为1.5～2米。4号炉附近出土了一些小陶范残块。

出土和采集遗物主要有陶器、铜器、石器、骨器等。其中石器约有1500多件，石料主要是采自附近河道的花岗岩、玄武岩砾石。石器打制成形，稍加琢磨，器形

采集的石器

主要有石钎、石锤、石环、石球、石镐、石盘状器、研磨器、石镞、刮削器等。其中钎、锤、环分别作为采矿、选矿工具。所有钎、锤等石器中部都磨有一圈凹槽，以利绑扎木柄，最大石锤重7.5公斤。陶器的火候较低，呈红褐色或黑褐色，器形有盆、豆、鬲、甗、罐、钵、鼎、陶范等，多素面，也有少量压印几何纹和戳刺纹。此外还出土了马首鼓风管两件，鬃毛栩栩如生。骨器利用动物骨骼磨制而成，种类有锥、匕、镞、针、锤、卜骨、角器等。铜器主要有工具和武器两类，有铜镞、凿等。

研究表明，古矿道开采的矿石为含锡砷的硫化铜矿石，并含有较多的银，矿物组合以黄铜矿、锡石、毒砂为主，含砷最高时可达15%。这种硫化矿石先在焙烧炉内焙烧成氧化矿石，脱去硫和部分砷，然后入椭圆形冶炼炉，通过人工造渣，利用鼓风装置强化鼓风，以木炭作燃料和还原剂进行还原熔炼，直接炼出锡砷青铜。对大量炉渣及其中夹杂的铜合金分析表明，大井古矿冶遗址冶炼产品是含显量银的铜锡砷三元合金，并含有锑铋等微量元素。这种合金具有良好的性能，可直接铸造成器。遗址上发现的陶范即为佐证。

大井古矿冶遗址是我国最早发现、发掘的矿冶遗址，也是目前世界上唯一直接以共生矿冶炼青铜的古矿冶遗址。按开采总长度1600米、平均开采深度10米、平均开采宽度4米、矿石密度2.5吨/立方米计算，则开采矿石总量为16万吨。按铜平均品位为2.0%计，则相当于冶炼出了纯铜3200吨。

北京大学考古系实验室和中国社会科学院考古研究所分别对遗址中出土的木炭样品进行了^{14}C年代测定，数据分别为距今2720±90年、距今2890±115年、距今2780±100年、距今2720±85年，属夏家店上层文化。该遗址是我国目前发现最早的一处具有大规模采矿、冶炼、铸造等全套工序的古铜矿遗址，对于研究我国北方古代铜矿选矿、开采、冶炼、铸造技术及发展水平具有重要的意义。

‖27‖ 林西县井沟子墓群 ————————

撰稿：宋国栋　张新香
摄影：王刚　张红星　采自《林西井沟子》

内蒙古自治区重点文物保护单位。

位于林西县双井店乡敖包吐村井沟子自然村北约400米处，西北距林西县政府所在地林西镇约40公里，南距双井店乡政府所在地约7公里。

1989年，赤峰市文物普查时发现井沟子墓群。1996年，林西县文物管理所清理墓葬一座。2002～2003年，内蒙古自治区文物考古研究所与吉林大学边疆考古研究中心联合对墓群进行了抢救性发掘，总发

墓群（南一北）

掘面积1870平方米，清理墓葬58座、灰坑9个、房址1座。

遗址东西长约240米，南北宽约100~120米，面积约2.6万平方米。地表陶片、石器等遗物的散布范围较广，但数量较少。墓葬可分东、西两区。西区墓葬位于遗址中部地势较平处，东区墓葬位于遗址东部靠近坡下处的平坦地带，东、西两区相距约100米。西侧坡上的冲沟壁上可见灰坑和房址的迹象。已发掘的58座墓葬均位于西区，分布疏朗有序。

墓葬均为西北至东南向，土坑竖穴，平面多呈圆角长方形或窄梯形，一般长2~2.3、宽0.6~0.8、深0.5~1.1米，未见二层台或葬具。除了四座未经扰动的墓葬和三座葬式不详的墓葬外，其余墓葬皆经扰动，尤其以人骨上半身被扰而下半身不动的情况较为多见，墓内常见残缺或多出某些骨骼的情况。葬式有单人葬、双人葬、多人葬，反映出这群人牢固的血亲观念。

墓葬基本上都有随葬品，数量虽不等，但悬殊不大。种类有陶器、铜器、骨角器、玉石器、蚌贝器等，计2083件。陶器一般放置于人骨头端附近，装饰品放在头部及上半身，随葬骨镞者，皆为男性。青铜器中以装饰品居多，尤以铜泡和耳环最为流行，此外有"S"形卷云纹装饰、管状饰、坠饰、双联泡、铜铃、涡纹铜饰、狐首形饰。青铜工具和武器数量不多，有铜刀、铜锥、铜剑、铜镞。骨角器有镞、环、扣、匕、别子、节约、弓弭等，多用马鹿的角制作而成。玉石器及蚌贝器主要是装饰品，以绿松石珠、玛瑙珠、贝形蚌饰比较流行。

泥质陶壶

墓葬用牲现象普遍，出现牲骨的墓葬占墓葬总数86.21%，由于存在扰墓，实际用牲墓的比例可能还要高些。牲畜种类有马、牛、绵羊、驴、骡、狗六种，共计98

12号墓

双耳陶罐

矮领陶罐

个个体，均为饲养动物，一般用牲畜的一些部位来代表整体，入葬时可能带肉。野生动物随葬数量极少，有鹿、獐、狐狸，墓葬中还有蚌、螺壳。

根据出土遗物和^{14}C测年数据分析，墓葬年代大致在春秋晚期至战国前期，为一种新的文化面貌，故称为"井沟子类型"，这种文化类型主要分布于西拉沐沦

青铜短剑

河流域。墓葬中没有发现任何与农业有关的生产工具或农产品，随葬用的牲畜全是适合野外放养的动物，反映出畜牧业在当时的经济生活中应占主导地位，渔猎业是经济生活中的重要补充手段。此外，制陶、青铜加工、骨器制作也在生产生活中扮演着重要角色。井沟子墓地文化类型不仅在年代、地域上与文献所记东胡族的活动时间和地域相吻合，而经济形态上也与文献所记东胡人的生活习俗十分契合，为东胡人遗存。体质人类学家对墓地出土人骨的体质特质进行研究后，认为与亚洲蒙古人种的北亚类型最为接近，而明显区别于赤峰此前存在的"古东北类型"和"古华北类型"人种，该居民类型与后来的鲜卑、契丹的人种特质比较接近。据史书记载，东胡与鲜卑、契丹属同一个族系。由此，井沟子墓地为东胡遗存也得到了多方面的佐证。线粒体DNA的分析研究结果显示，井沟子古代人群与鄂伦春人群距离最近，其次是鄂温克人群，暗示了井沟子古代人群对这两个民族形成有很大的基因贡献，之间存在很强的基因连续性。井沟子墓群，对探索赤峰地区青铜时代至早期铁器时代的文化谱系、族群衍变等具有重要意义。

‖28‖ 宁城县小黑石沟遗址

撰稿：李倩　张红星
摄影：马景禄　宋宝泉　杨林　孔群

全国重点文物保护单位。

位于宁城县甸子乡小黑石沟村东南台地上，东、西均为南北向冲沟，向西大约一公里有老哈河流经。这里三面环山，东高西低。

1975年，小黑石沟遗址曾出土一批青铜器。1985年，赤峰市博物馆、宁城县文物管理所在小黑石沟遗址清理发掘了一批墓葬。1992～1993年内蒙古自治区文物考古研究所、宁城县辽中京博物馆再次对遗址进行发掘。1998年继续进行了发掘工作。

墓群中部台地近景（东北—西南）

遗址航拍图

　　小黑石沟遗址平面近于长方形，分为遗址区和墓葬区。整体遗址南北约500米，东西约300米，总面积约15万平方米。地表散见陶器残片。1985~1998年间的数次发掘，揭露面积2300余平方米，清理房址10座、灰沟7条、灰坑240座、墓葬77座。出土了一大批陶器、石器、铜器、骨器、金器等。

　　房址均为长方形或圆角长方形半地穴式，门道多被破坏，方向不详。有的房址内残存部分居住面，上有圆形或瓢形灶址。有的房址存有柱洞。灰坑圆形袋状居多，圆形直筒状、椭圆形袋状或筒状次之，方形、长方形较少。坑壁、坑底多加工粗糙。有乱葬坑、祭祀坑、窖穴或垃圾坑几种。出土有陶器、骨器、石器、铜器等。

　　墓葬形制略有差异，以土坑竖穴石棺墓居多，竖穴土坑墓次之，大型石椁墓最少。葬式有侧身直肢、仰身直肢、俯身直肢或侧身屈肢葬。其中侧身直肢葬数量最多，其次为仰身直肢葬。均为单人葬，未发现合葬墓。随葬品以青铜器为主，还有少量的石器、骨器、蚌饰、陶器和极少的金器。

　　根据墓葬结构和随葬品，小黑石沟遗址的墓葬可分为三个等级，一级墓葬是大型石椁墓，随葬品十分丰富，主要是代表土著文化和中原文化因素的青铜礼器以及大量武器、车马具、工具、装饰品等。二级墓葬形制与第一级别墓葬相同，但是规模小得多，多有木棺、随葬品中少见青铜礼器或容器，以武器、车马器、装饰品居多。这类墓葬发现得较少，墓主人身份地位要低于一级墓葬。三级墓葬数量最多，有土坑竖穴墓、土坑竖穴石棺墓。随葬品数量极少，甚至没有，器物组合较为简单。大多数随葬的是一些工具、随身佩戴的饰品等，推测此类墓葬的主人多为平民阶层。

根据小黑石沟遗址出土的遗迹、遗物分析，其文化内涵非常丰富，包含有兴隆洼文化、赵宝沟文化、红山文化、夏家店上层文化及较晚的春秋战国时期的遗存，其主体系夏家店上层文化遗迹。在小黑石沟遗址中最引人注目的当为青铜器，居址内、墓葬中均有出土。这些青铜器种类较为齐全，有容器、装饰品等，可分为生活用具、武器、工具、车马器等。按文化谱系可分为三类，第一类属于夏家店上层文化土著文化因素，主要是各类容器，其器形与此类文化的陶器有许多相似之处，大部分为素面，少数有动物纹饰。主要器类有盂、壶、匜、豆、圆底罐、双联罐、四联罐、勺等。装饰品种类较多，主要有各种泡饰、扣饰、动物纹或动物形饰。第二类属于中国北方长城地带的文化因素，典型器物有马衔、马镳、节约等车马器以及管銎斧、銎内戈、环手刀、三角形、菱形双翼镞等。第三类属于中原系青铜器的文化因素，大型墓葬出土的典型来自中原礼器的青铜鼎、簋、匜、罍等，有的还带有铭文。可以说这批青铜器代表了北方地区特别是中国北方长城地带青铜器制作工艺的最高水平。

小黑石沟墓群是继宁城县南山根石椁墓后青铜时代至早期铁器时代考古的又一次重大发现。这批墓葬随葬器物丰富、品类较多、组合明显、风格突出，为研究辽河上游乃至北方地区青铜时代的民族历史、地理环境以及民族关系等提供了珍贵的实物资料。

小黑石沟墓群，2013年被国务院公布为第七批全国重点文物保护单位。

青铜器出土情况

殉人坑

12号墓出土的器物

18号墓墓室情况

18号墓出土的器物

鸟纹圆形金饰牌

青铜马衔

青铜牌饰

青铜豆

青铜鼓形器

青铜瓜棱罐

青铜觚

红陶豆

四足铜盘

青铜蚕形罐

青铜匜

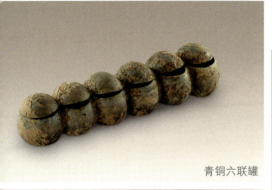

青铜六联罐

青铜马衔

青铜盉

青铜鬲

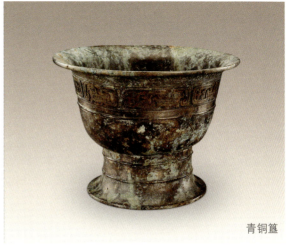

青铜簋

"师道"簋铭文

"师道"青铜簋

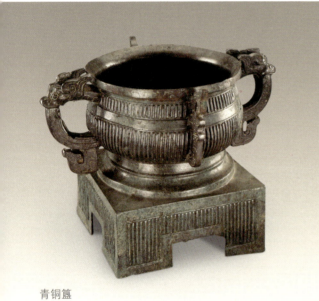
青铜簋

青铜罍

青铜簋局部

青铜方鼎

陶豆

⦀29⦀ 克什克腾旗岩画群

撰稿：张红星　宋国栋
摄影：韩立新

全国重点文物保护单位。

克什克腾旗岩画群主要分布在克什克腾旗的白岔河流域、西拉沐沦河两岸、砧子山等地区，由白岔河岩画群、西拉沐沦河岩画群、砧子山岩画组成，是赤峰地区分布密集、绘制精美、保存较好、极具代表性的岩画群，是我国岩画宝库的重要组成部分。目前共发现岩画20处67组，有数百个单体画面。

白岔河岩画群主要分布于白岔河流域中下游沿岸万合永镇、芝瑞镇一带，长约60公里，由万合永镇万合永岩画、广义岩画、裕顺广岩画、大河隆岩画、山前岩画、蝴蝶沟岩画、猪场岩画、胡角吐岩

万合永岩画近景（北一南）

广义岩画

万合永岩画近景（北一南）

山前岩画（南一北）

画、沟门岩画、沟门南岩画、阁老营子岩画以及芝瑞镇永兴岩画、永兴西岩画、洞子岩画、河落沟岩画、板石房子岩画组成，共16处55组。广义岩画位于万合永镇广义村西北山崖上，有两组，内容为群鹿、牧者、舞者、猎犬等，表达放牧场景；大河隆岩画位于万合永镇大河村东西两侧的山崖上，有七组，内容主要为奔鹿；山前岩画位于万合永镇大河村山前组北，现存三组，内容为文字符号、奔鹿、射猎、人面像等；蝴蝶沟岩画位于万合永镇大河村北，有五组，内容同样为奔鹿；猪场岩画位于万合永镇大河村，有五组，内容为人面像、斑纹虎、野猪、立鹿等；胡角吐岩画位于万合永镇大河村胡角吐组西崖壁上，有三组，内容为人物像、立鹿等；万合永岩画位于万合永镇大河村万合永组南崖壁上，画面为人物、立鹿等；沟门岩画位于万合永镇二地村沟门组北沟口山崖上，有八组，内容为奔鹿、奔马、人面像、舞者、双峰驼、太阳等；沟门南岩画位于万合永镇二地村沟门组北，计两组，内容为奔鹿；阁老营子岩画位于万合永镇万德成村阁老营子组北山坡岩石上，有六组，内容为同心圆、人头像、奔鹿、无角牛等；永兴岩画位于芝瑞镇永兴村北山崖上，有三组，内容为奔鹿、狩猎等；永兴西岩画位于芝瑞镇永兴村西南岩壁上，为两只鹿，鹿体肥大健壮，作奔跑状；洞子岩画位于芝瑞镇永兴洞子村西，内容为大小奔鹿、山鸡、星象图案，马、人面头像等；河落沟岩画位于芝瑞镇永兴村二道营子组，有两组，内容为逐鹿涉猎；板石房子岩画位于芝瑞镇永兴村板石房子组西悬崖上，有四组，内容为鹿群。

蝴蝶沟岩画（西一东）

阁老营子岩画

永兴岩画（南一北）

西拉沐沦河岩画群主要集中分布在西拉沐沦河沿岸，发现河沿、土城子、栅子店三处五组岩画。河沿岩画位于万合永镇关东车村河沿组西北，为两幅人面像，上部人面像呈盾牌形，眼睛、嘴由两条弧线相连而成，鼻孔用两个连接的圆圈表示。下部人面像，亦是一盾牌图案。土城子岩画位于克什克腾旗土城子镇土城子村北苇塘河左岸的山坡上，岩画刻在一块巨石上，为三个人面头像，表情各异，呈三角形排列。栅子店岩画位于经棚镇呼必图村栅子店组西，有岩画三组。第一组为一只梅花鹿，呈伫立状，头上有宽大的角，鹿身满布圆形凹坑。画面左上侧有一长尾山鸡，山鸡下方有两个圆点组成的图案；第二组

为一马，马上方有一人头像；第三组为一人的上半身图案。

砧子山岩画位于克什克腾旗达日罕乌拉苏木巴彦浩舒嘎查北5公里，分布面积6000平方米，共存七组。第一组单线勾勒群马飞奔；第二组为五鹿、一马、一犬；第三组为大小七只鹿，其中两只幼鹿在一母鹿下做吃奶状；第四组为一不明动物；第五组为一人物形象和两只虎、豹类动物；第六组为两个站立人物，头上有饰件，人物下方绘有一马；第七组单线勾勒一骑马人物，马佩鞍鞯，人物服饰头饰明显。

白岔河岩画群岩画有奔鹿、狩猎、人面、舞蹈、天体星宿以及一些关于生殖崇拜等内容，以动物和狩猎岩画最具

河落为岩画

砧子山岩画远景（东—西）

栅子店岩画（南—北）

栅子店岩画（东—西）

特色；西拉沐沦河岩画主要有奔鹿、人面像等；砧子山岩画内容主要为奔鹿、虎、豹、骑者等。克什克腾旗岩画群的制作方法有凿刻、磨刻、绘制、敲砸以及金属利刃刻划，数量众多，风格迥异，从岩画的题材、创作手法等分析，为不同历史时期所遗留，时代涵盖新石器时代、青铜时代至早期铁器时代至秦汉、隋唐等时期，以青铜时代为主。

克什克腾旗岩画群近70组，题材广泛，内容丰富多彩，历时长，反映了古代人类经济、宗教信仰、意识形态等诸多方面，对研究该地区古代先民的生产、生活、宗教、天文、艺术等具有很高的参考价值。

战
国
秦
汉
时
期

　　战国时期，山戎后裔东胡在赤峰地区崛起。此后至汉初的数百年间，一直是中国北方的强族，并在战国晚期一度成为北方草原的霸主。燕昭王十二年，燕国击破东胡，修筑了中国历史上最早的长城之一燕北长城，东起襄平，西止造阳，同时设右北平郡。东胡退居西拉沐沦河流域草原地区，转而向西发展。依据全国第二次文物普查统计，赤峰地区该时期遗存约四百处，箭亭子胡同、老虎山、刁家营子、铁匠沟、乌兰宝拉格、水泉、陈家营、西粉房等遗存均发现一些战国遗物。秦始皇帝三十二（公元前215年）年，为防止匈奴和东胡入侵，将战国时期秦、燕、赵三国的长城连接起来，西起临洮，东止辽东。秦二世元年（公元前209年），匈奴冒顿单于大破东胡，东胡部众四散，部分流散至西拉沐沦河以北的乌桓山聚集为乌桓部。赤峰地区长城以南属右北平郡、辽西郡所辖，长城以北饶乐水流域为乌桓属地。汉元狩四年（公元前119年），霍去病击破匈奴，为了阻止匈奴南下，修筑长城，东起辽宁丹东，西止甘肃。长城以南属右北平郡、辽西郡所辖，长城以北依然为乌桓属地。新莽始建国元年，开郡国铸钱之例，宁城县甸子乡黑城成为东汉初期中国北方规模最大的郡国铸钱基地。东汉建武二十五年（公元49年），乌桓部部分南迁，部分留居原地归属鲜卑。五郡塞外地遂为鲜卑所据。汉廷在其辖境复置护乌桓校尉。东汉建武三十年，鲜卑内附，汉廷令居乌桓故地，赤峰地区为东部宇文鲜卑居地。赤峰地区秦汉时期遗存较少，只有数十处，在黑城子、南杨营子、蜘蛛山、苏泗汰、西粉房等遗存曾出土大量秦汉时期遗物。

30 宁城县黑城遗址

撰稿：王建伟　张红星
摄影：马景禄　孔群

全国重点文物保护单位。

位于宁城县黑城村西约200米处。城址西约50米为南北向平双公路，南墙南部为十家村，北墙北为外罗城。黑里河与老哈河在城南汇合，周围环山，山势险峻，水势平缓，土地肥沃，气候适宜，交通便利，是南下中原、北达草原的天然通道，地理位置得天独厚。城内现为耕地。

1956年内蒙古文物工作组调查了黑城古城与周边古墓，1975年在古城址内发现了新莽时期钱范作坊遗址，1976年进行了考古发掘，1979年对古城进行了详细的勘测，第二、第三次文物普查时进行了复查。

黑城，清代也叫青城，蒙古名叫喀喇和屯或哈拉浩特，黑城由外罗城、黑城和花城组成。外罗城内是黑城，黑城北是花城。

远景（北—南）

外罗城规模最大，平面呈长方形，方向南偏西10°，东西1800米，南北800米。城墙保存不甚完整，只存北墙西段、西墙北段和南段、南墙西段、东墙北段等局部，北墙中段与黑城北墙相重合。夯筑城墙，底宽10.7米，残高1.5米。城墙外侧有护城壕。由于北墙中段被黑城北墙叠压，其余三面墙中段地表无存，故城门位置难以确认。城内地表散布大量陶片、瓦片等遗物。在城内中部偏西南处、黑城南墙外的西南方发现新莽时期钱范作坊遗址、窑址等。1976年曾发掘出土"大泉五十"陶范497块、"小泉直一"陶范522块，其中有110余件有纪年文字，右边一行是"后钟官工衰造世"或"前钟官工良造第世"，左边一行是"始建国元年三月"。另外城内还曾出土大量陶瓮、陶壶、陶盆、陶罐、陶豆、陶拍、筒瓦、板瓦、瓦当、铁铲、铁锛、铁锄、铜钱，以及"渔阳太守章"封泥、"白狼之巫"封泥、"卫多"封泥、"部曲将印"铜印、"假司马印"铜印、铁权、平头铜镞母范等遗物。

黑城位于外罗城内中北部，保存较好。平面呈长方形，方向南偏西10°，东西长约810米，南北宽约540米。北墙与外罗城北墙叠压。夯筑城墙，基宽约15米，残高8～9米。墙外有马面，南北各10个，东西各6个。四角有角台。四面城墙正中设城门，宽10余米，城门外加筑长方形瓮

城墙西北角（西北—东南）

城。南门瓮城较大，长50米，宽30米。其余三面瓮城各长30米，宽20米。城外有护城壕，宽约24米。城内有东西、南北两条道路直通四门，将城内分成四部分。城内地表散布有陶瓷片等遗物。采集有铁镢、铜权、条形砖。

花城位于黑城北门以西，残存部分近于方形，方向南偏西10°。南北较长而东西稍短，现存北墙和东、西城墙北段，南城墙情况不详。城址东西200米，西墙北段残存200米，东墙北段残存120米。夯筑城墙，底宽14米，顶宽6米，残高3.8米。城内地表遗物较少。采集有板瓦、细绳纹灰陶壶残片、陶盆残片等。

根据古城内外的遗迹、遗物情况分析，黑城遗址年代涉及战国、秦汉、辽、元、明等。外罗城和花城是汉以前修建的，黑城是辽以后建造的。据考证外罗城是右北平郡及其治所平刚县，其与汉王朝及塞外其他四郡保持密切的联系，也是防御匈奴南侵的重要关隘。

黑城遗址历时长，文化内涵丰富，是赤峰地区非常重要的古代城址之一。遗址内出土遗物极为丰富，尤其是成批有明确纪年的钱范及封泥、印章等的出土，对确定城址的年代、性质及研究内蒙古地区货币史等具有十分重要的价值。

铜钱钱范

城墙（西北—东南）

▎31▎赤峰市战国燕北外长城

撰稿：宋国栋　王建伟
摄影：张焱　娄海峰

敖汉旗贝子府段

全国重点文物保护单位。

赤峰地区的燕长城共有三条。第一条即燕国著名将军秦开却胡后所筑的燕北长城，因燕北长城行经赤峰市北，亦称"赤北长城"；第二条长城行经赤峰市南，故名"赤南长城"；第三条长城是老虎山长城，主要位于敖汉旗南部四家子乡老虎山一代。

1943年，李文信、佟柱臣两位先生曾

调查过赤峰境内的局部地段。1965年，昭乌达盟文物工作站又曾在市郊一带进行过调查。1975～1979年间，辽宁省博物馆文物工作队曾组织昭乌达盟及有关旗县人员共同调查，弄清了赤峰市境内的燕北长城走向及沿革等。

北线燕长城西起河北省张北西，东北行经内蒙古太仆寺旗、正蓝旗、多伦县，又东行进入围场县境，然后东行与赤峰北长城相连，再东行过敖汉旗、奈曼旗、库伦旗，进入辽宁阜新，并跨过鸭绿江，最后止于朝鲜平安南道之龙岗。赤北长城的东端始见于曹家营子东山，沿英金河北岸的丘陵及山脊东行，经红石岗子、山咀子后山、衣家营子、北道村后山、水泉、王家店、四家子、孙家营子、杨家营子、夏家店后山、八家、摩天岭、山水坡，再东经安庆沟跨越老哈河冲积地带，伸入敖汉旗境，断续保存30多公里。该段长城多为石块垒砌，残高近2米，底宽3～4米，顶宽2米。赤北长城沿线分布有许多障城遗址，调查发现的有衣家营子障址、五里岔障址、市内北大桥南蜘蛛山障址、西八家障址、香炉山障址、山水坡障址。由于赤北长城延伸较长，保存情况复杂，现以松山区夏家店乡为例进行介绍。

在该区域有三段比较明显的长城遗迹，墙体分为夯土夯筑和石块垒砌两种。第一段位于夏家店乡政府正北的平顶山东端南侧，南距乡政府约1.3公里，东南距山水坡障塞城址约200米，由山顶向山下延伸，至山坡下地势平缓的耕地区域终止。该段长城在地表上有明显的土垄轮廓，附近散落着许多石块，当地人称之为

"土龙"，墙体残高约1～2米。第二段位于101公路八家大桥正北500米处平顶山东端，由山顶向下延伸，西北—东南走向，全长约300米。墙体由自然石块垒砌而成，附近散落着很多由墙体坍塌后而堆积形成的石块，墙体残高约1～2米。第三段位于夏家店乡卫生院东北，南距101公路140米，该段长城因附近居民长期取土，使墙体受到了严重的破坏，目前已保护的墙体范围东西长120米、南北宽50米。城

墙所处地势较高，附近为平坦的耕地，墙体附近分布陶片和灰土层，表明该区域保存有古文化遗址。

赤南长城横亘东西，与赤北长城大体成平行方向。此段长城西起河北省围场县中部，经喀喇沁旗南境，进入赤峰市美丽河乡，东过老哈河，进入辽宁建平县境，又入敖汉旗，由北票北部山区进入阜新县，全长300余公里。其中穿过的河流有老哈河、蹦河、孟克河、教来河等。

老虎山长城位于赤南长城之南，敖汉旗南部边缘的四家子乡老虎山一带。长城顺羊山北坡而下，穿过大凌河支流老虎山河，从老虎山往东南行，越过一片缓坡丘陵地带，进入辽宁省建平县境内。现存长度十余里，大部分在敖汉旗，保存较好。

根据史料记载，燕长城为燕昭王所筑。在筑造技术和地形选择上有其自身的特点。石筑长城的垒砌方法一般是两侧用较规整的大块自然石垒砌，中间以碎石块或沙砾等充塞，因此较坚固，部分地段的城墙至今仍未完全倒塌。土筑长城，一般多选在土质较厚、地势平坦而又缺石料的地区，土筑长城的地段上一般都可以见到有一道黑土带，远远望去如同一条巨蟒匍匐于大地之上。

燕北长城为战国时期燕国防御北方东胡族侵扰的产物，为该地区最早兴建的长城遗迹，对后世影响巨大，对研究战国时期政治、军事、民族关系等具有重要价值。

燕长城二道坡段（西南—东北）

敖汉旗荀家沟段燕北内长城石墙

撰稿：方月 张红星
摄影：左利军 庞雷

赤峰市重点文物保护单位。

位于巴林左旗碧流台镇南杨家营子村东南500米黄土坡地上，西距乌尔吉木伦河1公里，南距林东镇约35公里。这里是浅山丘陵地带，东南高西北低。墓群地表现为林地。

1961年中国科学院考古研究所内蒙古工作队发现南杨家营子墓群遗址，1962年对墓群进行了发掘，发掘面积90平方米，清理墓葬20座，灰坑1个。第二、第三次文物普查进行了复查。

墓群分布略呈方形，面积约为2.86万平方米。地表可见陶罐残片及腐烂的铁器残片、人骨等。

均为长方形竖穴土坑墓，葬式多已无法辨识，能辨识的均为仰身直肢，头西北向，方向308°～2°之间。墓葬长0.84～3.1米，宽0.7～0.8米，少数墓葬底部南北两端或一端有生土或熟土二层台，二层台上放置随葬品，有的放置羊腿等。部分墓葬有木质葬具，多保存较好，高约0.5米，上有四棱锥形铁钉，多少不等，有的二三个，有的多达23个。墓葬分为单人、双人和多人葬，最多者达10人。双人葬中有的为成年男女合葬，有的为一成年男子和一小孩合葬，有的为两个成年男子

陶罐

陶罐

墓地全貌（西北—东南）

合葬。多人葬中有的为二男二女，有的男女比例不一。

墓葬内出土有陶器、铁器、铜器、骨器以及玉、石、琉璃珠饰等，还有大量动物骨骼。陶器数量较多，有夹砂红褐陶和泥质灰陶两种，夹砂红褐陶数量较多，手制，器壁较厚，器表多经粗略修整刮磨，纹饰单一，为凹点纹。泥质灰陶器物较少，轮制，器壁较薄，器表磨光，饰弦纹或斜方格压印纹。陶器器形种类较少，有壶、罐、碗三种。铁器多有出土，锈蚀较为严重，有钉、刀、镞、斧（铲）、带扣等，除铁钉外，以刀为多。铜器占有一定比例，器体较小，有镯、指环、铃、管状饰、五铢钱等。骨角器占有相当数量，有镞、弓弭、珠饰、纺轮和羊距骨等。玉、石、琉璃珠饰较多，单孔、双孔珠饰均有。动物骨骼为羊、牛、马、狗骨骼，有羊腿、羊头、马蹄、马头、牛头、狗头等。墓葬中铜饰件、各种珠饰等多出土于女性墓葬，系装饰品；镞发现于男性墓中，为特定丧葬习俗。随葬动物中无完整动物肢体，说明有随葬动物头、蹄（腿）的习俗。根据遗迹、遗物分析，属东汉时期拓跋鲜卑文化遗存。

南杨家营子墓葬出土了一定数量的骨镞、铁镞、铁刀和弓弭等遗物，并随葬有大量羊、马、牛、狗的头骨或肢骨，反映了当时狩猎和畜牧业占有较大成分。殉牲现象，也是北方少数民族的特殊葬俗葬俗，在西拉沐伦河领域尚属首次发现，为研究东汉时期拓跋鲜卑的丧葬习俗、经济生活和生产力水平等提供了大量珍贵资料。

唐代

　　唐代赤峰地区为唐王朝所辖。为了加强对北方民族的统治，设置羁縻府州。唐高祖武德五年（622年），曾于奚地置饶乐都督府，后不久废置。贞观二十一年（647年），在霤地设居延州。贞观二十二年（648年），在奚族境内设置了饶乐都督府，在契丹驻地设立松漠都督府。开元十四年（726年），饶乐都督府改为奉诚都督府。天宝初年（724年为天宝元年），再次将奉诚都督府恢复原名饶乐都督府。唐朝后期政治衰微，藩镇渐成割据势力，朝廷对边疆羁縻府州经营无力，契丹、奚脱离了唐朝的统治。在阿鲁科尔沁旗白音花苏木曾发现《大唐营州都督许公德政之碑》碑额，在敖汉旗李家营子、喀喇沁旗哈达沟门、赤峰郊区洞山、敖汉旗太平营子曾出土了大批精美的金银器，一些金银器具有波斯萨珊王朝风格，一些金银器为唐王朝回赐给奚王之物。这些遗存是唐代统辖赤峰地区的有力物证。

33 ‖ 喀喇沁旗哈达沟门银器窖藏址

撰稿：张红星　冯吉祥

摄影：张义成　孔群

哈达沟门银器窖藏发现于喀喇沁旗锦山镇牛头沟门村民委员会哈达沟村北约700米的山脚下，该地东依山坡，西临锡伯河川，南、北平坦开阔。

1976年民兵连在筑路取土过程中发现银器窖藏，发掘出六件鎏金錾花银器。该窖藏距地面深约0.5米，器物经敲砸压扁折叠后埋入地下，摆放没有规律，无窖具。窖藏附近未发现古代遗存。

出土的六件银器中鎏金银盘四件，鎏金银壶一件，鎏金银球形器一件，重约11公斤。鎏金银盘中鹿纹盘一件、狮纹盘一件、摩羯戏珠纹盘两件。

银盘口部呈六瓣花状，平折沿，沿面较宽，上饰六组花卉图案。盘腹较浅，平底。盘内底周边有六组花卉纹，盘心有鹿

远景（西—东）

鹿纹金花银球形器

纹、狮纹、摩羯戏珠纹等图案。在鹿纹银盘的外底有楷书铭文"朝议大夫使持节宣州诸军事守宣州刺史兼御史中丞充宣歙池等州都团练观察处置采石军等使彭城县开国男赐紫金鱼袋臣刘赞进"一行55字。

这些银盘的底部各有三个圆形的凸痕，呈鼎足状排列。盘沿向下折弯，形成一道沟槽。球形器出土时已被砸扁，残损最甚。复原后呈圆球状，底部有一圆口。器表布满纹饰，繁缛细密。形制、名称和用途不详。在球腹周围均匀地分布着三组圆形图案，圆环里侧饰花瓣一周，圆环外侧绕以12朵花组成的花环，花环中心立着一只神鹿，前肢肩部有双翼，头上顶着一朵肉芝，浑身满饰梅花斑点。三个花环之间上、下分填一组花卉图案，呈对三角形排列。球顶也有一组圆形图案，外环由联珠纹构成，因残损图案不清。鱼形金花银壶壶身呈扁圆形，由两条腹部相对的鱼构成。以鱼尾为椭圆形圈足，鱼口为壶口。

这些银器形体较大，均为锤鍱成型，花卉、摩羯、狮、鱼、鹿等图案均凸出器

狮纹金花银盘

鹿纹金花银盘

摩羯纹金花银盘

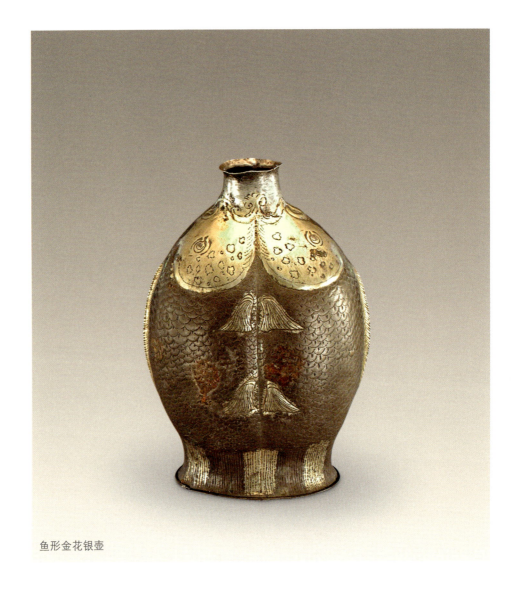

鱼形金花银壶

表，再辅以錾刻、鎏金工艺，技艺精湛，形象生动，立体感极强，堪称珍品。根据器形、纹饰、铭文等分析，这些银器为唐代遗物，作于8世纪中叶以后9世纪以前，是当时地方官向宫廷进贡的物品。

鹿纹银盘铭文中所提的刘赞在《旧唐书》卷一四〇有传，称"宣为天下沃饶，赞久为廉察，厚敛殖货，务贡奉以希恩"。刘赞担任"宣州刺史、兼御史中丞、宣歙池都团练观察使"达十余年，死于德宗贞元十二年（796年），所任官职履历与盘铭完全符合。

内蒙古地区发现的唐代金银器数量不多，如此形体较大、制作精美者更为罕见，是一批极为珍贵的唐代遗物。唐代喀喇沁旗一带为奚族活动地域，这些珍品的发现为研究唐代赤峰地区的历史沿革、民族关系、文化交流等有重要参考价值。

34 敖汉旗李家营子墓葬

撰稿：方月　李倩
摄影：庞雷　孔群

位于敖汉旗敖润苏莫苏木李家营子村老哈河右岸的台地上。1975年在修水渠时发现了一批金银器，敖汉旗文化馆对出土文物进行了收集，并对出土地点进行了调查。这批金银器为两个地点所出，距地表深约1.5米。出土时发现人骨，并未发现砖、石等材料，应为竖穴土坑墓，故编号为1号墓和2号墓。两座墓葬相距不远，存在比较密切的关系。因墓葬破坏严重，故形制不详。

1号墓出土银器五件，有银执壶、鎏金银盘、银杯、小银壶以及银勺各一件。银执壶为扁圆腹，高圈足外侈，外壁腹中部至口部设柄，口部有鸟喙状短流。圈足底边有一周联珠纹，壶柄部和口缘相接处饰一鎏金人头像。头像深目高鼻，有八字胡须，短发向后梳，具有典型胡人风格。鎏金银盘圈足外撇，较高，盘心为锤鍱一猞猁状兽纹，盘口和兽体鎏金。银杯口部平面形似桂叶，腹较浅。小银壶为高圈足，足墙起棱，鼓腹，上腹肩部微折，腹部有一环形把手。

2号墓出土金、银、铜、玛瑙等器物百余件，以带饰和装饰品为主，有錾花金带饰、錾花透雕金带饰、小花瓣金带饰、金带扣、金钎子、金铆钉饰、鎏金铜盒、小银杯、银镯、银环、玛瑙珠、鎏金铜饰等。金带饰形制有半月曲边形、扁桃形、菱形、长半圆形、哑铃形、花瓣形、三角曲边形七类。有浮雕和透雕两种花纹。浮雕图案以卷云纹为主。透雕带饰以卷草纹、忍冬纹为主。在一长半圆形金带饰底托面上錾有"匠郭俱造"四字。

猞猁纹鎏金银盘

小银壶

1号墓出土的五件金银器在纹饰、造型风格上比较一致，属波斯和粟特风格，说明墓主人生前保持着使用波斯金银器的习惯。该墓中不见任何中国风格的随葬品，表明墓主人并非中国人，多为来自西域的胡商。这些金银器从时代特征看，均为安史之乱前的输入品，由此推断该墓的下限不应晚于安史之乱。此类花纹和工艺特点均为典型的唐代风格。

2号墓出土的随葬品多以装饰品为主，金带饰多以卷云纹、卷草纹、忍冬纹为装饰纹样，构图规整，讲究对称，其工艺多采用锤鍱法，这些特点均为8~9世纪唐代金银器的主要特点。因此2号墓的埋葬时间不会晚于9世纪中叶。根据金带饰底托錾刻的"匠郭俱造"铭文推断，这批金带饰应是汉族工匠制造输入此地的，墓主人多为汉人。虽然1号墓、2号墓相临较近，但出土遗物组合和风格迥然不同，因此族属应存有明显差别。

据《隋书·契丹传》载："契丹，部落渐众，遂北徙逐水草，当辽西正北二百里，依托纥臣水而居。东西亘五百里，南北三百里，分为十部。"可证契丹主要活

银执壶

银杯

金带扣

金带饰

金带饰

金带饰

动在老哈河东岸及下游地区，契丹部落联盟长冬捺钵的牙帐也设置在这一带。唐朝时中西文化交流进入一个鼎盛时期，连接东西方贸易的丝绸之路在唐朝政府实行的全面开放政策下，西域胡商几乎到达了唐朝的每一个角落。赤峰地区地处华北至东北的咽喉地带，是古代中西文化交流比较频繁的地区之一，也是丝绸之路在东北地区重要的商品集散地，具有重要的战略地位，为商品经济的发展提供了优越的物质条件。因此波斯、粟特和内地商人在此从事贸易活动并留下相应遗物也是顺理成章的事。李家营子墓葬对研究唐代赤峰地区的商业贸易和中西文化交流提供了珍贵的实物资料。

辽金元时期

辽代将中国北方地区的政治、经济和文化发展水平推向前所未有的高度，开创了北方草原民族发展的黄金时代。赤峰地区作为契丹族龙兴之地，建上京、中京，并有祖陵、庆陵、怀陵及其奉陵邑，同时又设了大量州、县城、投下州城、边防城等。据第三次全国文物普查统计，赤峰地区辽代各类城址70处、遗址2305处、墓葬913处、其他35处，约占赤峰地区全部文物遗址点的45%。目前祖陵、庆陵、怀陵等皇陵，祖州、庆州、怀州、丰州、武安州等大量州城位置和文化属性已基本明确。

金代赤峰地区成为金朝北部边陲军事重镇，辽代的州、城大部分废止，中京、上京却继续沿用，以管辖赤峰南、北部地区。同时另设长泰县、新罗寨等。为了防止北方崛起的蒙古草原各部南下，天会至承安年间大肆兴筑界壕，几乎贯通内蒙古东西。林东镇墓葬、大川乡窖藏、小柳条沟墓葬、辉腾高勒窖藏、金奉国上将军墓葬等一批金代遗存陆续发掘。

元代赤峰地区成为成吉思汗黄金家族及其后裔们的领地，是中央的腹里地区，大部属中书省管辖，部分属辽阳行省管辖，设有上都路、全宁路、应昌路、大宁路等。路下许多州县沿用前朝。该时期遗存相对丰富，翁牛特旗竹温台碑、张氏先茔碑、三眼井墓葬、松山区也里可温瓷质碑、沙子山墓葬、梧桐花墓葬等不断发现。

赤峰地区辽金元文化，特别是辽文化极具影响力，不但是草原文化最重要组成部分之一，也是赤峰的文化名片之一，享誉海内外。

‖35‖ 巴林左旗辽上京遗址

撰稿：唐彩霞　张红星
摄影：康立君　宋宝泉　杨林　孔群　董新林

全国重点文物保护单位。

位于巴林左旗林东镇东南，紧邻现代城镇。遗址建在乌尔吉木伦河和沙里河交汇处，两河绕遗址汇合后向东流去，城外

遗址航拍图

辽上京城址

南北依山，东面为平坦开阔的草原。

　　清代学者张穆在《蒙古游牧记》中第一次明确指出辽上京的具体位置，重新发现了辽上京城址。1922年，法国天主教神甫闵宣化考察了辽上京。1962年，内蒙古文物工作队对辽上京皇城进行了考古钻探，并做了试掘。2011～2013年，内蒙古自治区文物考古研究所和中国社会科学院考古研究所联合对辽上京遗址进行系统的

考古勘测和发掘，取得了十分重要的考古收获。

　　辽上京平面略呈"日"字形，分为南、北两城。北城是皇城，是契丹统治者和贵族居住的地方；南城是汉城，是汉族聚居的地方。沙里河从两城之间穿过。

　　皇城平面呈不规则六边形，城墙总长约6400米，面积225万平方米，由外城和内城组成。城墙均为夯土版筑，残高5～9

米。外城东、南、北墙呈直线，各长约1500米，西墙中段位于小土冈顶部，南、北两端向内曲折，全长约1850米。东、西、北三面保存基本完好，南面由于被河水冲毁，残存数段。城墙外侧加筑马面，上有敌楼，马面间距100余米，恰好为"一箭之地"。城墙四面中部开门，现残存东、西、北门址，并加筑瓮城。城外有护城河，河外有护堤。西墙内的山冈顶部，有一组大型的建筑基址，在此可以俯瞰全城。冈下有一大道直向东门。东门最初为正门，扩建汉城后，主要建筑改成南向，南门改为正门。宫城位于皇城中央部位，皇城四面城门内都有大街直通大内宫墙外。宫城平面呈长方形，墙基已毁，周长约2000米。内有宫殿、门阙、仓库等建筑基址。皇城南部有不规整的街道及官署、府第、作坊和寺院基址，其中一座寺

皇城内塔基遗址

辽上京城墙

塔基内出土的石柱础

塔基内残存的石立柱与基础

辽上京城内现存的石龟趺

身较皇城低窄，基宽12～15米，残高2～4米。无马面和敌楼。原有城门六座，具体位置现已无法探明。原来流经城南的小河，经过多次改道，将城内文化层冲刷殆尽。城址附近存砖塔两座，一座位于城址东南约3公里的山坡上，为辽代开悟寺塔，俗称南塔。八角密檐式，残存七层塔身及塔基，塔刹及檐椽都已塌毁，残高约25米。塔身第一层每面镶嵌高浮雕石刻佛、菩萨、天王、力士和飞天像。一座位于城址北约1.5公里，为辽代宝积寺塔，俗称北塔。六角密檐式，仅存五层塔身，残高约6米。汉城是汉族和渤海人居住的地方，除有少数官署、庙宇之外，多为民

辽上京城内的石观音像

院内残存一尊4米多高的石观音像，石像所在地为天雄寺遗址。皇城西南的一处自然高地是全城的制高点，学术界通常认为是辽上京早期的宫殿遗址"日月宫"所在地，经考古发掘确认，为一处辽代始建的佛教寺院遗址。皇城北部地区空旷开阔，为契丹贵族毡帐区。皇城是当时的政治中心，为契丹皇室宗族、后妃、官吏居住之所。

汉城位于南部，平面略呈方形，周长约5800米，面积210万平方米。其北墙即皇城南墙，东、南、西三墙系扩筑。墙

北塔

宅和作坊。此外城西南还设有同文驿，南门之东有回鹘营。城内地表遗物丰富，有各种建筑材料、生活器皿。曾多次出土契丹文银币以及各种商号、作坊的押印等，反映了当时经济贸易繁荣的景象。

辽上京遗址是中国北方草原地带保存最为完好的辽代都城遗址，也是契丹族最

为重要的都城，其规模宏大，形制特殊，是辽代的政治、经济、文化中心。918年辽太祖命礼部尚书康默记充当版筑使在西拉沐沦河流域营建都城。这是契丹族在中国北方草原地区营建的第一座都城。辽太宗耶律德光即位后继续营建，938年，辽太宗改皇都为上京，设临潢府。《辽

南塔

阁；东门曰东华，西曰西华。此通内出入之所……南城谓之汉城，南当横街，各有楼对峙，下列井肆……"

契丹人建立的辽王朝将中国北方地区的政治、经济和文化发展水平推向前所未有的高度，开创了北方草原民族发展的黄金时代，对祖国的历史文化，特别是民族融合，经济文化的交互影响和发展前进，起着极其重要的承前启后的作用。立国两百多年间，辽王朝在诸多领域均有建树，如在漠北草原大规模营建城邑沟通长城南北，独创"以国制治契丹，以汉制待汉人"的二元统治体系，创造出自己的民族文字。同时，制法典、兴科举、冶金属、务桑农，在手工艺、制瓷业等方面都有独到之处，对后世金、元两朝影响深远，有"一代风俗，始于辽金"之说。在世界舞台上，辽也扮演着重要角色，辽上京是草原丝绸之路的中转站，向东可达日本、高丽，向西直通西域各国及波斯、大食等国。终辽一代，辽与中亚、西亚、欧洲等国家、地区联系密切，以致"在整个欧亚大陆，Kitaia、Kathaia或Cathay成为中国的代称。在俄罗斯和整个斯拉夫语系中，至今还用这个称呼来称中国"，足见其影响之大。辽上京遗址是中国北方地带最大的辽代都城遗址，是第一座草原都城，地下埋藏文物丰富，文化遗产价值突出，是内蒙古自治区极为珍贵的物质文化资源。辽上京城市建置，吸收了汉族城市建筑的传统格局和风貌，同时也有自己的民族特点，契丹人与汉人和渤海人分城居住，是辽朝"以国制治契丹，以汉制待汉人"的政治制度在城市建筑方面的集中体现，对

史·地理志·上京道》云："上京临潢府，本汉辽东郡西安平之地……神册三年（918年）城之，名曰皇都。天显十三年（938年），更名上京，府曰临潢。"上京"其北谓之皇城，高三丈，有楼橹。门，东曰安东，南曰大顺，西曰乾德，北曰拱辰。中有大内。内南门曰承天，有楼

城址出土的石飞天塑像

城址出土的石造值

出土的契丹文釉陶酒瓶

汉城出土的"潭州酒务"银铤

塔子沟墓葬出土的穹庐形陶器

城址出土的契丹文银币

北塔天宫出土的玻璃舍利瓶

金、元、清诸王朝都产生了深远影响，在我国乃至世界古代都城发展史上有着重要地位。

1961年，辽上京城遗址被列为第一批全国重点文物保护单位。"十一·五"期间，辽上京城遗址也被列入100处全国重点保护的大遗址之中。2012年，辽上京遗址入选"中国申报世界文化遗产预备名录"。2013年，辽上京城西山坡佛寺遗址考古发掘荣获2012年度"全国十大考古新发现"。

皇城内塔基遗址出土的泥塑像

‖36‖ 宁城县辽中京遗址

撰稿：李倩　李权

摄影：马景禄　张红星　孔群

全国重点文物保护单位。

位于赤峰市宁城县大明镇，北临九头山，西面是七老图山，南有老哈河流过。这里气候温和、水草丰美、土地肥沃、宜耕宜牧。

1960年，内蒙古文物工作组对辽中京遗址进行了发掘，钻探面积450万平方米，发掘面积6000平方米，基本弄清了辽、金、元、明各代的城市规制和地下遗迹。1988年，内蒙古自治区文物考古研究

城墙与小塔

所又发掘清理了城内大塔塔基，证实该塔在元代和清代曾两次维修。

辽中京是辽朝五京中规模最大的城市，分为外城、内城、皇城。外城近长方形，东西长4200米，南北宽3500米。外城墙高达6米，均为夯土版筑，城墙外壁每隔90米筑一个马面。南墙设朱夏门，其上建有楼阁，并设有瓮城。朱夏门东西各有一门，东为长乐门，西为景昌门。城内主要为商贾贸易的市肆，还建有许多寺院、庙宇、手工作坊和居住区。居民以汉人居多，还有回鹘人、女真人等。

内城位于外城的中部，平面呈长方形，东西长2000米，南北宽1500米。城墙设有马面和角楼。南城墙中部设一门，

为阳德门。城内南部为毡帐区，北部为官邸、衙署区，还有专门接待外国使节的驿馆。城内居民主要为契丹人。

皇城位于内城正中偏北处，平面呈正方形，边长约1000米。内城北墙与皇城北墙为同一道城墙。皇城的东南、西南城墙的转角处筑有角楼。南墙正中开设一门，名阊阖门，阊阖门东西各有门叫东、西掖门。

外城的朱夏门与内城的阳德门之间有一条宽64米的中央大街，街道两侧有用石块砌成的排水沟，经城墙下的涵洞排往城南的老哈河。两侧为市坊，东、西各有四坊，坊与坊之间修有坊墙和坊门。在坊区内建有四座市楼。在中央大街的两翼还修有南北向大街三条，宽约8～12米，东西向大街五条，宽约15米，街道交错，布局有序。在街道两侧，每隔百米建有小巷。外城的总体布局是街、道、坊、市与衙署、客馆、市楼、小巷相互映衬的格局。

城内遍布寺庙与道观，如玉清观、园宗寺、咸圣寺、华阳宫、静安寺、镇国寺、感恩寺、报圣寺、三学寺等数十个寺庙与道观。在辽中京城的遗址上，依然保留着三座辽代的古塔，俗称大塔、小塔、

城墙遗迹

铜镜

长命富贵铜镜

双鱼纹铜镜

城内出土的青花瓷器

城址出土的磁州窑白釉褐花大罐

出土的石狮

小塔（西南—东北）

半截塔。大塔是建在中京外城丰实坊内感恩寺的释迦牟尼舍利塔，此塔始建于辽寿昌四年（1098年），为八角实心密檐式砖塔，高80.32米，周长113米，是目前我国保留的古塔中体积最大的一座。

辽中京原为奚族故地，统和二十年（1002年），由辽朝的五帐院向圣宗进献奚王之地。统和二十二年（1004年），辽宋之间达成了澶渊之盟，圣宗将辽朝的政治统治中心由辽上京南迁奚族故地，修建大定府。统和二十五年（1007年）完成了新都的修建，号曰中京，府曰大定。从此，这里成了辽朝中后期的政治、经济、军事、文化中心。辽保大二年（1122年）金兵攻占了辽中京，改中京为北京大定府。金贞祐三年（1215年）成吉思汗派兵攻下金北京大定府。元至元八年（1271年）改金北京大定府为北京路总管府。至元十八年（1281年），改北京路为大宁路。至元二十五年（1288年）改大宁路为武平路，旋即复称大宁路。明洪武二十年（1387年），元大宁路被明军攻占。洪武二十七年（1394年），改大宁路为大宁都指挥使，后又改为宁王府。明建文元年（1399年）废弃。

辽中京由兴建到废弃共经历了394个春秋，作为塞北的政治、经济、文化、军事中心，历经辽、金、元、明四个朝代，是契丹族建立的、目前保存最好的古代都城之一，也是契丹南下汉化的重要历史见证。

城外的残塔（半截塔）

城内大塔

‖37‖ 巴林右旗阿力木图山遗址

撰稿：萨仁毕力格　王建伟
摄影：乌力吉

内蒙古自治区重点文物保护单位。

位于巴林右旗幸福之路苏木阿力木图嘎查西北4公里处的阿力木图山半腰、山顶及南坡向阳地上。遗址东、西、北三面环山，南为开阔地，并有一条东西向的大沟。

阿力木图山遗址分布在山前、山中部和山顶上，东西150米，南北500米，总面积为7.5万平方米。山谷前有石砌长方形平台殿址八座，山谷间有阶梯和踏道，山半腰有两眼古井，山下有一个小形古城，城址东西80米，南北75米。城址北侧有石

建筑遗址局部（西—东）　　建筑遗址局部（东南—西北）

全景（东南—西北）

磨盘两个、柱础十多件，城前有一个石龟趺，长2.46米，宽1.05米，高0.92米。龟上有碑槽。遗址上散布有沟纹砖、布纹瓦、滴水、陶器、瓷器残片等遗物，为辽代祭祀场所。

石龟趺（东—西）

‖38‖ 巴林左旗哈拉基木祭祀遗址

撰稿：李权　张倩
摄影：左利军

远景（东南—西北）

内蒙古自治区重点文物保护单位。

位于巴林左旗查干哈达苏木汪安池嘎查东南4.5公里的哈拉基木山顶部西端，北距巴林左旗林东镇约15公里。遗址东北为沙里河，东边是古冰川遗迹冰臼群。

哈拉基木山顶部西端有一高出遗址几十米的平台，平面近于长方形，东西长约180米，南北宽约20米，面积约为350平方米。平台西南面有三块相叠的巨大自然石块，形似棺材，当地牧民称为棺材山。遗址位于平台之上，平面呈长方形，东北至西南向，长51.8米，东北端宽10米，西南端宽5米。在高平台中间有人工开凿长11.80米，高2.15米的神殿石墙后壁，壁顶凿有柁头窝4个，柱窝4个，边缘有柱窝4个，沿山峰外边缘有柱孔11个。神殿西南12.7米处，凿有一直径0.7米，深0.5米圆孔。遗址周边散见布纹瓦等遗物，为辽代文化遗存。

全貌（东—西）

局部（东南—西北）

‖39‖ 巴林右旗黑山祭祀遗址

撰稿：王建伟　萨仁毕力格
摄影：乌力吉

祭祀遗址局部（东北—西南）

全景（南—北）

内蒙古自治区重点文物保护单位。

位于巴林右旗岗根苏木床金嘎查西北10公里，南距巴林右旗政府所在地大板镇88公里，西北距辽庆州城址约25公里。遗址地处赛罕乌拉自然保护区南部床金河源头、乌苏图山下黄花沟开阔谷地，东、北、西三面环山，西侧有一条山沟，南面开阔平坦。

1981年，巴林右旗文物馆对黑山祭祀遗址进行调查时发现几处古建筑遗址和一通残石碑。1983年，内蒙古文物工作队和巴林右旗博物馆对该遗址进行了考古发掘。第三次文物普查对遗址进行复查。

黑山即现在的赛罕山，辽代文献记载黑山在"庆州北十三里，上有池，池中有金莲"。辽代黑山被认定是"国人魂魄"所在，每年冬至日都要祭祀黑山。契丹

契丹圣山（黑山）

人认为，人死后魂归黑山，为黑山神所管辖，因此奉黑山为圣山，对这座雄浑峭拔的黑山十分崇敬，每年隆重祭祀。《使辽录》记载："黑山，如中国之岱宗，云房人死，魂皆归此山。每岁五京进人马纸各万余事。祭山而焚之。其礼甚严，非祭不敢进山"。《燕北杂记》云："冬至日，杀白羊、白马、白雁，出生血和酒望黑山祭神，云契丹死魂为黑山神所系"。

黑山祭祀遗址南北长约500米，东西宽约1000米，总面积约为50万平方米。地表有建筑址八处，其中一座建筑在1米多高的平台上，长宽各50米，为辽帝望拜黑山的大祭殿。1983年清理四座，为小型祭室、碑亭、祭殿、祭祀时休息和居住殿室。

一号建筑址位于遗址的西部，东距石碑位置56米，西距石崖15米，建筑平面呈长方形，方向5°，东西长7.7米，南北宽2.8米，残高1米。墙基为石块砌垒，室内面积9.6平方米。西墙外有砖砌台阶。出土遗物有板瓦和兽面瓦残件等。二号建筑址位于一号建筑址东54米，仅存西墙基。出土文物有鸱吻、滴水、瓦当、砖瓦残块、铁钉、石碑等遗物，其中瓦当与庆陵之东陵出土的兽面纹瓦当相似，为辽中期的建筑；出土的石碑刻有"兴国府庄"文字。从遗址建筑构件分析，应为崇善碑亭。三号建筑遗址位于二号建筑址北42米，建筑物呈长方形，长14.65米，宽9.9米，面积136平方米，为面阔三间的祭殿。此祭殿砖木结构，有柱础12根，柱网格局采用减柱法。四壁砖包石砌筑。室内正中偏北用沟纹砖砌成凹字形台基，为祀台建筑；西北隅有两处祭祀用火坑，青砖铺地。出土遗物有兽面纹瓦当、滴水、砖雕构件、白瓷碗残片、铜饰件、铁环及一枚北宋通宝钱币等。四号建筑遗址位于二号建筑遗址东49.5米，面积稍大，为主体建筑、陪厢建筑和院墙组成的庭院式建筑物，长30.6米，宽15.6米，面积约450平方米。东西南三面建有石围墙。主体建筑为一座面阔五间进深三间的大型殿宇。中厅面阔三间，面积80平方米。厅内用减柱法，只设两根柱。青砖铺地，砌有火墙，当为祭祀活动时备物休息之所。大厅东西各有一室，西室约30平方米，建有火炕和烟道，东室和西室形制大致相同。主体建筑东侧有一小型附属建筑物，即东厢房。室内有双烟道火墙。出土有铜钱、陶器、瓷器、炊具、动物骨骼及筒瓦、兽面纹瓦当、板瓦、滴水和铁钉等。

在祭祀遗址上还发现花岗岩石碑一通，碑身宽154厘米，厚18厘米，残高244厘米。碑文字是汉文直书，分段横排，残存153行，每行有19～26个字，残存文字2800余字，为辽道宗阿黑斡鲁朵太和宫人为祭黑山（赛罕乌拉）而立，是目前已经发现的辽碑中文字最多的碑文之一。碑额的文字为"欲崇善，迹长存，世而名不（朽），不其伟欤"。碑文中未发现纪年题字，全文多为地名人名，有六院司、八作司、兴中府庄、宜州庄、瞿州庄、渤海店、教坊寨、粮吉务、柿作务、柳作务、南庆寨、上下麦务、果园寨等，有夫妻、父子、祖孙、兄弟、僧尼、殿直、都监、校尉等，有契丹族、汉族，也有渤海族。说明当时祭祀活动涉及面很广，规模较大。

黑山祭祀遗址为辽朝十分重要的祭祀圣地之一，规模大，等级高，是研究了解辽代祭祀风俗的珍贵实物资料。

祭祀遗址建筑基址局部（南—北）

⫼40⫼ 阿鲁科尔沁旗玛尼吐城址

撰稿：宋国栋　王建伟
摄影：哈斯巴根

内蒙古自治区重点文物保护单位。

位于阿鲁科尔沁旗巴彦温都苏木玛尼吐嘎查南700米，西北距苏木政府所在地约13公里，北距金界壕约9公里。

1974年，在文物调查时发现了玛尼吐古城址。该城始建于辽代，金代继续沿用，并将其用作于金界壕沿线的一个边堡。城址平面呈方形，边长约500米，总面积为25万平方米。城墙保存较好，用黏土夯筑而成，现存墙基宽8～12米，高2～3米，夯土层厚12～15厘米。城址四角分别有一座角楼，角楼基础宽10～12米，残高3～4米。四墙正中各辟门一座，门道宽6米。门外筑有瓮城，为圆角方形。城

玛尼吐古城（东—西）

墙外侧筑有马面，分布比较规律，每隔50~60米设置一座。目前马面已坍塌成半圆形堆积，残高约3米。城内分布有许多建筑遗迹，以城址北半部分较为密集，但地表上已不甚明显。城内偏北位置现存有一处长方形建筑台基，东西长100米，南北宽40米。

城内地表散布的遗物较少，主要有陶瓷碎片和砖瓦残片，陶瓷片具有辽金时期的风格。总体来看，除了北城墙有轻微破坏，城南有一乡间土路穿越古城之外，古城保存得相对完好。玛尼吐古城是金代临潢路界壕的屯兵堡之一，在该段界壕的12座屯兵堡之中，玛尼吐古城是其中规模最大的一座。屯兵堡离金界壕墙体沿线及边堡较远，散布在指挥堡和守卫堡之间，可与界壕及边堡组成联防体系，其作用是驻戍军队和屯田，对前线起到辅助作用。

玛尼吐古城远景

‖41‖ 喀喇沁旗明安山城址

撰稿：马婧　方月
摄影：张义成

城址远景（北—南）

城址（东北—西南）

内蒙古自治区重点文物保护单位。

位于喀喇沁旗十家满族乡石灰窑村民委员会姜家湾村北约1.5公里处，周围山谷绵延，地势高险。遗址位于向阳的山坡上，地势南低北高。

明安山城址呈不规则长条形，长约360米，宽约200米，外围有瓮城和附属建筑，总面积近5万平方米。城址随地势而建，起伏不平，大体呈三阶梯式布局。城墙和房屋墙体就地取材，皆用石块垒砌。城墙残宽2～5米，残高2～10米，其中西墙和北墙不甚明显。西城门、瓮城、石阶依稀可辨。城内分为若干建筑区，院落房址清晰规整。遗址内外多乱石，一方面来自于建筑坍塌扰乱堆积，另一方面可能是筑城时堆积形成的。山头残存一座塔基，附近可见砖、瓦等建筑构件。

遗址的地表上散布的遗物较少。采集有泥质灰陶卷沿盆、白瓷碗、白釉酱彩瓷罐、龙纹瓦当、绿釉筒瓦、黄绿釉滴水等残片，具有辽金元时期的风格特点。从城址周围的地理环境看，并不是一个理想的生活场所，建造此城更多是出于军事目的。

城址远景（东—西）

‖42‖ 松山区松山州遗址

撰稿：唐彩霞　方月
摄影：娄海峰　孔群

赤峰市重点文物保护单位。

位于松山区城子乡城子村两山之间的平地上，东距赤峰市区约35公里。城址地处七老图山脉东麓，南北两侧为东西走向的山脉，东为平川，半支箭河从城址南侧东西向流过。这里四通八达，自古以来就是东蒙古地区通往上京、东北、中京、中原等地的咽喉要道。

19世纪30年代，文物工作者曾对松山州遗址做过调查。1983年，赤峰市文物站辽代驿道调查组又对该遗址进行了详细调查，并征集到一批文物。第三次文物普查进行了复查。

松山州遗址平面为正方形，南北向，边长约510米。城墙夯筑，基宽11米，残高1~6米，夯层厚10厘米。古城北墙保存基本完整，城墙东部有两次夯筑的痕迹。西墙大部分已毁，仅存北部一段，残长约50米。其他城墙已无存。四墙中部各开一门，宽12米。古城四角有角台，突出城

遗址全景

外，呈半圆形，直径10米，残高8米。北墙外7米处有护城壕，宽11米。城内中部、东北部和城外西南部、西北部各有一处建筑址。城外西北山坡上还有一座塔基。地表散布有陶瓷片及建筑构件。采集有沟纹砖、布纹瓦、瓦当等建筑构件等。

松山州古城内曾出土有大量瓷器及铜器、石器、建筑构件等。瓷器有白釉剔花罐、白釉黑花双耳罐、酱釉双耳罐、牛腿瓶、灯台、烛台、杯、碗、盏托、注壶、长颈瓶、四系罐、双系罐、梅瓶、香炉、高足杯、影青瓷盘、双耳罐等；铜器有铜佛像、小铜人、双鱼纹铜镜、草叶纹铜镜、花押、铜权等；石器有石狮等；建筑构件有琉璃嵌板、兽面瓦当、鸱吻等。根据遗迹、遗物判断，为辽金元文化遗存。据《熙宁使虏图抄》、《辽史》、《金史》、《元史》等记载推断，该城为辽金时期的松山州、元代的松州。

松山州古城地处辽上京、中京之间，是辽国连系中原地区的重要通道之一，素有"商贾会冲"之称。澶渊之盟以后，契丹本部和中原地区联系加强，11世纪初修建的贯通辽国南北的大驿道，就在松山州辖境通过，松山州日趋成为辽国中部的交通枢纽和贸易中心。北宋时期著名的地理学家沈括出使辽廷时曾对松山州一带的地貌做了详尽的描述。金元时期松山州一直沿用，该地区已经成为非常重要的交通枢纽和商品集散地。松山州古城遗址内文化层堆积较厚，出土文物较丰富，近年来还不断出土缸瓦窑所烧造的瓷器。松山州古城遗址对研究该地区城市建置、辽金元时期商贸往来等具有极高价值。

瓷灯台

景教瓷墓志

白釉剔花罐

‖43‖ 敖汉旗五十家子古城遗址

撰稿：唐彩霞　张倩
摄影：峰利　庞雷

全国重点文物保护单位。

位于敖汉旗玛尼罕乡五十家子村西、孟克河西侧的一级台地上。这里地处丘陵平缓地带，较为平坦。五十家子古城为降圣州州治所在，金代为宁昌县，元代升为宁昌路。

五十家子古城遗址平面呈长方形，南北长约260米，东西宽约240米，夯筑土墙，四角略高，残高2～3.5米。城内中轴线偏北现存一座辽代的砖砌佛塔，八角形密檐空心式，塔檐十三级，高约34米。塔座每边长约6米，塔座分四层，第一层为仿木结构的辅作砖雕，第二层刻有塔铭、佛像等半浮雕图案，第三层为仿木结构的辅作砖雕，第四层为砖雕栏杆，第四层之上为一朵盛开的大莲花将塔身托起。塔身

遗址全景（东南—西北）

城内出土的龙泉窑青釉碗

青釉碗内心

城内出土的至大元宝金币

元代高丽青瓷高足杯内心

城内现存的辽代佛塔

城内出土的元代高丽青瓷高足杯

各角为转角柱上承门拱，每面正中为佛龛，各龛内均有泥塑佛像，龛两侧为半浮雕式立佛，上为飞天，姿态轻盈飘逸，下为祥云相托。塔刹部分为元代所加，同时在塔的其他部位还发现有明代维修时填补的材料。

古城遗址内曾出土了大量辽金元时期的文物，有青花瓷器、柱础、石狮、飞马

石雕人像及背后铭文

城内出土的琉璃狮子

石雕、石螭首、龙凤纹琉璃瓦以及银器和至大元宝金币等。1988年在调查城址时还发现元末至正年加封孔子制诏碑，残存三百余字。碑阳刻加封孔子的诏书，碑阴刻宁昌路总管府和宁昌县丞等官员名称，有达鲁赤花、断事官等官阶。

五十家子古城始建于辽代，为辽代降圣州遗址，金代为宁昌县，元代升宁昌县为豪州，延祐五年（1318年）升豪州为宁昌府，至治二年（1322年）又升宁昌府为宁昌路。宁昌路为元代中书省管辖，领宁昌县。宁昌路古城是赤峰地区较为重要的古城之一，在元朝政治、经济、军事及交通地理上具有重要地位。

‖44‖ 敖汉旗武安州遗址

撰稿：唐彩霞　张红星
摄影：张胤　庞雷

全国重点文物保护单位。

位于敖汉旗丰收乡白塔子村西侧，北临教来河支流验马河，西为季节性河流。这里为河流冲积扇，地势较为开阔。

1972年以来，敖汉旗文物工作者曾对武安州遗址进行多次调查。1988年进行了测绘，1995年和第三次文物普查时进行了复查。

武安州遗址有三重城垣，最外一层略呈方形，边长约800米；第二重边长650

遗址全景

遗址内辽代白塔

白塔细部

米；第三重边长270米。城内文化堆积2～3米，残存有10处建筑基址。地表散布有少量陶瓷片及建筑构件残块。

城址周围有三处寺院遗址。一处是与城址相邻的西侧吴家墩遗址，一处是城南台地寺院遗址，一处是与城址相对的验马河北岸高岗寺院遗址，以吴家墩寺院遗址最具规模。地表有高大的夯土建筑台基，散布有瓦当、滴水、筒瓦、板瓦、贴面砖、殿脊饰件等建筑构件。多数为琉璃釉，以龙凤纹为主要装饰。曾出土佛像以及一些与佛教有关的饰件等物品，为辽早期遗存。

在验马河北岸的高岗上有古塔一座，塔外壁抹有白灰，俗称白塔。为八角形密檐空心砖塔，塔刹部分已倒塌，现塔檐残存十一级，残高约36米，塔座每边长6.2米。塔身四面为佛龛。第一层檐和第二层檐均为仿木结构的斗拱成檐，以上各檐为叠涩式檐，塔檐向上斜收较大。该塔始建于辽代早期，至金、元已废弃。

在城址及其附近遗址中出土有大量的辽金元时期的遗物，多为生活用具，如陶瓷器、铜印、围棋子、象棋子、建筑构件等，其中一件刻有"至正三年五月"纪年的瓦当陶范十分珍贵。另外在城址附近发现一些辽代墓葬，有的为壁画墓，壁画内容有《契丹引马出行图》、《归来图》，以及《散乐图》、《契丹侍吏图》等，为辽代壁画的珍品。有的墓葬中还出土了棋子和棋盘，棋盘上还摆好了棋局，实属罕见。

《辽史·地理志》记载："武安为观察州，本唐沃州地。太祖俘汉民居木叶山下，因建城以迁之，号杏埚新城。复以

兔毫瓷盏内心

古城内出土的金代兔毫瓷盏

辽西户益之，更曰新州。统和八年（990年）改今称。"可见武安州是耶律阿保机最早建置的投下州之一，并由此开创了投下军州制之先河，因此在辽代占有重要位置。金、元时期沿用此城，改为武平县，元末明初被废弃。武安州及其附近遗址为研究辽、金、元时期城镇建置、宗教信仰、丧葬习俗等提供了大量实物资料。

‖45‖ 林西县饶州故城遗址

撰稿：张倩　唐彩霞
摄影：王刚

全国重点文物保护单位。

位于林西县新城子镇西樱桃沟村古城新村北，北面依山，南临西拉沐沦河，东面地势较为开阔。城内现辟为耕地。

1988年，第二次全国文物普查时发现了饶州故城遗址。城址平面呈长方形，由东西两城组成，东城是主城，西城是附城。全城东西长1400米，南北宽700米，周长4200米。城墙夯土版筑，基宽12～15米，残高2米。东城东西长1050米，南北宽700米，东面城墙保存较好，北南西三面城墙有所损毁，四面墙壁的中部设门，门外筑有方形瓮城。西城紧挨东城，面积较小，长345米，与大城共用一墙，故没有东墙。西城仅在西墙辟有一门，门外筑有方形瓮城，形制与大城瓮城一致。

城内建筑基址、街道、市肆等遗迹清晰可辨。现有建筑遗址37处。城内有一条横贯全城的东西向大街，宽达10余米，街道两侧有许多成排分布的建筑。城内的主要建筑都集中在北部，大者长达40米、宽10米，小者长宽也在10米左右，残高2～3.5米。

在建筑基址及周围散布大量建筑构件，主要有布纹瓦、筒瓦和莲花纹、兽面纹瓦当，莲花纹、锯齿纹滴水，以及一些

遗址全景

飞鸟、兽头螭吻等脊饰建筑构件。曾出土大量陶瓷器、铁器等遗物。陶器纹饰常见篦点纹和素面灰陶两种，还有一些三彩器；瓷器有白釉黑花小壶、白釉双系壶、小瓶、罐、碗、瓷玩偶等；铁器有三足釜、铡刀、铁权、镢、矛、扎马钉等。根据遗迹、遗物判断，该遗址为唐至辽代文化遗存，以辽代遗物数量为多。

城址西南方300米的西拉沐沦北岸有一座石庙，当地人称之为白庙子，石庙雕工精湛，造型精美。1974年在此发现一石幢残段，石幢上刻有铭文，可辨者为"……大安七年润八月十日……饶州安民县主薄兼□县尉太……"字样，认定此城址为辽代饶州城址无疑。

饶州是辽代的重要州城之一，《辽史·地理志》记载："饶州，匡义军，中，节度。本唐饶乐府地，贞观中置松漠府，太祖完葺故垒。"辽饶州辖长乐、临河、安民三县，宋使臣使辽多经此地，为在研究唐、辽、宋时期的政治、经济、文化等具有重要意义。

铁釜

白釉瓷壶

白釉黑花瓷壶

‖46‖ 林西县四方城城址

撰稿：宋国栋　张新香
摄影：王刚

内蒙古自治区重点文物保护单位。

位于林西县新林镇鹿山村民委员会四方城村西侧。城址所处位置为巴尔汰河河谷平地，河谷四周为绵延起伏的山峰。城址坐落在巴尔汰河及其支流的交汇地带，地势平坦开阔，南距巴尔汰河约460米，北距巴尔汰河支流约750米。

1989年第二次全国文物普查时首次发现四方城城址。城址平面近长方形，方向北偏东8°。除了东城墙被四方城村的住宅

城址（北—南）

区破坏之外，其余三面城墙保存较好。南北城墙长约650米，西城墙长490米，东城墙长约500米。墙体坍塌较为严重，坍塌堆积宽约8~12米，残高2.5~3米。城墙用黄褐色土夯筑而成，夯层厚10~15厘米。该城址仅在南墙发现一城门址，宽35米。南城墙的地表上现存马面七座，马面相互间距50~60米。

现城内被辟为耕地，从地表上已看不出任何遗迹，但耕土中散布的遗物较丰富，其中包括大量的辽金时期的沟纹砖、布纹瓦残片和陶瓷碎片，也有少量宋辽时期的钱币。城内的文化层厚0.3~0.8米，考古工作者曾在城内采集到灰陶篦点纹壶、粗白瓷碗、细白瓷盘残片、蓝釉碗等遗物。

该地在辽金时期归庆州管辖，此城可能为辽代孝安县城遗址。金天会八年（1130年）将孝安县改为庆民县，皇统三年（1143年）废。此城西北距金界壕4公里，是金代临潢路界壕的屯兵堡之一，在规模上仅次于玛尼吐古城址。屯兵堡是金界壕沿边戍堡、关隘的指挥中心，可以驻扎大量官兵，并管领附近界壕的数十公里地段，是金代边防体系的重要组成部分。

‖47‖ 翁牛特旗永州故城城址

撰稿：宋国栋　冯吉祥
摄影：姚情情

内蒙古自治区重点文物保护单位。

位于翁牛特旗新苏莫苏木西拉沐沦河与老哈河交汇处以西三角地带的沙地中，东北距巴彦诺尔嘎查约6公里，北距西拉沐沦河约12公里，南距老哈河约7公里。城址周围为茫茫沙丘，地势平坦。清代曾在城址内建过一座"达拉罕庙"寺庙，现已坍毁，当地人称之为"达拉罕庙圈子"。

永州故城城址平面呈方形，正南北向建置。城墙保存基本完整，东西长545米，南北宽525米。由于长期的风沙侵袭，城墙已坍塌成宽大的土垄，墙基宽约5~10米，残高1.2~2米。北墙保存最好，南墙保存较差，四面城墙的中部各辟有一门，宽约10米。城址四角设有角台，每面墙体上都有四处马面，马面以城门为轴线两两对称分布，马面间距80米左右，直径约10米。南门两侧筑有敌楼，南北向大道由南门直通城内。南墙中部外侧有一个边长约60米的高于城墙的大土堆，土堆上有大量建筑构件和烧灰。城址地面被大小不一的沙丘所覆盖，建筑遗址和遗物多被掩埋在沙土下。城东门内有两排建筑基址，当是"达拉罕庙"的废墟。城外向西南200米处有一些形状不规则的土丘，上面砖瓦陶片堆积较厚，为砖瓦窑址。

考古工作者曾在城内采集了一些遗物，主要有建筑构件、陶瓷碎片、钱币

城址（东一西）

城址（南一北）

城内采集的遗物

建筑构件有板瓦、筒瓦、兽面纹瓦当、凹沟纹花边滴水。陶片以灰陶为主，少量为红陶，器形有罐、瓮、盆、瓶等，纹饰主要为篦点纹和附加堆纹。瓷片有白釉、黑釉、酱釉、白地黑花、青瓷、黄釉、绿釉等釉色，白釉瓷片有粗细之分，粗瓷的颜色多泛黄，细白瓷釉色白润，茶绿釉瓷片胎质较粗，器形主要为牛腿瓶。铜钱有"开元通宝"、"天圣元宝"等。

据《辽史·地理志》记载："永州，永昌军，观察。承天皇太后所建。太祖于此置南楼。乾亨三年（981年），置州于皇子韩八墓侧。东潢河，南土河，二水合流，故号永州。冬月牙帐多驻此，谓之冬捺钵。"《辽史·景宗纪》又记："（乾亨）三年三月乙卯，皇子韩八卒。辛酉，葬潢、土二河之间，置永州。"永州下辖长宁县、义丰县、慈仁县，三县共计有民户六千四百户。文献还记载永州附近有木叶山，但目前学术界对于此山的位置有颇多争议。永州是契丹族早期活动的中心地区，永州故城的发现和确认，对于研究契丹族早期的迁徙、融合、肇兴、发展历史具有重要的学术价值。

‖48‖ 克什克腾旗应昌路故城城址

撰稿：方月　张红星

摄影：韩立新　宋宝泉　塔拉　孔群

全国重点文物保护单位。

位于赤峰市克什克腾旗达日罕乌拉苏木多若诺日嘎查西，东北距达里诺尔约2公里，东距经棚镇约80公里，西南距元上都古城约150公里。遗址地处达来诺尔湖西畔，南临耗来河，这里南北河湖环绕，东西平峦环抱，水草茂盛。

1957年，李逸友先生调查了应昌路故城城址。1976年，在应昌路故城城址附近出土铜印一方。第二次、第三次文物普查复查了该城址。

应昌路故城由内城、外城及关厢地区组成，保存较为完整。外城平面呈长方形，夯筑城墙，南北长800米，东西宽650米，方向10°。设有东西南三门，均有方形瓮城。城内较为平坦，建筑遗迹明显，街道坊市清晰可辨。城内南部是市坊，几条街道十字相交，将城内南部划分为八个街区。在东门内路南的街区东南隅有一组较大建筑物，四周有墙，残高约1米，平面约为长方形，中部有墙，把建筑群分为东西两部分。在东部一大建筑址前，有汉白玉石碑一块，无碑首及龟趺，仅存碑身，上刻加封孔子制诏文。西部主要建筑之西南侧，亦有汉白玉石碑一块，下半部

内城后殿柱础（南—北）

城内局部

埋入土内，上为螭首，篆刻"应昌路兴建儒学记"，碑文已模糊不清。其旁尚有石狮一对，已被捣毁，高约1.3米。由此可见，此组建筑物为儒学遗址。城内其他街区内亦有一些大型院落，主要是作坊、寺庙和居民区等。城内地表散布大量砖瓦、石块、陶瓷残片等。南面有残石狮一对，城内还有石臼、石水槽、石磨盘以及建筑构件等。

中部靠北为内城，平面呈长方形，南北240米，东西220米，四墙中部各开门，四角有角楼，为官署区。主要宫殿区集中在内城，南北中轴线排列文华殿、勤政殿、汉白玉宫三座殿址和两个门楼建筑基址，东西两侧有方形建筑十座。外城以南为关郊，建筑基址柱础分布密集。

古城西南残存一藏式佛塔，高约10米。下部基座全为石条堆砌，四角原有立

内城中殿柱础（南—北）

近景（南—北）

雕狮头，现已残毁，塔顶为砖砌，刹顶已失。

达里诺尔东南岸有一座山，东距古城约40公里，在山麓东侧有一人工开凿的洞穴，洞口外侧立一汉白玉石碑，螭首微损，龟趺残毁较甚。碑身有"应昌路曼陀山新建龙兴寺，皇尊大长公主普纳，鲁王桑哥不剌重修……泰定二年（1325年）青龙在乙丑六月既望立石"等字。

1976年在应昌路故城城址附近出土铜印一方，印面方形，边长6厘米，纽为长方形直纽。右侧楷书"白登县印"四字，左侧有"中书礼部造"、"至元十二年六月日"二行款。此印系元代白登县县印，白登县在今山西大同市附近，与应昌路相毗邻，是当时中原至塞北的主要通道之一。这方印的出土说明元代应昌路与中原地区联系、交往较为密切。

弘吉剌部是蒙古高原上的一个强大部落，成吉思汗家族所在的乞颜部与弘吉剌部世代保持姻亲关系。《元史·特薛禅传》记："至元七年斡罗陈万户及其妃囊加真公主请于朝曰：'本藩所受农土，在上都东北三百里答儿海子，实本藩驻夏之地，可建城邑以居。'帝从之，遂名其城为应昌府。二十二年改为应昌路。"据此记载应昌路建置于1271年。应昌路自建立后世为鲁国大长公主及鲁王所居，至少有四位首领被封过鲁王。因此应昌城又被称为鲁王城，是弘吉剌部的统治中心。

1368年，元顺帝妥欢帖睦尔退出大都，宣告元王朝灭亡。元顺帝先退至上都，第二年又退至应昌府，史称为北元。1370年，元顺帝病逝于应昌，由其子爱猷识理达腊继位，改元宣光。宣光二年（1372年）明王朝派遣三路大军进击北元，李文忠率领的东路大军直袭应昌城，攻入城中。爱猷识理达腊待明兵退回后，再度占据了应昌城。1378年，其子脱古思帖木儿继位，改元天元。后来在明王朝军

航拍图（北—南）

石碑

碑额

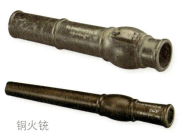

铜火铳

新建儒学碑记

铜印

铜印印文

队不断的打击下，北元势力被迫远退至漠北蒙古高原，应昌路也因此逐渐被废弃。

应昌路是内蒙古地区现存元代古城中保存最为完整的一座，规模较大，气势宏伟，曾一度成为北元的都城。从元诗人杨允孚"东城无树起西风，百折河流绕塞通。河上驱车应昌府，月明偏照鲁王宫"的名句中仍可看到当年的历史状况。作为元朝重镇之一，应昌路在政治、经济、文化、军事及交通等方面起到过举足轻重的作用，价值颇高。

‖49‖ 松山区缸瓦窑遗址

撰稿：唐彩霞　张倩
摄影：娄海峰　宋宝泉　塔拉　孔群　郭治中等

遗址周边环境

全国重点文物保护单位。

位于松山区城子乡猴头沟村缸瓦窑自然村，窑址地处丘陵起伏的山区，中为一狭长缓平地带，山下有半支箭河潺潺流过，地下有丰富的煤矿资源和大量的优质瓷土，为烧制瓷器提供了良好的自然条件。

1943～1944年，日本人对缸瓦窑遗址进行过勘查和发掘。新中国成立后，国内

出土的瓷片

学者也做过数次调查。1995～1998年，内蒙古自治区文物考古研究所对其进行了三次大规模的考古发掘，揭露窑炉、作坊多座，出土大量的单色釉陶、三彩、白瓷、白地黑花瓷、黑釉瓷、酱釉瓷、茶叶末釉等产品。第三次文物普查对遗址进行了复查。遗址现为村庄和耕地。

遗址分布范围很广，自猴头沟水泉村东至黄土坑村西，东西长2500米，南北宽200～800米，总面积为1.25平方公里。文化堆积厚1～4米。另外，南山发现龙窑遗址一处，残长20余米。地表散见瓷片及窑具残块等。采集有"官"字款、"新官"款匣钵等。

窑炉主要有两种，一种是马蹄形窑，一种是龙窑。马蹄形窑规模较小，用耐火砖砌成，东北向，窑床为长方形，窑门成八字形，主要烧制白瓷。龙窑仅发现一座，外用石块、内用耐火砖砌成，南高北低，窑门亦成八字形，主要烧制大型粗缸胎器物。另外还发现辽代烧制陶器、砖瓦的陶窑各一处。瓷器装烧方式有匣钵装烧和裸烧两种。碗、盘类圆器从小到大以泥钵、砂粒、支钉等间隔叠烧或覆烧。

缸瓦窑所烧瓷器品种较多，以烧制白

发掘清理的窑址

出土的瓷器

发掘清理的窑址

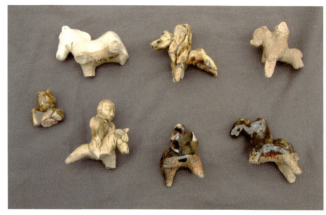

烧制的瓷玩偶

出土的黑花器盖

三彩海棠盘

三彩海棠盘底足墨书

瓷为主，兼烧仿磁州窑瓷器，茶叶末釉、黑釉、酱釉瓷器，釉陶三彩器，釉陶单色器及各色品种的小玩具等。白瓷以杯、碗、盘、瓶、罐、壶等居多，也有少量的玩具。瓷质有粗细之分，以粗瓷为大宗。粗白瓷胎多灰白或黄白色，胎质粗涩坚硬，颗粒较大，常含黑或灰色的杂质。细白瓷胎质细白坚硬，瓷化程度很高，釉面洁白光润，器形规整，制作精工，可与定窑白瓷媲美，多采用雕、刻、划、印等技法饰以菊花纹、牡丹纹、莲瓣纹、凤纹等纹饰。仿磁州窑的瓷器有白釉黑花、白釉褐花、白釉剔花、白釉刻划花等工艺，

白釉剔花瓷罐

素胎印花瓷盘

黑釉瓷罐

素胎陶砚

素胎瓷盒

出土的纪年瓷盖

白釉鸡冠壶

多为瓶、罐类器，一般器形较大。灰白色或黄白色胎，胎质较粗，施以白色化妆土。茶叶末釉瓷器均为大器，灰青或灰褐色缸胎，胎质粗松，器形有缸、瓮、牛腿瓶等。黑釉、酱釉瓷灰白或黄白胎，胎质粗而坚硬，多釉不及底，器形有罐、瓶、碗等。釉陶器胎色黄白、黄褐色，胎质精细，有绿釉、黄釉和少量白色釉器，器形有壶、碗、碟、盘、长颈瓶等。三彩釉陶器成形多采用模印成形，模印花纹为半浮雕花纹，纹饰主要为植物纹、动物纹、人物纹，器形主要有海棠盘、花式碟、方碟、穿带扁壶、套盒、砚、砚滴、执壶等，具有浓郁的契丹风格。根据缸瓦窑出土的遗迹、遗物分析，为辽金元时期文化遗存。

缸瓦窑始烧于辽代初，兴盛于辽中晚期，金代最盛，元代逐渐走向衰落，烧造历史长达四百余年，是辽金元时期北方草原地区的官窑和民窑并存的瓷器制造场，遗址规模庞大，出土遗物品类繁多，工艺相对精良，文化内涵丰厚，堪称草原瓷都，对探索我国古代北方草原地区制瓷工艺的发展与渊源，以及北方各瓷窑烧造技术的相互交流与彼此融合等相关问题，提供了科学的地层和实物依据，意义十分重大。

‖50‖赤峰市金界壕

撰稿：张红星　张倩
摄影：韩立新　乌力吉　姚情情　左利军

巴林右旗段

乌拉苏太金界壕1段

全国重点文物保护单位。

金王朝为了防御北方蒙古各部，巩固边疆，修筑了连绵数千里的界壕。界壕主要分布今内蒙古境内，有南北两条主线，南线又分为内外两条副线。

赤峰境内的金界壕属于南线，东从扎鲁特旗进入阿鲁科尔沁旗，经巴林左旗、巴林右旗进入林西县，在林西县凌家营子村北又分为南、北两条支线，北线经克什克腾旗西行后进入锡林郭勒盟境内，南线经克什克腾旗南行进入翁牛特旗，再行经松山区东山乡后折向西南进入河北境内。

界壕是一个系统而先进的军事防御工程，主要由堤墙、壕堑、马面、戍堡、关城、关隘等组成。其中主体为堤墙和壕堑，有外壕、内壕、外墙、内墙四重组成，部分地段双墙双壕。界壕墙体一般宽3～8米，残高1～4米；壕堑宽5～9米，深0.5～1.5米。在堤墙外侧每隔120～500米、或是在转折处加筑有马面，突出且高于墙体。沿线内侧每隔5～10公里筑戍堡一座，若干戍堡之间再筑更大的关城。在界壕所经过的南北交通要道上又设有关隘。

赤峰境内界壕以克什克腾旗段保存最好，也最具代表性。此段有南北两条线路。北线位于克什克腾旗北部至西部，由

南线特征——翁牛特旗段

克什克腾旗西支线近景（东—西）

东北林西县境进入克什克腾旗天合园小营盘村，西南行经同兴镇、白音查干苏木、达来诺日镇、达尔罕乌拉苏克力更进入锡林郭勒盟境内，全长约180公里。界壕由堤墙、壕堑、马面、关隘、戍堡、关城等组成一体，均为土筑，构建完美。北侧挖壕，南侧筑墙，墙宽3～5米，残高2～4米，墙上间距约80米筑一马面。壕宽5～7米，深1～2米。南线在克什克腾旗东部南北纵行。东北自林西县进入本旗宇宙地镇境内，经二八地、宇宙地、李家营子折向南行，经新井乡到杨家营子附近中断。过西拉沐沦在昌义天顺城村再现，南行进入苇莲沟直至边墙沟村伸入翁牛特旗。全长约180公里，时断时续，有些地段利用悬崖绝壁为天然屏障，可见界壕遗迹约90公里。西侧挖壕，东侧筑墙，城墙土筑或土石混筑，墙上加筑马面，沿线发现戍堡九处，面积不大，距长城较近。

据《金史》记载，南线界壕主要分为四路所辖，即东北路、临潢路、西北路、西南路。赤峰境内界壕属临潢路段，分布在阿鲁科尔沁旗、巴林左旗、巴林右旗、林西县、克什克腾旗、翁牛特旗、松山区七个旗县区，连绵数百公里。其中阿鲁科尔沁旗、巴林左旗、巴林右旗、克什克腾旗北部的界壕为明昌年间所筑，林西县、克什克腾旗东部、翁牛特旗、松山区境内界壕为承安年间所筑。

金界壕历经八百余年历史烟云熏陶和洗礼，仍似长龙、巨莽般蜿蜒盘亘草原、戈壁和崇山峻岭之中，是中华民族创造的伟大奇观，为我们研究金代军事史提供了重要的实物资料。

‖51‖ 巴林左旗辽祖陵

撰稿：张倩　唐彩霞

摄影：左利军　张亚强　宋宝泉　杨林　董新林

全国重点文物保护单位。

辽祖陵位于巴林左旗查干哈达苏木石房子嘎查西五公里一个口袋形山谷中，这里地处大兴安岭南端，四面环山，谷口外两公里即奉陵邑祖州遗址，南侧有漫岐嘎山，是陵园的屏障，再南侧地势较平坦，有沙力河流经。这里层峦叠嶂，草木茂盛，风景秀丽。

2003～2004年，中国社会科学院考古研究所内蒙古第二工作队对辽代祖陵陵园遗址及其附近地区，进行了两次较为全面

陵园背面

的考古调查、试掘和测绘，明确了祖陵黑龙门的具体位置，初步确定了四座陵墓和五处建筑基址的位置，获得了一批重要的研究资料。2007～2008年，中国社会科学院考古研究所和内蒙古自治区文物考古研究所联合组成祖陵考古队，对辽代祖陵陵园遗址进行抢救性的考古发掘。此次对祖陵内一号陪葬墓和甲组建筑基址，以及陵园外东侧的龟趺山建筑基址进行了抢救性

发掘，取得了极为重要的成果。

祖陵入口处，两侧为悬崖峭壁，有一处宽不足70米的狭窄通道，为祖陵陵园唯一的出入口，在偏西侧有两个高起的圆形土丘，应为祖陵黑龙门遗址，石板铺筑的门道依稀尚存。门阙两侧有土墙与峭壁相接，土墙两侧有石头包砌，中间用土石和砖瓦碎片填充。

一号陪葬墓位于祖陵外陵区西侧的一

陵园正面

陵门黑龙门址全景

道小山脊上，与太祖陵仅一岭之隔。此墓属于凿山而建，规模较大，级别较高。由墓道、甬道、前室、中室、后室和两个耳室组成，全长约50米。墓室内地面均铺有方砖，内设排水设施。虽被严重盗掘，但仍清理出两百多件（组）随葬器物，主要有鎏金银器、铜器、玻璃器、瓷器、玉器、琥珀、铁器、陶器、木器、石器以及砖瓦等建筑构件。由于墓葬中仅存几块

鎏金墓志残片，墓主人的身份目前尚不清楚。根据墓葬形制和随葬品等特征来看，此墓应属于辽代早期。

甲组建筑基址位于太祖陵玄宫的东南部，地处南岭东侧的平坦地带。甲组建筑基址由三个单体建筑构成，发掘了两处建筑基址。

祖陵外东侧台地上的几处基址中，以龟趺山建筑基址最为重要。龟趺山建筑基

陵园内大型陪葬墓

陵园山阙

陵门黑龙门

址位于祖陵和祖州城之间，是从祖州通往祖陵的必经之处。龟趺山建筑基址地势颇高，从这里可以俯视祖州城的全貌。总面积约200多平方米，中心建筑基址坐北朝南，平面呈长方形，东西宽13.53米、南北进深9.53米，土木结构，面阔两间、进深两间。南侧正中有一个门址，宽约4米，建筑基址四周的土墙为土坯垒砌，内外均涂白灰面，残高0.55~0.7米。正中央有一长方形基址，南北长4.86米，东西宽4.2米，上铺设方砖。基座上为一个巨大的石龟趺，残长2.8米、高1.06米，头残，面朝南，上有龟背纹，中部有一个碑槽，长1.1米、宽0.45米、深0.55米。其上石碑不存，石碑残片散落在石龟趺周

边。基址出土遗物主要是各种建筑构件和大量残碑片，有契丹大字和汉字两类。

祖陵系辽太祖耶律阿保机的陵寝，于天显元年（926年）七月，由述律后主持营建，次年八月竣工，工程浩大。唐咸通十三年（872年）阿保机出生在临潢故地，天显元年于渤海国班师归途中，病死于扶余城。《辽史·地理志》中载，太祖葬于次年八月丁酉，陵名祖陵，并置祖州天成军以为护守。"陵凿山为殿，曰明殿。殿南岭有膳堂，以备时祭。门曰黑龙，东偏有圣宗殿，立碑述太祖游猎之事。殿东有楼，立碑以记太祖创业之功。"祖陵山谷周长二十余里，除葬耶律阿保机外，还祔葬太祖皇后述律氏。圣宗

祖陵前侧的石像生

陵园内的大型陪葬墓

陪葬墓出土的嵌宝石银饰件

陪葬墓墓道及墓门

东门道正视图

陵园内的大型建筑基址

陵园门前建筑基址

弟耶律隆庆孝文皇太弟，亦葬祖陵。辽末陵园内部遭金人破坏。据《契丹国志》记载，金人攻陷上京路后，对祖陵、庆陵、怀陵等诸皇陵进行破坏，发掘金银珠宝等物，焚略殆尽。

　　祖陵的考古调查和发掘，明确了祖陵诸陵的布局和黑龙门的位置，是辽代考古的重要发现之一，在很大程度上弥补了文献记载的不足，填补了辽代早期陵寝制度研究的空白，推进了中国古代陵寝制度以及辽代考古学和历史学的研究。

‖52‖ 巴林左旗辽祖州城

撰稿：唐彩霞　张倩
摄影：左利军　宋宝泉　杨林　董新林　庞雷　张红星

全国重点文物保护单位。

位于巴林左旗查干哈达苏木石房子嘎查石房子村西1公里的山谷中，西北距祖陵约2.5公里，东南距上京城约20公里。

20世纪初，法国神甫闵宣化对祖州城进行了调查。其后日本人也进行了多次调查、测绘和发掘。新中国成立后，内蒙古文物工作者对城址进行了调查、测绘。

祖州城平面略呈长方形，由外城、内城两重城组成。外城由于南墙因地形而在中部内折，故平面呈不等边的五角形。夯筑城墙，周长约1750米，残高约2米。东墙长285米，在中部开设城门，因其直对着上京城，所以叫做望京门。南墙长570米，在中部内折成为折背形，东段长305米，西段长265米，在中部辟有大夏门。西墙长295米，中部开设城门，叫做液山门，并加筑有瓮城。北墙长600米，在东

城内建筑分布情况

段开设城门，名叫兴国门，并加筑瓮城。外城中有官署、膳房、作坊及守护官军住所等。

内城位于后半部，南北长约280米，东西宽约150米，高约3米。内城主要有城门、祭殿、享堂、石室等祭祀用的主体建筑物。东墙正中开设城门，名叫兴圣门，直对着外城的望京门。经过发掘得知共有三个门道，用石块垒砌基础，门洞用砖砌成，其他部分用土夯筑，墙身外表包砖，城门上还建有城楼。内城正中有三座大殿基址，最前面的一座台基最大，应是祭殿遗址，发掘出黑釉及灰陶瓦片、灰色方铺地砖及铁钉等遗物。内城的北面区域内分布有七座建筑台基，筑有一段东西向的矮墙，将这个小区与大殿区域分隔开，应是与祭祀相关的建筑物。

内城北部有一奇特建筑，俗称石房子。石房子建在一处长10、宽13、高2米的台基上，是用七块巨大的花岗岩石板支盖而成。石房子坐西朝东，高3.5、宽4.8、长6.7米，石板厚40厘米。前有一

祖州城北侧"辽太祖记功碑"遗址

门，宽1.4、高1.9米，无窗。房内地下铺有一块巨石板。这座石房子是契丹族特有的一种祭奠性质的建筑物，也是现今唯一保存下来的辽代石室，为辽太祖建陵时的临时停尸地，后变为太祖庙。在城外东侧，分布有大量房址，为守陵户等奴隶和百姓居住场所。

天显元年（926年）七月，辽太祖耶律阿保机于渤海国班师归途中病死于扶余城。次年八月葬于祖山，是为祖陵，置州天城军节度使，以奉陵寝。《辽史·地理志》载，"祖州，天成军，上，节度。本辽右八部世没里地。太祖秋猎多于此，始置西楼。后因建城，号祖州。"金天会八年（1130年）改祖州为奉州。皇统三年（1143年）遂废弃。祖州城是契丹族迭剌部世代居住的地方，是辽王朝仿效唐王朝典章制度在皇帝陵寝的前方兴筑的第一座奉陵邑，对研究辽早期典章制度、丧葬习俗、汉化进程等具有极为重要的参考价值。

祖州城全貌

祖州城内现存的菆涂殿石房子

出土的铜印

辽太祖记功碑遗址出土的汉字石碑残片

铜印印文

辽太祖记功碑遗址出土的契丹大字石碑残片

‖53‖ 巴林右旗辽庆陵

撰稿：李权　李倩
摄影：乌力吉　孔群

全国重点文物保护单位。

辽庆陵遗址，位于内蒙古自治区赤峰市巴林右旗索布日嘎镇琥硕芒哈嘎查必图独贵龙西北约 12 公里处的瓦仁乌拉山南麓的黑山山谷中，当地人称"王坟沟"。黑山辽代名永安山，后改称庆云山，庆陵之名也因此得来。

辽庆陵陵园规模宏大，东西长约 5 公里，南北宽约 3 公里，占地面积约 15 平方公里，为辽圣宗耶律隆绪和仁德皇后、钦哀皇后的永庆陵，辽兴宗耶律宗真和仁懿皇后的永兴陵，辽道宗耶律洪基和宣懿皇后永福陵以及后妃、太子等皇亲国戚陪葬墓构成的墓群的总称。按陵园内墓葬的

遗址远景（南—北）

方位可分为东、中、西三个陵区，分别位于相对独立的小山洼内，间距约两公里左右，其间以山脊为分界线。三陵墓挖凿于地下，方向为南偏东20°，总体保存较差。均为砖砌七室墓，由墓道、墓门、甬道、前室、前室东西侧室、中室、中室东西侧室、后室等部分组成，阶梯形墓道长约30米。

地面可见阙门、神道、殿址等遗迹。地表散布有绿釉琉璃瓦、布纹瓦、沟纹砖及方形花岗岩柱础、汉白玉经幢等。

辽庆陵曾多次被盗掘。辽末女真人攻破上京，庆陵等皇家陵寝被挖掘破坏。19世纪末圣宗陵被盗掘。1913年林西县县长盗掘庆陵。1920年法国传教士闵宣化对庆

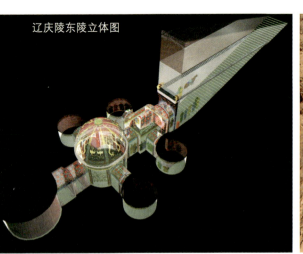

辽庆陵东陵立体图

东陵考古清理现场

庆陵建筑址

陵进行调查。1922 年比利时籍传教士梅岭蕊开掘中陵，盗出兴宗和仁懿皇后的汉文及契丹文哀册。1930 年热河军阀开掘东陵和西陵，发掘出辽圣宗、圣宗仁德皇后、圣宗钦哀皇后、辽道宗、道宗宣懿皇后的汉文哀册及道宗和宣懿皇后的契丹文哀册。20 世纪 30 年代鸟居龙藏、田村实造、小林行雄等日本人多次调查或盗掘庆陵。

1992 年内蒙古自治区文物考古研究所对庆东陵进行考古清理发掘。1997 年巴林右旗博物馆对东陵兴宗次子秦越国王耶律弘世及其妃萧氏合葬墓进行了清理。1997 ～ 1998 年内蒙古自治区文物考古研究所与中国历史博物馆遥感与航空摄影考古中心合作对辽庆陵进行了航拍。2000 年巴林右旗博物馆对东陵的辽太叔祖夫妇合葬墓进行抢救清理，同年内蒙古自治区文物考古研究所对东陵的辽秦魏国王合葬墓进行抢救清理。

庆东陵是辽庆陵三座陵墓中保存最好的一座，为仿木结构的七室砖墓，墓内全长 21.2 米，最宽 15.5 米，最高约 6.5 米。前室平面为长方形，券顶。其余各室均为圆形，穹隆顶，各室之间有券顶的甬道相连，设有柏木大门。后室为主室，内有柏木椁室，用于放置尸体。在墓道、前室及其东西侧室、中室和各甬道壁面上绘有壁画，所绘人物与真人大小相若，有七十余人，场面极为宏大。墓道两壁及前室南甬道、中室南甬道有仪卫图和备马图，侍卫戴圆帽，穿圆领窄袖长衫，手执骨朵。前室前半部分两壁绘有乐队，人物均戴直脚幞头，穿黑衫。墓室内其余人物大部是男像，多数髡发，少数戴圆帽，极少数戴直脚幞头，均穿圆领窄袖衫，有紫、绿、青

东陵陪葬墓出土的"秦越国妃萧氏"墓志铭

等色，腰围革带，均拱手或叉手侍立，表情肃穆。仅有两幅并立的女像，右侧的戴黑纱帽，穿绿色左衽长袍；左侧的梳髻，穿绿色窄袖长袍、红色中衣，左衽，腰围绣带，手捧披肩。人像上方均有契丹小字墨书榜题。墓室的藻井、墓顶用工笔彩绘龙凤、牡丹图案，色彩艳丽。中室有四幅巨大的描绘春、夏、秋、冬四季风光的山水画，画作构图严谨，色彩清新淡雅，线条明快流畅，真实再现了契丹皇室四时捺钵所在地的优美景象，极具民族特点和地方特色，是十分罕见的辽代绘画珍品。

中陵位于东陵之西，墓室规模大于东陵，各室平面均为八角形。墓室已塌毁。墓内残存有壁画。曾出土过兴宗和仁懿皇后哀册。在中陵享殿的西南方残存石刻陀罗尼经幢一座。

西陵即位于中陵之西，规模大于中陵，各室平面呈八角形。墓室也全部坍塌。墓

内残存有壁画。曾出土过道宗、宣懿皇后契丹文、汉文哀册。

关于庆陵东、中、西三陵的具体主人，除西陵为道宗耶律洪基和宣懿皇后永福陵没有争议外，东陵与中陵墓主所属分歧颇大。20世纪90年代以前，大多学者认为东陵是辽圣宗耶律隆绪和仁德皇后、钦哀皇后的永庆陵，中陵是辽兴宗耶律宗真和仁懿皇后的永兴陵。随着辽庆陵考古工作的展开，相继对大辽赠秦魏国王及大辽故皇弟秦越国妃合葬墓、羲和仁寿皇太叔祖及宋魏国妃合葬墓进行发掘清理，有学者根据墓葬出土材料推断，东陵是辽兴宗耶律宗真和仁懿皇后的永兴陵，中陵是辽圣宗耶律隆绪和仁德皇后、钦哀皇后的永庆陵。该观点在学界产生较大影响，许多学者遵从此说。2008年彭善国先生根据庆陵的形制、出土帝后哀册情况等认为，东陵的时代要比中陵早，"东陵为永兴陵，中陵为永庆陵"的观点存有很多疑点和问题。彭善国先生的论述得到一些东陵发掘者的认同。结合20世纪20～30年代各陵出土哀册情况，东陵是辽圣宗耶律隆绪和仁德皇后、钦哀皇后的永庆陵，中陵是辽兴宗耶律宗真和仁懿皇后的永兴陵仍比较可信。

辽庆陵出土遗物多已散失，仅存部分石刻哀册。庆陵三陵共出土哀册15方，为汉白玉质，呈正方形，边长130厘米左右，厚约30厘米。分为册盖、册石两部分，其中册盖8石、册石7石。哀册镌刻契丹、汉两种文字，每方近2000字，刻功刚健遒劲，工整含蓄，堪称辽代书法精品。其中四方哀册用小字书写，对研究契丹小字极有价值。在哀册册盖与册石侧面，还有采用线雕手法做出细腻生动的纹饰，册盖

东陵壁画——四季山水图·夏局部

四角或雕有双龙、或镌刻牡丹，周边则线刻端庄、飘逸的人首、人身，十分精美。

辽庆陵是辽代政治、经济、文化及军事高度发展的极盛时期所造，陵园规模宏大，建造豪华，随葬器物极为丰富，特别是墓中出土的大量用契丹文和汉文镌刻的帝后哀册，不但填补了辽史记载上的一些不足，还为研究辽代皇族家族世系、碑刻艺术、民族文字等提供了宝贵的实物资料，具有很高的学术价值。大面积保存完好的精美壁画，是古代北方游牧民族优秀的艺术作品，为研究契丹族的绘画艺术、丧葬习俗等提供了宝贵的实物资料。另外，庆陵墓园的营造方式风格独特，对研究辽代墓葬、古代建筑等也具有重要价值。

1988年，辽庆陵并入"辽陵及奉陵邑"，被国务院公布为第三批国家级重点文物保护单位。

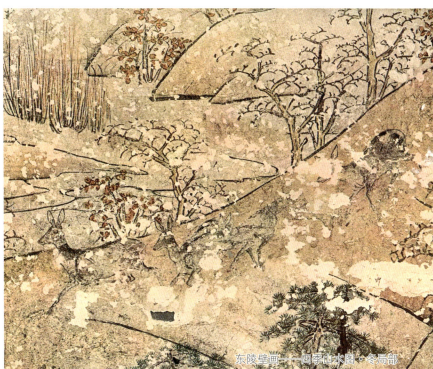

东陵壁画——四季山水图·冬局部

东陵壁画——官吏图

东陵壁画——侍卫图

‖54‖ 巴林右旗辽庆州城遗址

撰稿：萨仁毕力格　李权

摄影：乌力吉　孔群　宋宝泉　杨林

辽庆州古城遗址航拍图

全国重点文物保护单位。

位于巴林右旗索布日嘎苏木境内查干沐沦河北岸的冲积平原上，南距巴林右旗大板镇98公里，西北距辽庆陵14公里。

1892年俄罗斯人波兹德涅耶夫调查了庆州城遗址。1920年法国传教士闵宣化对庆州城进行调查。20世纪30年代日本学者鸟居龙藏、关野贞、田村实造，小林行雄等多次到庆州进行调查。1988～1992年，

遗址内白塔（南-北）

白塔塔身的石飞天浮雕

国家文物局组织专家对白塔进行了修复，发现一批珍贵的遗物。1997～1998年，内蒙古自治区文物考古研究所与中国历史博物馆遥感与航空摄影考古中心对庆州城遗址进行了航拍。

庆州城分内外两城，平面呈回字形，南北向。外城呈长方形，东西长约1550多米，南北宽约1700米，城墙和城内遗迹保存较差，只见西、北两面墙体残迹。夯筑城墙，残高1.5米。内城保存较好，呈长方形，东墙长1090米、南墙长960米、西墙长1095米、北墙长935米。城墙均为

天宫出土的紫定碗

天宫出土的澄泥砚

天宫出土的凤衔珠鎏金法舍利银塔

天宫出土的水晶杯

白塔天宫出土的经卷及木雕法舍利塔

天宫出土的黄釉凤首瓶

天宫出土的彩绘涅槃佛及砖函

白塔天宫出土的紫檀木三足罐及药材

夯土版筑，残高4～4.25米。内城四墙居中对辟城门，东、南、西三门外都筑有瓮城。城墙外侧每隔100米筑有马面，四角设有角台。城内街道布局整齐，地表可见建筑基址及街道遗迹。

内城西北隅现存释迦如来舍利塔一座，俗称白塔，是保存较好的辽代佛塔之一。该塔始建于重熙十六年（1047年），竣工于重熙十八年（1049年），为辽兴宗耶律宗真生母章圣皇太后兴建。塔为八角七级空心楼阁式，高74米。塔座上有1米高的仰莲，塔顶有八角形砖座，上有鎏金塔刹。全塔每层都悬挂有铜镜，共1500余面。整体造型优美，佛像、伎乐等塔身浮雕精巧细腻，反映了辽代高超的建筑艺术水平。1989年在对白塔进行修复过程中从天宫中发现了经卷、雕版经咒、佛舍利、丝织品、银塔、金塔和玻璃器等珍贵文物。

辽圣宗、兴宗和道宗三位皇帝及其皇室贵族死后葬于庆云山，统称庆陵，庆州

天宫出土木雕彩绘莲台琥珀观音像

白塔陶建筑构件

天宫出土的佛涅槃彩绘石像

天宫出土"多方佛"木雕法舍利塔

天宫出土的银舍利瓶

天宫出土的黑玻璃舍利瓶

天宫出土的"十方佛"木雕法舍利塔

天宫出土的玉珠

天宫出土的金雕版经咒

天宫出土的"无垢净光大陀罗尼经"鎏金银版

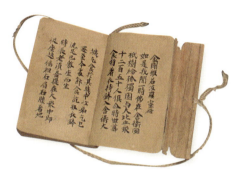

天宫出土的经书

天宫出土的绣巾

天宫出土的绣巾

天宫出土的经袱

城即为守护和奉祀这三座陵墓的奉陵邑，始建于辽圣宗太平十一年（1031年），是辽王朝最鼎盛时期所置。《金史·地理志》载庆州"比他州为富庶，辽时刺此郡者非耶律、萧氏不与，辽国宝货多聚藏于此"。金代初期，仍被称为庆州。天会八年（1130年）改为丰州，后逐渐荒废。

庆州作为帝王陵墓的奉陵邑，在辽代历史上有着非常重要的地位，对研究辽代陵寝奉祀制度、建筑艺术及宗教信仰等方面具有很高的学术价值。

‖55‖巴林右旗辽怀陵

撰稿：萨仁毕力格　李权
摄影：乌力吉　吉平　朱玉君

全国重点文物保护单位。

位于巴林右旗岗根苏木境内赛罕乌拉山南麓床金沟，南距怀州城3公里，西南距巴林右旗大板镇约70公里。陵园东、南、北三面环山，仅西面有一谷口，谷口设陵门，谷口对面隔床金河依凤凰山为屏障。

1976年，昭乌达盟文物站、巴林右旗文物馆文物工作者确定了怀陵的位置，并对怀陵进行了全面的勘测和钻探。1983年，再次对怀陵进行考古调查。1991年，

内蒙古自治区文物考古研究所和巴林右旗博物馆对怀陵内两座墓葬进行了抢救性清理发掘。1997~1998年，内蒙古自治区文物考古研究所和中国历史博物馆遥感与航空摄影考古中心对怀陵进行了航拍。

陵园由陵门、石砌围墙、祭殿和陵墓组成，陵区平面呈长方形，东西长5公里，南北宽2.5公里，面积约12.5平方公里。在床金沟沟口建有陵门，在其两侧山脉低凹处用石墙封堵。陵园中部有南北向石墙，将陵园分为内外两区。外陵区分布

陵园内的一号墓葬

辽怀陵陵门

辽怀陵陵园远景

墓道与墓门情况

墓葬甬道及墓门

门神图

墓葬石室

两座建筑台基，陵门位于床金沟沟口北侧悬崖下，现为两个高大的夯土台基，其间为宽9米的门道，在门址附近发现大量辽代砖瓦。内陵区分布两座陵墓和祭殿基址，其中一座地表有高大的圆形封土堆，另一座已塌陷。祭殿基址为夯土筑成，平面呈长方形，东西长16～17米，南北宽13～14米，高0.7～1.5米。陵园内地表有覆莲纹汉白玉柱础、方形花岗岩柱础、沟纹砖和布纹瓦等。采集有牡丹花纹方砖、兽面和莲瓣纹瓦当、锯齿纹滴水等。陵园具备辽代诸皇陵的特点，其布局和规模与其他辽陵具有相同的风格。

在1991年清理的墓葬中，其中一座位于床金沟上营子村东北架子山前中部，规模较大，编号为床金沟5号墓。墓葬西南有面积近七百平方米的建筑基址。此墓为砖木结构多室壁画墓，由墓道、天井、前室、东西耳室和后室组成，墓室间有甬道，全长35.72米，最宽处15.16米，深10.48米，方向140°。墓内有门吏、侍卫、飞鹤等壁画，随葬品几乎被洗劫一空，残存耀州窑、景德镇窑、定窑等瓷器残片，以及鎏金铜丝网络残片、鸣镝、铜钱等。

大同元年（947年），辽太宗耶律德光征讨后晋班师回国途中死于滦城，后遗体被运回契丹葬于凤山，陵曰怀陵，后穆宗死后附葬怀陵。内陵区中靠南面陵墓的祭殿规模较北面的要大，较为豪华，推断为太宗耶律德光陵寝。其北约八百米的陵墓相对简朴，推断为穆宗耶律璟陵寝。怀陵是辽朝年代较早的帝陵之一，它的发现与研究对探索辽代皇帝陵寝制度、丧葬习俗等具有重大意义。

青釉执壶

白瓷方碟

出土的白瓷方碟底足书写的墨书

出土的花口白瓷碟

青釉盏托

出土的凤纹彩绘石桌面

‖56‖ 巴林右旗辽怀州城遗址

撰稿：王建伟　萨仁毕力格
摄影：乌力吉

全国重点文物保护单位。

位于巴林右旗岗根苏木浩特艾勒嘎查内，西南距巴林右旗大板镇65公里，北距怀陵三公里。城址建于乌苏伊肯河谷、床金河谷的交汇处，北望赛罕山，是连接上京、庆州等地的交通要道。

1976年，昭乌达盟文物站、巴林右旗文物馆文物工作者对怀州城遗址进行了调查。1983年，再次对怀州进行调查。

1997～1998年内蒙古自治区文物考古研究所与中国历史博物馆遥感与航空摄影考古中心对怀州进行航拍。2006～2009年中国文化遗产研究院开始启动辽陵及奉陵邑保护规划编制工作，对怀州城遗址进行全面调查，并做了地形测绘和遗址标定。

怀州城遗址平面呈长方形，南北向，东西526米，南北495米，总面积约26万平方米。东城墙、北城墙保存较好，西城墙

遗址全景

城墙夯层（西—东）

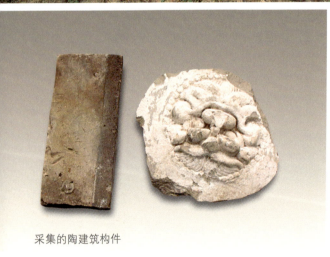

采集的陶建筑构件

当、滴水、石柱础、泥质灰陶篦点纹罐和白瓷碗残片等。

在城外北部分布有大片居住址和一处夯土台基址。在城址北侧山上分布一处大形寺庙遗址，寺庙依山而建，用巨石垒砌成四层平台，在每层平台上有面阔三间的建筑址，在平台北侧发现绘有佛教题材的岩画。

怀州为辽太宗和穆宗两位皇帝陵寝怀陵的奉陵邑，初建于辽太祖时期。太宗殁后，世宗将太宗葬在怀州北凤山，陵以州名，曰怀陵，将怀州定为奉陵邑。因此，怀州城址的建筑规模和城市布局与祖州、庆州等奉陵邑有许多相同之处，城址内以宫殿和祭祀建筑为主，城外为大片的居住址。怀州城为研究辽代皇家陵园建筑布局及特点等具有重要的参考价值。

的大部分被床金河水冲掉，南城墙大部分被破坏。夯筑城墙，基宽8～10米，残高1～4米。南北西三面有门，门宽约30米，四角设有角楼。城内西北有大型建筑台基两处，高约1.5米，地表散见辽代砖瓦残块。采集遗物有辽代沟纹砖、布纹瓦、瓦

‖57‖ 巴林左旗韩匡嗣家族墓

撰稿：冯吉祥　王建伟

摄影：左利军　张亚强　庞雷　孔群

全国重点文物保护单位。

位于巴林左旗白音诺尔镇白音罕山的南坡，墓地北依高山，两翼山梁环抱，南面平坦开阔，是一个相对独立封闭而又较为宽阔的区域。这里层峦叠翠，草木茂盛，景色宜人。

2000年8～9月，内蒙古自治区文物考古研究所联合巴林左旗博物馆对白音罕山的韩氏家族墓地进行了调查，对其中的三座墓葬进行了发掘清理。

墓地全貌（东南—西北）

墓道及墓门（南—北）

出土的石雕龙纹棺板

　　韩匡嗣家族墓地是一处包括墓葬、祭祀址和居民聚落遗址在内的典型的聚族而葬的家族墓地。由两道山谷、三个山洼、两个祭祀址和一处大型居民聚落遗址组成。总面积约16.3平方公里，是迄今发现的最大的辽代家族墓地。地表散布有一些陶瓷片及砖、瓦、石柱等遗物。

　　墓地依自然环境分为西沟和北沟两个

韩匡嗣墓志志盖拓片

韩匡嗣墓墓顶壁画

韩匡嗣墓志志文拓片

墓都位于此区，其中一座为韩匡嗣夫妇合葬墓。

韩匡嗣墓为砖结构多室墓，全长48.46米，由墓道、天井、墓门、甬道、前室、左右耳室、主室前甬道、主室及排水系统等构成。前室为圆角方形，左右耳室及主室为圆形，墓室内有大量精美壁画，大多已脱落。主室高约10米，白灰抹面，天井彩绘祥云、白鹤、龙凤，墓壁描绘契丹人物。整个墓室高阔深邃，富丽堂皇，堪称一座地下宫殿。墓内残存葬具有木制小帐及石棺，随葬品有瓷器、铜器、铁器、骨器、建筑构件及男女石俑等。男俑女俑各一个，绿砂岩雕刻，造型简约，刀法细腻，不仅继承了唐、五代雕塑造型技法，而且有许多创新之处。墓内还出土墓志两方。另外，在墓地内还发现有韩德威、韩元佐、韩遂忠汉文墓志及韩特略契丹小字墓志等。

韩匡嗣是辽代开国功臣韩知古之子。韩知古是蓟州玉田人，六岁时被淳钦皇后兄欲稳掠到契丹，耶律阿保机迎娶淳钦皇

区域，两区之间有一道山梁相隔。西沟区在调查中发现墓葬二十余座，分布在山梁南坡各处，绝大部分因被盗而遭破坏，其中有一座尚未坍塌，墓内残留石志盖一方，志盖楷书阴刻"故招讨相公墓志铭记"。北沟区系韩匡嗣墓区，墓地坡下有一条石墙环绕，墙宽约1.5米，长约800米，残高0.5～7米。清理发掘的三座

韩匡嗣墓出土的契丹男侍石俑

韩匡嗣墓出土的契丹女侍石俑

韩匡嗣夫人秦国太夫人墓志志盖

（又名耶律隆运）功勋最为卓著，赐国姓耶律，列横帐，使韩氏家族成为辽朝第一家赐姓耶律的汉官家族，也是辽代的汉官中最为显赫的一族。

韩匡嗣家族墓地从乾亨五年至辽亡（1125年）一直延用，历时一百四十余年，规模庞大，是迄今发现的辽代最大的家族墓地，堪称辽代中晚期墓葬形制的大全及中原汉文化与契丹文化相融合的典范，见证了契丹族与中原汉族、游牧文化与农耕文化的相互影响、不断交融的历史进程，是辽朝兴衰的一个历史缩影。因此，韩匡嗣家族墓地为研究辽代历史、职官制度、葬俗、契丹文字、民族关系等具有十分重要的学术价值。

后时，韩知古作为陪嫁成为皇族的私奴，后得到了阿保机的赏识、重用，成为辽朝开国功臣之一。韩匡嗣为景宗朝重臣，薨于乾亨五年12月（983年），葬于统和三年十月（985年），从死到葬其修墓用时近三年时间。韩匡嗣的儿子中以韩德让

撰稿：唐彩霞　张红星
摄影：梁京明

全国重点文物保护单位。

位于赤峰市阿鲁科尔沁旗东沙布日台乡西南12.5公里，西与巴林左旗毗邻，离辽上京约30公里，东距宝山村1.5公里。

宝山又名"老头山"，墓葬位于其主峰阳坡之上。这里有一长方形茔园，北向略偏东，东墙长197米，西墙长201米，南墙长167米，北墙长172米，基宽7米左右，残高1~2米。墙体夯土版筑，夯层厚0.2~0.4米。东、南各设一门，门置瓮城。东门宽7.6米，瓮城北墙基宽4.7米，残高1.8米；南门宽9米，其东侧有门房遗迹，瓮城西墙宽5.2米，残高1.5米。茔园内北高南低，内有大中型墓葬十余座，从南至北较为规律地分为三排，中心位置有一个大型台式建筑，为祭殿或享堂。

1994年，内蒙古自治区文物考古研究所会同赤峰市博物馆、阿鲁科尔沁旗文物管理所对其中两座墓葬进行了抢救性考古发掘，两座墓编号为1号和2号。

1号墓墓门前室南壁

降真图（1号墓石室内东壁）

厅堂图（1号墓石室内北壁）

1号墓位于墓园东北部，距东墙24米，距北墙45米。砖石结构，正南向，由墓道、门庭、墓门、甬道、墓室、石室组成，全长22.5米。由于墓葬曾受多次盗掘，随葬品几乎洗劫一空，只发现零星遗物，主要有金、铜、铁、陶、瓷、骨器及丝织品等。金器有金环、饰件等，铜器有鎏金錾花饰件、带扣、门鼻等，铁器有挂钩等，陶器有釉陶碗等，瓷器有白瓷盘、白瓷器盖等，骨器有骨管、围棋子等。

2号墓位于墓园中部偏北，东距1号墓39米。墓葬用石条砌筑而成，方向95°。形制与1号墓基本一致，由墓道、门庭、墓门、甬道、墓室、石室组成，全长25.8米。该墓葬因多次盗掘，几无发现随葬品，只在贴墓道南壁距墓门1.2米、深6.3米处发现石碑一通。石碑通体不甚平整，碑首为半圆形，碑身近长方形，长0.95米，宽0.45米，厚0.2米。碑身一面墨书契丹文，计三行九字。

虽然1、2号墓葬经多次盗掘，随葬品所剩无几，但最珍贵的是在两座墓葬内留下了大量工艺精湛、精美绝伦的壁画。1号墓的壁画绘于墓室及石室内外，大部分保存较好，总面积近百平方米。其中《降真图》、《高逸图》十分精美。2号墓的壁画分布于墓室与石室内外，现存近三十平方米，以石室内的壁画最为精美，墓中《颂经图》、《寄锦图》极为考究。这些壁画无论在绘画风格上，还是绘画题材上

男吏图（1号墓墓门前室南壁）

女仆图（1号墓石房外南壁）

宴桌图（1号墓北回廊北壁）

2号墓石房正面

1号墓牵马图局部

牵马图（1号墓东壁）

都显示出强烈的唐五代汉地艺术风格。其中《颂经图》中盛装女子，容貌丰润，发型讲究，着宽大衣袍，犹如唐代仕女画翻版，而男吏所戴的展脚幞头则为五代式样。《降真图》、《颂经图》表现了墓主人对于死后信仰世界的期盼，而《高逸图》、《寄锦图》则代表他们对于自身品德的追求。宝山辽墓石室中的壁画所表现出的墓主精神世界，实际上正是辽代建国初期，辽太祖耶律阿保机对于契丹皇室贵族们信仰观念、道德品质的要求。

另外，在1、2号墓葬中还发现有纪年墨书题记和契丹小字碑。1号墓在高逸图左上角发现"天赞二年癸岁大少君次子勤德年十四五月廿日亡当年八月十一日于此殡故记"墨书题记，竖写五行33字。2号墓在《寄锦图》左上角、《颂经图》右上角均发现墨书诗句。

宝山辽墓是目前内蒙古地区发现最早的有明确纪年的辽代契丹贵族墓葬。根据1号墓题记，墓主人名勤德，年仅14岁，系大少君次子，下葬于辽太祖天赞二

年（923年）。2号墓墓主人为成年女性，为1号墓墓主大少君次子勤德的长辈，即"大少君"夫人之一，下葬时间略晚于1号墓墓主，约在天赞二年之后不久。

1、2号墓壁画采用红、黑、黄、白、蓝、粉、绿等各种颜色，并广泛运用描金。画面内容十分丰富，每幅壁画都各不相同，包括生活、宗教、建筑、园林、家具、陈设、服饰等诸多方面，写实性强，基本反映了墓主人生前的生活场景及爱好，具有鲜明的时代特点。画面或写实，或渲染，着色艳丽，技法高超，集浑厚与细腻、素雅与浓艳、写实与夸张于一体，既保留了典型的唐代绘画艺术风格，又反映出五代时期的新变化，系统地展现了辽代社会早期高超的绘画水准及艺术成就，堪称辽代壁画的艺术宝库，对揭示辽初社会面貌、探讨晚唐和五代时期绘画艺术具有重要的意义，也为研究辽代早期丧葬习俗、社会生活、建筑特点等相关领域提供了大量珍贵资料。

颂经图（2号墓石房内北壁）

颂经图局部

寄锦图（2号墓石房内南壁）

‖59‖ 阿鲁科尔沁旗耶律羽之墓

撰稿：李倩　史静慧

摄影：盖志勇　齐晓光　孔群

全国重点文物保护单位。

位于阿鲁科尔沁旗罕苏木苏木古日板呼舒，村东北为绵延数十里的朝克图山，该山主峰鬼斧神工般地形成一个大沟堑，远远看去就像一个裂缝，当地人称之为"裂缝山"。墓地三面环山，形如簸箕。

1992年，内蒙古自治区文物考古研究所、赤峰市博物馆、阿鲁科尔沁旗文物管理所联合对墓葬进行清理发掘。

耶律羽之墓为砖石结构，距地表10.2米，全长32.5米，方向为175°。由墓道、门庭、墓门、甬道、东西耳室和主室组成。原地表建有砖砌方形享堂，现只留残迹。墓道为阶梯式，上窄下宽，用夯土、石块填封。门庭呈长方形，近墓门处用巨石板叠压填封。墓门由磨制精细的大型石构件组成，上有彩绘门神。甬道呈长方形，为石条垒砌。原立壁及券顶均抹有白灰面，并有壁画。正对主室门处放有墓志。东西耳室位于甬道两侧，平面呈方形，叠涩攒尖顶。东耳室随葬各种陶瓷器，西耳室随葬有车马器等。主室平面呈方形，口部设石门，石门上有彩绘。主室为四角攒尖顶，室内有尸床、小帐，但均被严重破坏。小帐涂漆绘彩，并有成组的

人物、动物图案，以胡乐图最为精彩。出土了墓主人耶律羽之及其夫人的下颌骨。

耶律羽之墓随葬有大量精美遗物，主要有金银器、铜器、铁器、陶瓷器、丝织品、车马器、木器，以及玉、玛瑙、玻璃、水晶、琥珀饰件等。金器按用途可分

耳室墓门

器皿和饰品两种，有杯、戒指、手镯、耳坠、坠饰、镂空金球等。银器按工艺分为金花银器、鎏金錾花银器和素面银器三种，类别上以器皿数量为最多，还有文房用具、饰品等，有砚盒、渣斗、碗、粉盒、簪、把杯、盒、盘、罐、盆、匜形器、勺等。铜器多为日常用具、装饰品及构件、马具、带饰散件等，有灯盏、铜镜、饰片、构件、铃、铜泡等，马具有鞍桥包片、鞴带饰片、节约、带扣、带箍、带铃、带饰等。铁器占有一定比例，种类丰富，分容器、工具、车马器、武器等几类，有鼎、执壶、镐形器、斧、锤、刀、削、蒺藜、镞、车辖、锁等。陶器数量较少，只发现瓜棱壶、绿釉陶瓶两件。瓷器为随葬品大宗，器类丰富，窑口众多，

出土的丝绸情况

墓门

出土的孝子图纹鎏金银壶

出土的双狮纹金花银盒

出土的鸳鸯纹金花银唾盂

出土的摩羯形金耳坠

出土的錾花金戒指

出土的高士图鎏金银杯

出土的五瓣花纹金杯

出土的鎏金门神铜饰件

出土的褐釉瓷鸡冠壶

出土的白釉瓷鸡冠壶

出土的酱釉瓷罐

出土的双耳四系青瓷盖罐

出土的盘口穿带白瓷瓶

出土的喇叭口褐釉瓷壶

出土的彩绘木门

涉及邢窑、定窑、越窑、耀州窑等，器形有鸡冠壶、盘口瓶、盖罐、罐、钵、碗、粉盒等。木器均为装饰器具，有鎏金木雕狮、彩绘小门扇等。丝织品数量众多，品类丰富，有锦、绢、绫、罗、绮、纱等。另外，还出土有玉带钩、玛瑙管、玛瑙璎珞、玛瑙臂饰、水晶球、琥珀串饰、琥珀璎珞、玻璃器残片等。金银器占有较大比例，多采用锤鍱、錾刻、镶嵌等工艺，银器、铜器多鎏金。铁器有的错金银。这些遗物制作精美，工艺十分考究，堪称精品。

另外出土一方墓志，在灰色砂岩做成的题为"大契丹国东京太傅相公墓志铭并序"的墓志中，用1210个楷书文字记载了耶律羽之属皇族近支的显耀世系及其生平

事迹。洋洋千余言，史料丰富，特别是有关契丹与鲜卑关系的记载殊为珍贵，墓志铭中"其先宗分佶首，派出石槐"的记载将契丹族源之争一举定论。

耶律羽之墓是目前内蒙古地区发现较早的、有明确纪年的契丹贵族墓葬，其规模宏大，装饰讲究，随葬品丰富，制作工艺精良令人叹为观止。耶律羽之墓真实地再现了辽朝当时在政治、经济、文化、艺术等方面所取得的高超成就，在众多辽墓中堪称一绝，为研究辽代早期政治、经济、文化、艺术、丧葬习俗等提供了极为珍贵的实物资料。

作为宝山罕苏木墓群的一部分，被国务院公布为第五批全国重点文物保护单位。

‖60‖ 阿鲁科尔沁旗耶律祺家族墓

撰稿：张红星　张倩
摄影：哈斯巴根　盖志勇

全国重点文物保护单位。

位于阿鲁科尔沁旗罕苏木古日板呼舒嘎查新村西北1.5公里朝格图山东侧，北依高山，南面平坦开阔。

耶律祺家族墓地呈长方形，东西长192米，南北宽110米，面积约2.1万平方米。墓地面向东南，两侧围有石墙，南墙长22米，宽1.7米、残高0.8米；北墙长67米、宽1.7米、残高0.5米。墓地内有墓葬七座。墓地前有享堂建筑遗迹。

全景（北—南）

近景（南—北）

　　1993年，内蒙古自治区文物考古研究所对墓地西南的一座墓葬进行抢救性发掘，该墓由墓道、墓门、甬道、前室、东西耳室、主室组成，全长34.7米。斜坡式墓道，顶部砌石封口，高于地表30～80厘米。墓门为砖砌仿木结构，甬道接长方形前室，前室两侧各有一个六边形耳室。主室呈八边形，进深5米、宽4.85米，周边尚残存木制护壁底框，正中偏后有石质铺棺床，周围有木框，小帐残朽。墓内铺设方砖，砖下设有排水系统，因早年被破坏，内部扰乱，前室及主室顶部塌陷，根据人骨推测，为夫妇合葬墓。

　　该墓虽经盗扰，但是出土了一批珍贵文物，其中影青瓷器二十余件，均用印花装饰，十分精美。部分影青瓷器底部有契丹大字墨书题款，共约百余字，字体类似

耶律祺墓志志盖拓片

手写行书体。大型模制青龙装饰铜片也是难得的辽代工艺品，还有一些精美的琥珀饰件。更为重要的是在主室棺床前置有汉文墓志和契丹大字墓志各一合。汉文墓志损毁严重，只剩部分残块，有志文四百三十余字。契丹大字墓志较完整，墓志盖正面刻篆体契丹大字，内容与墓志首行相同。墓志石刻契丹大字46行2930余字，除残缺88字外，尚存2845字，其中新出现的契丹大字就有数百个之多。该墓志是迄今为止发现的所有契丹大字石刻中字数最多的一件。经释读，墓主人姓耶律，名祺，是辽朝晚期道宗、天祚帝两朝的重臣，重熙三年（1034年）生，重熙

二十二年（1053年）进入仕途，清宁年间因平定重元之乱有功，赐号靖乱功臣；大安二年（1086年）为南院大王，三年进封漆水郡王；乾统元年（1101年）道宗崩，受顾命，加于越拜守太师；三年封赵王，致仕；八年薨于私第，终年75岁，追加尚父，赠齐国王。

1996年，内蒙古自治区文物考古研究所对西南部耶律祺墓附近的另一座被盗大型砖室墓进行清理发掘。该墓由墓道、墓门、甬道、墓室组成，全长26.44米。甬道两侧绘有壁画。出土有少量青瓷片、铜钱等遗物，并有契丹小字墓志一盒。志盖正面线刻十二生肖，背面刻铭文，志石也

耶律祺墓志志文拓片

耶律副部署墓志盖内志文拓片

刻有铭文，近两千字。墓主人耶律副部署，景福元年（1031年）生，重熙二十二年（1053年）为率府副率，至大康二年（1076年）进封镇国大将军，累迁副部署。大康三年（1077年）因故身亡，终年47岁。乾统二年（1102年）即25年后葬于此地，其下葬年代略早于耶律祺墓。

耶律祺家族墓虽然多早期被盗，出土遗物甚少，但该墓地出土的契丹大字、契丹小字墓志，为20世纪契丹文字资料的最重大发现之一，对契丹大字、契丹小字以及辽代历史的研究提供了极为珍贵的文献资料。

耶律副部署墓志志盖拓片

耶律副部署墓志石志文拓片

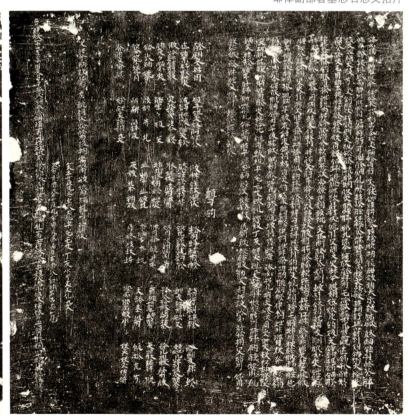

‖61‖ 阿鲁科尔沁旗沙日宝特墓群

撰稿：宋国栋　张煜鹏
摄影：哈斯巴根

全国重点文物保护单位。

位于赤峰市阿鲁科尔沁旗巴彦温都苏木沙日宝特嘎查西北10公里哈日拜齐山的阳坡上，当地人称为"王坟沟"。墓群周围群山环绕，风景秀丽。

沙日宝特墓地东西长437米，南北宽388米，面积约1.3万平方米。地表可见墓葬二十余座，每座墓相距约二十米，并有近现代坟墓混杂其中。

1997年，墓地内出土一方契丹小字

远景

墓志，保存较好。盖面为青石质，正方形，盝顶，盖面中央阴刻契丹小字，边缘的四个斜坡面上刻划着12位站立的男性官吏图像，官吏身着宽大袍服、手持笏板，面部皆相似，冠顶分别有十二生肖之一的头部形象，生肖的排序按顺时针排列。墓志青石质，正方形，表面在方线内阴刻28列契丹小字。据墓志介绍，墓主为耶律慈特·兀里本，生于重熙十二年（1043年），死于大康七年（1081年），享年38岁。墓主人家世显赫，但由于中年过世，没有显著的功绩，所以墓志中大量篇幅用于详述家史，甚至追溯到第七代祖先。

耶律慈特墓志的发现，为沙日宝特墓群的年代和文化属性提供了参考依据。该墓群的部分墓主应为耶律慈特家族的成员。该墓志对于研究契丹小字和辽代历史也具有重要学术价值。

‖62‖ 喀喇沁旗耶律琮墓

撰稿：张煜鹏　张倩
摄影：张义成

近景（北—南）

全国重点文物保护单位。

位于喀喇沁旗西桥于家湾子村东北的山坡上，背靠陡峭的山峰，南面临河床，平坦开阔，东、西两侧小山环抱，鸟语花香，自然环境十分优美。

耶律琮，又名耶律合住，字伯玉、粘衮，汉名琮，辽太祖弟迭剌之孙，辽景宗时期的重臣。他官至华州刺史上柱国漆水郡开国公，位居"外三公之首"，为"帝王之师"。耶律琮曾任涿州刺史，积极倡议与宋和谈，卒于保宁十一年（979年），同年入葬，享年51岁。据碑文和《辽史》记述，他少有大志，发奋读书，在文韬武略方面都造诣颇深，从政期间态度开明，思想进步，主张与宋和平交往，同时注重吸取外来文化和技术。

耶律琮墓向东南，保护范围长约390米，宽约230米。民国初年耶律琮墓被

观音经碑（东—西）

盗，破坏严重，墓地现存观音经碑1通、卧羊2对、踞虎1对、立文官1对、神道碑龟趺1座。

观音经碑立于墓地最前端正中，由龟趺、碑身、螭首构成，都较为完整，通高2.56米。碑额正中阴刻楷书"观音经碑"四字，碑身两面均刻经文。正面首行为"佛说观音经一卷"，经文全系用汉字译写的梵文，正面碑文字迹尚可辨认，背面碑文因长期遭受侵蚀已经模糊不清。观音经碑后置石羊两对，花岗岩质，大头盘角，昂首俯而卧，通高约0.65米，体型丰腴。石羊后面置一对石虎，亦为花岗岩质，昂首蹲坐，作守护姿势，短立耳，十分凶猛。其中最完整的一件通高约1.2米，一虎头残缺。石虎后面对立武官像两躯，通高约2米，全身甲胄，脚着长靴，粗眉、巨眼、长颊，合手持剑作护卫状，应为契丹族武官形象。武官像后立有一对文官像，身高与武官相同，着幞头汉装，应为汉族文官形象。在文官后面有一平台，长约20米，即灵台。地表散布很多的沟纹砖碎块。

墓地西侧是高出墓地约30米的山头，现残存神道碑一通，距墓地约30米。用花岗岩刻成，现存龟趺，碑首及碑身早已倒毁，碑身折为三段。此碑形制与观音经碑相同，但体积稍大，龟趺通高1.45米。碑额阴刻篆书"故太师令公神道之碑"九字。碑身厚0.27米，宽1.22米，全长约2.36米。碑身四面都刻有铭文，正面26行，背面22行，右侧4行，左侧5行，每行字数不一，最多的达89字，最少的仅有11字，全文共计四千余字。碑铭记述了耶律琮一生的政治生涯，也涉及到了一些辽代的政治、文化情况以及与北宋之间交往的史实。

耶律琮墓前的石象生和神道碑与契丹人的葬俗大有不同，采用的墓仪制度与中原完全相同，是辽代契丹人授汉官者从汉仪制度的体现，其组合完整，在众多辽墓中很少见。特别是神道碑在辽墓仅见，其碑文内容十分丰富，不仅能补充《辽史》的不足，还能纠正《辽史》记载中的讹误，具有极高的史料价值。

耶律琮墓地远景（东南—西北）

撰稿：张文惠　李倩
摄影：娄海峰　孔群　庞雷

　　位于赤峰市郊区大营子乡大营子村西北约1.5公里处，此处为盔甲山南麓的第一座主峰，墓地就坐落在主峰东南约100米的缓坡上。由于长期的雨水侵蚀，墓地附近被冲出很多龙爪形的沟，墓身前侧露在陡峭的崖面上。

　　1954年10月，前热河省博物馆筹备组发掘时，墓门和墓室已被农民们挖掘了一部分。赠卫国王墓是一座有斜坡式墓道的多室砖墓，由前、中、后三室和左、右两侧室组成，各室平面均呈长方形，室与室之间有门可通。地以青色方砖铺就，墓壁用长方砖垒砌，内壁涂抹白灰，墓顶以楔形砖叠涩成穹隆状。

　　因早期被盗，两具尸体均被扰乱。死者头北脚南，为夫妇合葬墓。据出土墓志铭可知，墓主人是葬于辽穆宗应历九年（959年）的驸马赠卫国王夫妇。

墓地远景

随葬物多为实用品，从墓志中得知，部分为皇室所赐，也有墓主人生前的用具和部分明器。各室均有丰富的出土文物，前室出土墓志和炉、桶、铲、把壶、火夹等铁器以及马具等，共计118件；南侧室遗物主要是不同质地的马具，共有八组，还有铁盔甲、钳、锤等共计1556件；北侧室以瓷器为主，有鸡冠壶，彩绘长颈瓷瓶，把壶，罐，"官"字款的白瓷碗、瓷盘，青瓷碗，绿釉陶器等，还有铁斧、骨器等，共计76件；中室为墓主灵柩所在，是按墓主人生前起居布局设计的，在高大壮观的穹隆顶部正中镶嵌铜镜一面，遗物主要为墓主人生前日常用品，包括放置于身上的金质蹀躞、匕首、短剑、铜镜、漆盒等，头骨附近以玛瑙、琥珀、绿松石和珊瑚等制成的璎珞，室内的错金银铁矛、残铁刀、锁、护手形铁器及骨刷等，共计131件；后室以炊饮器居多，有白瓷盆、白瓷碗托、白瓷碗、青瓷碗、银壶、银匙、银筷、银注、铁锅、铁锅撑、铁剪、铁刀等，还有骨筹、石砚、箭镞等，共计281件。

该墓引人注目之处，在于出土了大量不同质地、图案各异的马具，仅南侧室就出土马具八组1545件，质地分别为三组银质镀金、三组铜质鎏金、一组铁质嵌银花及一组玛瑙，花纹皆为突起的浮雕，精美奢华，有鹿纹、团龙纹、忍冬纹、缠枝花草纹、五瓣花纹等。其中以玛瑙带銙及铜鎏金龙纹带銙组成的鞢带最精美，龙纹带銙上的几十条龙形象各异，龙身舒展飘逸，龙形变化多端，体现出工匠对鞍具的精益求精。值得注意的是，在这些马具中可以看到很多中原文化因素，如各种制

作精美的花草纹图案，均是唐和五代盛行的，说明辽当时与中原的经济、文化交往是很密切的。

在这些珍贵的随葬品中，研究价值最高的是长达五百余字以汉文撰写的墓志铭，这是20世纪50年代东北地区发掘辽金诸墓葬中收获最大的一次，为后来学术界关于辽墓的分期断代提供了最直接的参考。

错银铁矛

白瓷盘

白釉鸡冠壶

错银铁矛

骨鸣镝

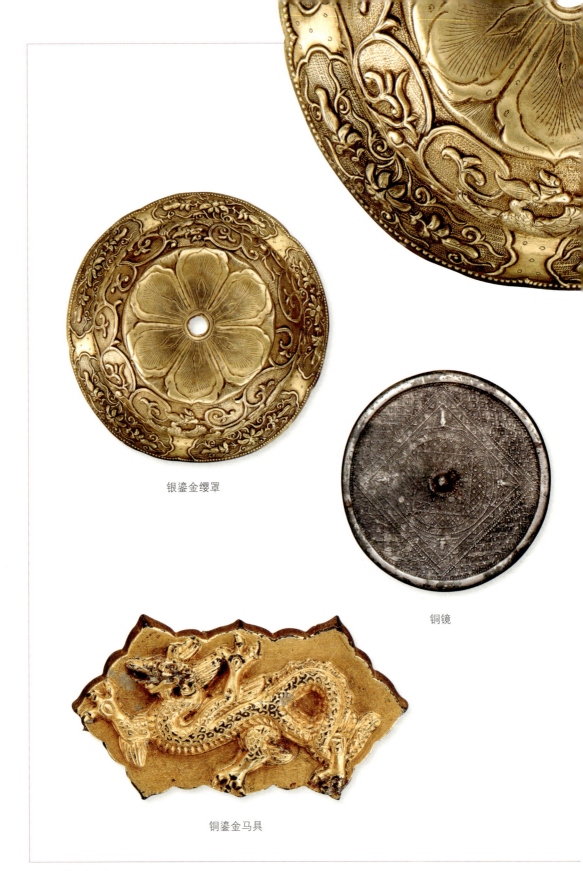

银鎏金缨罩

铜镜

铜鎏金马具

铜鎏金生肖佩饰

鎏金银饰件

银碗

银盏托

‖64‖ 宁城县埋王沟墓群

撰稿：张文惠　李倩
摄影：孔群

位于宁城县头道营子乡埋王沟村西北1.5公里处，东北距天义镇70公里。墓地处于一座南北走向山脉的东南隅，南、北、西三面环山，东南为山涧溪流，溪流对岸是另一座南北走向的山体，成为墓地的天然屏障。

1993年6～10月，内蒙古自治区文物考古研究所联合辽中京博物馆对墓地进行了抢救性发掘，共清理砖室墓葬四座，两座单室墓，两座四室墓，均由斜坡式墓道、墓门、甬道、墓室组成。墓室有八角形、圆形、方形、长方形。

因受盗掘，1、2号墓室坍塌，随葬品

遭到严重破坏，仅存铜镜1枚、铜钱2枚及一些残破的瓷质碗、盘、杯等。

3、4号墓也曾遭盗掘，葬制不清，但出土文物比较丰富，以铜器和瓷器为多，兼有铁器、三彩器、木器以及少量银器。此外，还出土三方墓志。

铜器主要为生活用具和马具，包括铜镜、铜魁、铜钱、鎏金铜铲、鎏金铜笔套、铜灯、铜盆、铜火盆、铜鎏金带扣、铜鎏金带饰、铜鎏金鞍饰、铜鎏金片饰、铜鎏金铃铛、铜衔镳、铜马镫等。瓷器以影青瓷和白瓷为主，影青瓷器有葵口碗、盏托、盏、杯、变形狗首器盖、狮首器盖等，造型别致工艺高超，属北宋官窑生产；白瓷器有罐、托、盘等，还有一件黄釉鸡冠壶。铁器除一把铁刀外，还有一套完整的饮茶器具，包括铁火盆、三足铁盘、三足铁鼎、铁茶碾、铁勺等。三彩器有八角形三彩砚台、三彩砚滴等。木器有木刻牙刷、木刻刀形器、木俑等。银器有银刮舌、银枝形莲花朵、银鎏金前鞍桥饰片、银鎏金后鞍桥饰片等。三方墓志均为石刻，3号墓出土"大辽故率府副率萧公墓志记"和"萧公妻耶律氏墓志铭"，4号墓出土"字特本郎君墓志铭记"。

球形三彩砚滴

根据墓志铭可知，3号墓中的萧公"讳閭，字蒲打里"，卒于咸雍六年（1070年），葬于次年（1071年），其妻萧氏"讳骨欲迷已"，卒于咸雍五年（1069年）。4号墓出土墓志铭中有"……率府副率、兼监察御史、武骑尉萧閭男郎君墓志铭"的记载，可知字特本为萧閭之子，卒于大康六年（1080年），葬于大康七年（1081年）。可见，该墓地为家族墓地，从时间上看，属于辽代晚期。

埋王沟墓地背山面水，择地山阳，符合契丹人在选择墓地时讲究风水的习俗。除2号墓主室平面呈圆形外，其余三座主室均为八角形，是辽代中、晚期墓葬比较盛行的。墓葬中出土了大量马具，但均为明器，不再像早期陪葬实用马具。另外，墓葬中仅出土少量银器，这与辽代中期曾两次下令禁止殉葬金银的诏书有关。因此，埋王沟墓葬对研究辽代中晚期丧葬习俗、社会制度等有重要价值。

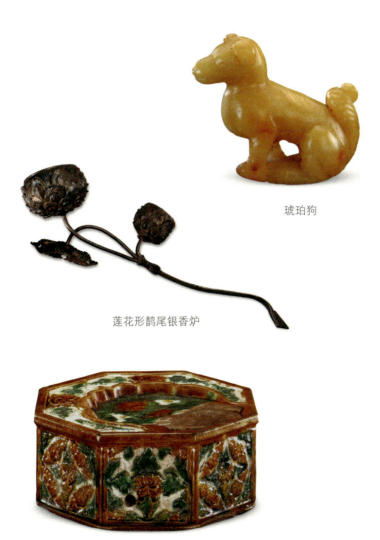

琥珀狗

莲花形鹊尾银香炉

浮雕花草纹八角形三彩砚

黄釉提梁鸡冠壶

‖65‖ 宁城县小刘杖子墓群

撰稿：张文惠　史静慧
摄影：朱耀国　张红星　孔群

位于宁城县忙农镇小刘杖子村西北高南低的山坡上，西、北为高山，南为沟谷高山，墓地中部有一东西向冲沟。现为林地。

1959年，宁城县进行文物普查时发现了大量出土契丹特色文物的辽墓，同年内蒙古文物工作组对墓群进行了发掘，清理墓葬二十余座。

小刘杖子墓群呈长方形，东西长120米，南北宽约90米，总面积约1.1万平方米。地表偶见灰砖。此次发掘共清理墓葬五座，三座为石室墓，两座为砖室墓。石室墓有八角形和六角形两种，分别由大青石条和不规则石块砌成；砖室墓为长方形，全部用小砖砌成，以红泥勾缝。墓向均为南偏东。

所见遗骸均为头东脚西，仰身直肢，有单人葬，也双人合葬。除5号墓被盗，仅剩"开元通宝"钱一枚外，其余墓中均出土比较丰富的随葬品，有陶器、瓷器、铁器、铜器、骨器以及玉、琥珀串珠或带饰等。陶器包括辽三彩、单色釉陶器及灰陶器。辽三彩均为淡红色泥胎，火候较低，釉色较浊，主要器形有盆、方碟、

出土的方形三彩碟

出土的三彩盘

圆盘、海棠形盘、八方形供盘、砚滴等；单色釉陶器以黄釉居多，皆有茶褐釉、绿釉，器形有罐、碗、钵、盏托、盘、杯、长颈瓶、凤首瓶等；灰陶器仅有陶罐一件。瓷器均为白瓷，有中原和当地烧造两种，器形有罐、碗、钵、碟、盘、杯等，这些瓷器是研究辽代瓷器以及辽与中原经济、文化交流、影响的重要资料。铜器有面具、靴底、镜子和马具等。铁器有火盆、火筷、剪子、灯、熨斗等生活用具，马镫、衔镳、铃等马具以及箭镞。骨器有骨刀和骨刷。此外出土较多饰件，有白玉带饰、白玉三角形饰片、白玉串珠、玉竹节、琥珀串珠等。

这些墓葬埋葬较集中，应为一处家族墓地。从随葬品看，各墓葬具有许多相似之处，如均有辽三彩和单色釉陶器出土，器形以富有契丹特色的印花方碟、海棠形盘、圆盘、长颈瓶、凤首瓶等为主。除5号墓外，均发现有铜面具，面形略有不同，应该是根据死者脸形定做。1号墓还伴出两双铜靴底，这是契丹人死后使用金

出土的铜面具

出土的海棠形三彩盘

出土的三彩浮雕人兽纹八角形盘局部

出土的三彩浮雕人兽纹八角形盘

属面具和金属网络葬俗的体现。2号墓和4号墓出土的铜镜说明契丹人有墓室顶部悬挂铜镜的葬制。马具和箭镞的发现则是契丹这个马背民族尚武的表现。综合以上出土文物并与已发现辽墓比对，可判定小刘杖子辽墓群是辽代晚期的契丹人墓葬。

20世纪50年代末，学术界对于辽代墓葬制度的了解非常有限，小刘杖子墓群的发现及清理，为学术界研究辽代契丹人生活情况及辽代墓葬制度，提供了珍贵资料。

‖66‖ 翁牛特旗张应瑞家族墓 ——————

撰稿：宋国栋　冯吉祥

摄影：姚情情

全国重点文物保护单位。

位于翁牛特旗梧桐花镇国公府村北0.7公里处的鸡冠山脚下，墓地三面环山，呈簸箕形，墓地所处位置为山间平地。

张应瑞家族墓地平面为长方形，南北长约170米，东西宽约120米。地表已没有封土和建筑遗迹，由南向北依次排列有石碑三通，还有倒卧的石像生，有文吏、武将、狮、虎、麒麟，成对排列，以优质青白石雕刻，但都已经残缺。根据石像生的

墓地全景（南—北）

摆放情况，依稀可辨出"神道"位置。石雕像附近有大量的建筑遗迹，地面上散布着各种灰色布纹瓦、青砖、瓦当，以及典型的元代瓷片和陶器残片。

墓地现存三通墓碑：张氏先茔碑、住童先德碑、张应瑞夫人刚氏之碑。张氏先茔碑立于元顺帝元统三年（1335年），有龟趺和螭首，通高5.63米，宽1.35米，厚0.37米。碑额篆刻"大元敕赐荣禄大夫辽阳等处行中书省平章政事柱国追封蓟国公张氏先茔碑"，碑首背面为篆刻的八思巴蒙古文，内容基本与正面的汉文对应。碑身正面阴刻汉文楷书，共39行，约二千五百字。碑身背面阴刻畏兀儿蒙古文

张氏先茔碑

武士石雕

字约三千字，是正面汉文的译文。碑文首先罗列了奉旨撰文者、书丹者、书篆者的官职和姓名，分别是尚师简、张起岩、巙巙、许师敬，这些人都是当时的重臣俊杰，在《元史》等书中有传记。巙巙是有元一代的书法大师，擅长真、草、行书，此碑是他传世字数最多的楷书作品，字形清秀俊朗，弥足珍贵。张氏先茔碑详细地记叙了从元世祖至元顺帝时期张应瑞家族为元朝以及蒙古弘吉刺部首领尽忠效力之事。其中，对元朝皇帝与弘吉刺部联姻，以及蒙古统治集团内部斗争的历史有较多记载，部分内容可补《元史》之阙。

张应瑞夫人刚氏之碑由碑座、碑身两

文吏石雕

石羊

部分组成，碑座长方形。此碑竖刻汉字正楷五行，每行八个字，即"故赠荣禄大夫辽阳等处行中书省平章政事柱国追封蓟国公公讳张应瑞加封蓟国夫人刚氏之墓"，共40个大字，阴刻双勾，字体端庄雄健，实为难得的汉字楷书书法艺术佳作。

住童先德碑全名"大元同知徽政院事住童先德之碑"。碑现断裂为二，倒置于"张氏先茔碑"之后。碑为大理石质，龟趺螭首，残高3.57、宽1.53米，额刻篆书，正面阴刻汉字楷书，28行，每行68字，碑文已难辨认。据碑文记载，住童碑立于元文宗至顺四年（1333年），比张氏先茔碑早两年。碑文先罗列奉旨撰文者、书丹者、书篆者的官职和姓名，分别是：马祖常、巎巎、尚师简，马祖常为元朝著名诗人，《元史》中有其传记。

张应瑞为汉族人，生卒年不详，碑文记载其"寿八十二以终"，史书对其无记载。自其祖父起入籍弘吉剌部，世居全宁路。应瑞祖父名仲贤，父名伯祥，为弘吉剌部首领纳臣那演宿卫。张应瑞自幼年起，先后侍奉鲁忠武王纳臣那演及其子世祖皇帝驸马都尉斡罗臣。斡罗臣三弟只儿瓦叛乱后，挟驸马北去，窃走成吉思汗颁赐弘吉剌部的"誓券"。不久驸马被杀，应瑞逃走并向朝廷报信，元廷派兵平叛，应瑞为主报仇，追回誓券，受到了元世祖的嘉奖。谛瓦八剌受封鲁王后，念应瑞之忠，请玺书使应瑞为弘吉剌部鲁王府的首任王府傅。张应瑞去世后被追封为"蓟国公"，其夫人刚氏加封为"蓟国夫人"。

张应瑞有三子：住童、大都间、全间。住童深受下嫁于弘吉剌部的元朝大长公主祥哥剌吉器重，被任用为嘉仪大夫，怯怜口都总管。大长公主之女，即赞天开圣仁寿徽懿宣昭皇太后，亦器重住童，曾授其虎符，任其为千夫长等职。大都间任全宁路都总管府总管，全间官至全宁路都总管府总管。住童在史书中无传。

张应瑞有男孙三人：郊间、忻都、孛兰奚。郊间官至嘉议大夫、同知通政院事，兼群牧监卿，提调洪徽局事。忻都官至朝列大夫、缮工司卿、太皇太后位下口愠怯薛官。孛兰奚碑文未记其官职。

张应瑞家族墓是目前内蒙古地区所发现的规模最大、保存最好的元代贵族家族墓地，具有很高的科学研究价值。墓地的碑文记述了张氏家族在蒙古草原地区经过数代发展成为全宁路望族并最终融入蒙古民族之中的过程，揭示出元朝蒙古贵族内部的矛盾和斗争，同时在弘吉剌部首领的袭封以及与皇族联姻方面也提供了许多重要信息。这些墓碑是研究蒙元历史、蒙元文字的发展与演变、元代书法艺术的珍贵史料。

‖67‖ 喀喇沁旗龙泉寺

撰稿：唐彩霞　张红星
摄影：张义成　孔群

全国重点文物保护单位。

位于喀喇沁旗锦山镇西北约3公里的狮子崖下，高出锡伯河河床300米，因寺内有一眼"龙泉"古井而得名。这里山势雄伟，曲径幽深，绿树成荫，花卉遍野。

寺庙依山势而建，坐北朝南，三进三阶式，中轴线对称布局，占地面积3600平方米。现存山门、前殿、东西配殿、大

远景（东—西）

殿、香龛等，建筑面积483.6平方米。

山门为歇山式，面阔5.3米，进深3.6米。拱形大门，宽2米。前殿为歇山式，面阔三间，进深一间。月台高约2米，有小回廊。大殿为单檐歇山环廊式，是寺庙主体建筑。面阔两间。月台高0.75米，周围有转廊，廊阶立石雕宝瓶栏杆八具，廊前砖砌照壁式香龛一座。东西配殿为硬山式建筑。

寺院有石卧狮一具，四至碑一通，螭首龟趺智然律师道行碑一通，龙泉寺记碑一通，古井一眼，杜松、云杉、油松八株。

石狮系就原地裸露出地表的岩石雕刻而成，呈卧式，昂首向西南，身长4.5米，头高1.1米，形态生动逼真。四至碑高0.43米，宽0.32米，厚0.16米，刻"大元国上都路松州南阴凉河川（今锡伯河）狮子崖龙泉寺常住山林地土周围四至碑……"等内容楷书87字，系元世祖至元二十四年（1287年）重修寺院时所立。松州狮子崖龙泉寺住持慈光普济大师然公道行碑高3.73米，宽0.98米，厚0.23米，碑额题"开山创建龙泉寺第一代祖智然律师道行碑"楷书18字，碑文行楷27行1136字，叙述了西安咸宁张智然大师到龙泉寺弘扬佛教的事迹。石碑龟趺螭首保存完整，碑文清晰，是至正元年（1341年）所刻。龙泉寺记碑通高3.75米，宽0.93米，

近景（东—西）

四至碑

龙泉寺记碑

厚0.25米。石碑一面碑额题楷书"龙泉寺记"四字，碑文刻楷书17行557字；另一面碑阴额题蒙文两行四字，碑身刻蒙文七行，汉文楷书四列316字。碑文主要记述了重修龙泉寺的始末，为1917年所立。古井名"龙泉"，井水清澈甘冽，沁人心脾，常年不涸，龙泉寺由此得名。

寺后山崖上有一小石窟，名曰达摩洞，高宽各2米，进深1.5米，内有石佛两尊。

龙泉寺始建于辽代，元初重修，明、清、民国时期屡经重修续建，以元、明、清三代为兴盛。该寺历史悠久，文化内涵丰厚，保存相对较好，对研究辽、元、明、清北方民族的宗教信仰、建筑艺术等具有重要的参考价值。

石狮

‖68‖ 元宝山区静安寺塔

撰稿：宋国栋　冯吉祥
摄影：刘伟东

远景（西南—东北）

辽塔全貌（西—东）

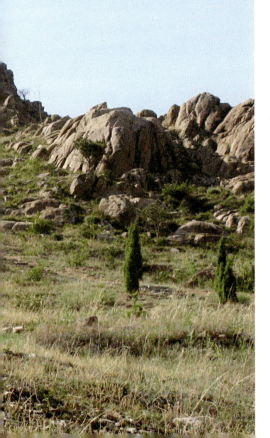

内蒙古自治区重点文物保护单位。

位于元宝山区美丽河镇大营子村西北300米的塔子山山顶上，当地人称为"塔子山白塔"。塔子山北、东、西三面被海拔较高的山脉包围，南部是地势较低的河谷平川。山下东南部为辽代静安寺遗址，现在原址上重新复建了静安寺。在静安寺后山坡上，坐落着辽代耶律昌允及其夫人兰陵郡夫人萧氏的合葬墓。

静安寺塔直接建在山体基岩之上，塔身为八角形，直径6米，基座每面边长2.45米，残高约14米。塔体由塔座、塔身、三层密檐、塔顶组成，塔顶以上部分已损毁不存。基座为双束腰须弥座，下部为近代维修，原形制不清，双层须弥座高约2米。由于塔体较小，每面须弥座束腰

塔身局部

部分由两转角蜀柱及中间蜀柱隔成两个壶门，下层束腰刻辽塔中常见的桃形壶门，壶门内曾雕有辽塔中常见的乐舞人，现已全部缺失。蜀柱呈"亚"字形，中间雕刻牡丹花卉，转角雕兽面纹，蜀柱上部雕饰以莲瓣。两层束腰间由12块砖砌筑而成。在须弥座的上枭部位，雕饰以莲瓣。上层束腰与下层束腰格局基本一致，蜀柱阴雕成盖罐图案，壶门为方形，内饰以"卐"字纹，"卐"图案与辽中京大明塔基座上的雕刻相近。

须弥座上承一层塔身，塔身四正面为拱形券龛，券龛内原应有佛像，现已全部缺失。四隅面各浮雕菩萨立像一尊，或手持供盘，或手持莲花，身着天衣，站在莲花墩上。从砖雕佛像的砌法上看，明显可以看出修塔时，并未在塔身上直接砌筑菩萨像，而是先做好菩萨像预制件，并

在塔身上预留安置菩萨像位置，待塔体完工后之后，将原预制菩萨像砖雕补砌塔身之中，属于典型的辽代手法。券龛和菩萨上方，饰以流苏宝盖。转角倚柱由二层塔幢构成八大灵塔，一层塔身之上为密檐三层，第一层檐下无阑额、普柏枋、斗拱等仿木构件，而是由叠涩砖雕成袅混曲线出檐，檐部以实雕的手法雕出三层莲瓣。其他二层密檐的装饰手法与第一层檐相同。塔顶只存球形塔钵，塔刹不存。

关于静安寺塔的始建年代，有学者根据"耶律昌允妻兰陵郡夫人萧氏墓志"、"大辽大横帐兰陵郡夫人建静安寺碑"认为该塔是静安寺佛牙舍利塔，建于咸雍六年（1070年）十一月之后，大安七年（1091年）十一月之前，是密檐与覆钵式结合、以袅混曲线出檐塔的祖形之一，开创了塔身以菩萨为装饰题材布局的先河。

‖69‖巴林左旗平顶山石窟寺

撰稿：马婧　宋国栋
摄影：左利军

内蒙古自治区重点文物保护单位。

位于巴林左旗丰水山镇洞山村，南距巴林左旗政府所在地约25公里。洞山峰峦叠嶂，山势险峻，群山山麓间有天然或人工开凿的大小岩洞108个，故名"洞山"。这些山洞形态各异，错落有致。比较著名的有朝阳洞、水帘洞、鸽子洞、蝙蝠洞、长仙洞等。

1953年7月，汪宇平先生对洞山进行了调查。洞山石洞大小不一，大者如朝阳洞，有四间房子大小。山洞均为人工凿成，似为佛窟遗址，但无佛像。山间础石甚多，凡向阳处、宽敞处、风景秀丽处均有平台，其上散布着许多砖瓦，可能为

平顶山石窟寺全貌（东—西）

故址上建造的新庙（南一北）

线刻佛像

石刻文字、佛像

寺院遗址。群山之中共有此类遗址四十余处。这些山洞以水帘洞比较著名，规模较大，洞口宽8米、高10米、进深40多米。

朝阳洞东悬崖上有浮雕佛像一座，残缺不全。山间原有石幢两座，一座在山下，早已损毁；另一座在小北沟山凹里，幢身为八角形，残长1.3米，每面宽18.5厘米。幢身用汉文和梵文书写经书铭文。铭文中题有"佛说佛顶尊胜陀罗尼维乾统十年龙集庚寅三月已亥朔十七日乙卯水巽时建"、"平顶山云门寺宗伯讲经律论传法梵学沙门显瑛书"等字样，说明辽代平顶山云门寺遗址可能坐落在这里。在水帘洞下佛光壁西的平台之北，有二山对峙如门阙，常有云雾紫绕，故推断平台之北的寺院遗址即是云门寺。民国初，平台之上曾建有关帝庙，后被毁。近年在平台附近复修三间正殿，名"慈智殿"，内供观世音菩萨、文殊菩萨、金刚手菩萨尊象；其东为三间偏殿，称"关圣殿"，内供奉关圣帝君关羽像；其西有三间僧房，再西为六间"千佛殿"。这些建筑目前被当地人统称为"云门寺"。

平顶山石窟寺规模庞大，洞窟众多，文化内涵丰富，对研究辽代宗教文化具有重要意义。

石柱础

线刻人物造像

‖70‖ 巴林左旗前召庙石窟寺

撰稿：马婧　宋国栋
摄影：左利军

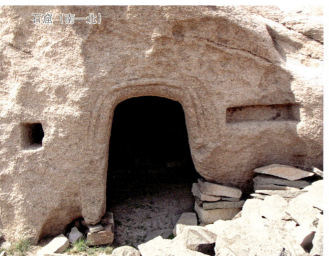

石窟（南—北）

石窟（南—北）

内蒙古自治区重点文物保护单位。

位于巴林左旗查干哈达苏木前召嘎查前召牧点珍珠山之南坡，西距真寂之寺石窟约三公里。

前召庙石窟寺开凿在山体的峭壁上，东南向。窟前有三门，面阔5.5、高3.15米，门楣雕有花纹。石窟平面为长方形，长6.75米、宽5.25米，窟顶略拱，高3.43米。窟内三面设龛，正面当中有大佛龛，大佛龛两侧和石窟两侧面，分两层雕凿

58个小佛龛。大佛龛宽2.3米、高1.45米、进深1.1米，小佛龛每个宽0.36米、高0.54米。两侧之佛龛刻为楼阁形，共两层，第一层之上刻有斗拱檐椽，每龛两旁为一柱，上出斗拱为一朵，为一斗三升，第二层之上也有斗拱檐椽，上承屋顶。早年佛龛之内放置有用青石刻成的佛像，今已不存，偶尔在石窟前遗址中，还能发现被打碎的佛像的残块。石窟前有一片面积较大的建筑基址，表面散布有砖、瓦、石

石窟寺内部（南—北）

石经幢

等建筑构件。石窟向南三米处，有一个小石窟，分内外二室，有门可通，是僧人坐禅诵经、生活居住的地方。

佛殿左前侧曾有石幢一座，通高1.52米，幢身上部刻有浮雕之佛、子弟及菩萨像，幢身下部刻有"佛顶尊胜陀罗尼幢"等铭文。幢身八面均有铭文，为汉字音译陀罗尼经，雕刻装饰非常精美。幢上纪年铭文为"特建石幢子一座僧　崇李阿刘男孙□（砚）□（男）□郭郎法花女清汉兴圣最连乾统九年乙丑午时十月三日上京开化寺僧书普□（达）"。根据经幢铭文推断前召庙石窟寺为辽代开化寺。

石窟建于辽代，历时较长，保存相对较好，为研究辽代宗教文化和建筑艺术提供了珍贵的参考资料。

石窟寺入口（北—南）

‖71‖ 巴林左旗真寂之寺石窟

撰稿：冯吉祥　张倩
摄影：左利军

全国重点文物保护单位。

位于巴林左旗林东镇查干哈达苏木阿鲁召嘎查东南1.5公里的桃石山下。桃石山海拔670米，对面为圣水山，西侧为别楞山，两山海拔均在1000米以上，周边生长有古榆树。

真寂之寺石窟坐西朝东，窟前的善福寺大殿南北长22.5米，东西宽5.7米。大殿直接依附石窟而建。石窟分为南、中、北三窟。中窟规模较大，窟内均有造像和浮雕，面阔6.5米，进深5米，高约2.5米，门楣上阴刻楷书"真寂之寺"四个字。窟内正中供奉释迦牟尼涅槃像，头向南，面向东侧卧，赤足瞑目，身披红色金丝袈裟，神态安详。三世佛立于身后，两侧有菩萨两尊，周围有弟子像16尊，均作哀痛状。岩壁上浮雕千佛像110尊。

南窟有长约1米的甬道，略呈方形，

全貌

石窟局部（南—北）

刻字

边长各为3.5米。正中供奉释迦佛像，坐于高台基之上，背有佛光，左右为善财童子和龙女。左前方是普贤菩萨，高2米，骑白象；右前方雕文殊菩萨像，高2米，骑青狮，二菩萨像坐骑均有小童牵引。窟门内石雕守护门神，高约1.7米，面目狰狞，足着长靴。

北窟开凿于高出地面约两米的岩石上，分南北两室，两室相通。南室，略呈长方形，面阔2.5米，进深2.4米，南室石窟的布局和造像与南窟相同，只是面积略小。南室正中雕释迦牟尼佛像，头戴佛冠，两侧各雕一尊供养菩萨，南北壁上是护法天王像，高约1.7米，头戴盔，身穿铠甲，高大威猛，神态威严。北室雕塑全为浮雕像，十分精美，为全石窟寺造型之最优美者。正中雕以佛像，高约1.1米，两侧有弟子像、菩萨、供养人、天王像各一尊。

佛教在辽代社会占据着重要地位，在皇亲贵戚的大力支持，下层平民虔诚追随，使得辽朝全社会形成了一种"佞佛"现象，在辽朝控制的区域内建造了大量佛教建筑及石窟，真寂之寺便是其中著名的寺庙之一。虽历经千年风雨，但浮雕像保存基本完整，造型雄浑，既具有鲜明的地方特色，也有浓郁的唐代之风，不但反映出契丹民族与中原汉族之间有着频繁的文化交流，也是辽代佛教文化中不可多得的实物作品，具有较高的艺术价值。

局部

局部

明清时期

　　明代赤峰地区初属大宁卫、全宁卫、应昌卫，后属兀良哈三卫。翁牛特旗曾出土朵颜卫都指挥使司祖茔碑。永乐时期漠北地区鞑靼部势力强盛，赤峰地区一度为鞑靼所有。阿鲁科尔沁旗查干浩特古城便是察哈尔部林丹汗的京都所在。清代，满族人建立了统一的国家，赤峰大部分地区属昭乌达盟，南部一部分属卓索图盟，为蒙古人的居住地。清朝政府对蒙古各部实行羁縻政策，在赤峰地区分封了很多蒙古王公，下嫁公主实行满蒙联姻，建立了大量王公府邸，如喀喇沁王府、巴林王府、贝子王府、康熙行宫等。清王朝还在赤峰地区大力推行喇嘛教，崇释以制其生，建造了大量寺庙。至清末，约有寺庙一百五十余座，较为出名的有根培庙、荟福寺、梵宗寺、灵悦寺、福会寺、咸应寺、法轮寺等。另外，在赤峰地区还保留有清军击败葛尔丹的乌兰布统战场遗址、克什克腾旗白岔巡检司故址等遗存。

‖72‖ 巴林右旗巴林多罗都郡王府

撰稿：张煜鹏　萨仁毕力格
摄影：乌力吉

内蒙古自治区重点文物保护单位。

位于巴林右旗查干沐沦镇沙布日台嘎查原沙布尔台苏木政府院内，南距巴林右旗人民政府所在地大板镇26.5公里。

乾隆年间，巴林王府迁至沙巴尔台河北岸。1913年，巴林沙巴尔台王府和巴林部六大寺庙被奉天后路巡防营统领官吴俊升洗劫一空并纵火烧毁，大巴林王爷重新迁回位于大板镇的王府中。

巴林多罗都郡王府为砖木结构，坐北朝南，单檐卷棚式建筑。东西65米，南北120米，占地面积7800平方米。始建于乾隆十九年（1754年）。原有建筑58间，1916年烧毁一部分。现存正殿五间，东西13.5米，南北10米；西厢房三间，南北10.5米，东西6.5米；东厢房三间，南北10.5米，东西6.1米；后西耳房三间，东西10米，南北5.8米，四面有砖墙。1988年沙巴尔台苏木政府维修了正殿，2006年巴林右旗人民政府对王府进行了维修。

王府大院

西厢房

‖73‖ 喀喇沁旗王府

撰稿：冯吉祥　张红星

摄影：张义成　张红星　孔群　郑晓光

王府鸟瞰图

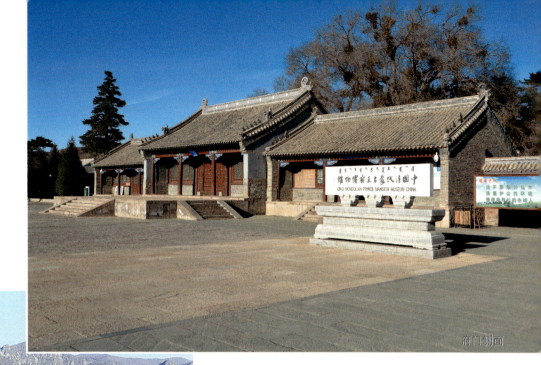

府门侧面

全国重点文物保护单位。

坐落于喀喇沁旗政府所在地锦山镇西南19公里的王爷府镇王爷府村锡伯河北岸的平地上，北依高耸陡峻的马鬃砬子山等三重山峦为屏障，锡伯河自西南向东北在南侧流经，河南侧为连绵起伏的群山，山势雄伟，崖壁陡峭，山上山下松林遍布，牧草茂密，水草丰美。

喀喇沁王府坐北朝南，原占地面积8.67万平方米，由府第、前庭、后花园和东院、西院五部分组成。现存的建筑主要有府第的中轴和西跨院的大部分，占地面积约1.8万平方米，有建筑33幢。大部分为硬山式砖木结构，附以攒尖、卷棚、勾连搭等样式，宏伟壮观。主体建筑呈中、东、西三路布局。中路是王府核心区，为五进连续四合院格局，主体建筑有府门、大堂、二堂、仪厅、议事厅和承庆楼，前后共五层院落。主要建筑两翼均置配房三间，每进院东西对称各建厢房五间。议事厅是王爷办公的地方，也是等级最高

王府大院

的建筑，前后檐廊式，面阔七间，内有一匾额书有"大邦屏藩"四个字。承庆楼是王府唯一一座楼式建筑，为双层单檐前廊式，面阔五间，一楼是祠堂，里面供奉的是喀喇沁王的画像，二楼最早是佛堂，供奉千手千眼佛，后期遭破坏。东路主体建筑为马厩、仓廪、寝宅、燕贻堂和毓正女学堂。西路主体建筑为书塾、驿馆、文武庙和祠堂。书塾正堂为卷棚环廊式，驿馆正堂为卷棚勾连搭式。府内养植松、杉、榆、桑等各种树木，种有各种奇花异草，花木幽香，环境优雅。

喀喇沁王府是内蒙古自治区建府时间最早、建筑规模最大、封爵等级最高、保存最完整的清代建筑群。始建于康熙十八年（1679年），乾隆四十八年（1783年）晋升为亲王品级，此后又经扩建，是清朝

历代喀喇沁王公居住的地方，历代郡王、亲王、札萨克在此署理旗政，是喀喇沁旗清代王公的统治中心。王府距今已有三百多年历史，自兴建到清末共传袭14位王爷，最后一代亲王是贡桑诺尔布，也是政绩最突出、贡献最大的一位亲王。他从小就接受良好的教育，学识渊博，才思敏捷，通晓汉满蒙藏多种文字，是蒙古族杰出的思想家、政治家、改革家，为东部蒙古地区的发展、特别是教育事业做出了突出贡献。

1997年，喀喇沁旗政府对王府现存的33幢古建筑进行了抢救保护性维修，对基础设施建设做了全面改善，重建了后花园、广场、照壁等，并在此基础上创建了喀喇沁旗王府博物馆，2002年对外开放。王府博物馆占地面积达八十余亩，是内蒙

鎏金夔龙纹配刀

"世守漠南"寿山石印

"世守漠南"寿山石印印文

王府配殿

王府旧藏花梨木橱

古自治区最大的古建筑群和国内最大的清代蒙古王府博物馆。

喀喇沁王府是清王朝对蒙古王公采取"重归附，厚赏赐"及封爵制度的产物，其建制、等级、规格严格按亲王品级而建，是赤峰地区品级最高的亲王府，规模庞大，布局精巧，殿宇森严，气势恢宏，是清代官式建筑制度的典型代表，是清政府对蒙古各部所采取相关政治策略的重要实物佐证。它浓缩了清代蒙古王公贵族政治、经济、文化、生活的各个方面，对研究清代蒙古王公府第的建筑制度，满、蒙、汉文化交流，建筑艺术等具有极高的历史价值、学术价值和艺术价值。

‖74‖ 巴林右旗康熙行宫

撰稿：李权　萨仁毕力格

摄影：乌力吉

内蒙古自治区重点文物保护单位。

位于巴林右旗大板镇第十居委会北，是内蒙古境内唯一的一座皇帝行宫。

始建于康熙四十五年（1706年），竣工于康熙五十年（1711年），是第四任巴林郡王乌尔衮与其福晋荣宪固伦公主为康熙帝兴建的。康熙五十四年（1715年），康熙帝巡狩巴林，驻跸行宫，为行宫题写"金枝衍庆"匾额。行宫占地八千余平方米，整个建筑群沿中轴线对称排列，形成一个封闭形的建筑群体。两进院，第一进院由宫门至议政厅，中厅以及东西配房组成。大殿面阔七间，全长29米，进深11.5米；东西配房各有披室，面阔三间，全长5米，进深10.5米。第二进院，从议政厅后的抱厦接筑回廊，至正厅耳室。大殿面阔五间，全长21米，进深10.5米；门房面阔各三间，全长10米，进深5米。行宫整个建筑群连同膳房等建筑共七十余间。院内的甬道用花岗岩石板和方砖铺砌。其余地方种植有草坪和木本花卉。行宫围墙两层，内墙以青砖砌垒，外墙以泥垛挂帽。

康熙行宫

行宫全景（南一北）

南殿（南一北）

内墙东西51米，南北91.5米；外墙东西77米，南北104.5米。行宫现东西宽41米，南北长71米。有后院大殿面阔五间、东西披室两间和东西配房各三间。均为单檐卷棚式顶，前山廊檐后出厦，磨砖对缝，漆柱彩檐。1994年进行了维修，2006年巴林右旗人民政府投资再次进行维修。

据史料记述，康熙皇帝为了"备边防，合内外之心，成巩固之业"曾四次巡幸巴林右旗。第一次是在康熙四十年（1701年），他一方面巡视边防，另一方

面看望已经下嫁到巴林右旗10年的次女和硕荣宪公主。此后不久，康熙四十四年（1705年）冬，再次巡视巴林右旗。为了便于皇帝巡幸，荣宪公主从康熙四十五年（1706年）开始筹建康熙行宫，第二年，当行宫基本建成时，康熙又于八月和九月两次驻跸行宫。康熙北上最远曾到过外蒙一带。

康熙行宫是北部边疆地区的唯一一处行宫，是大清皇帝权威的象征，对加强民族团结、捍卫国家统一方面有重要意义。

‖75‖ 喀喇沁旗和硕端静公主墓

撰稿：冯吉祥　张红星
摄影：张义成　孔群

全国重点文物保护单位。

位于喀喇沁旗十家满族乡十家村东1.8公里处，占地三十余亩，墓地北有雄伟连绵的山峰，南邻老哈河支流十家河，向南是起伏的群山，风光优美，景色宜人。

和硕端静公主墓苑坐北朝南，遗址保护面积长约490米，宽约370米。原建筑规模宏伟壮观，分为前后两部分。前有金水桥、广场、华表、牌坊、碑亭，碑亭内有御赐碑一方，镌刻汉、蒙、满三种文字。碑后建有前后两进庭院，周围砌墙，两侧各辟通道小门。后区为庭院，前院置享堂、配房，后院为砖石结构的圆形陵寝，设置汉白玉栏杆，雕刻龙凤花草的长方形

公主圹志文（正面）

公主圹志文（背面）

石华表顶端望天吼

近景（东北—西南）

石供桌、石供品、石牌位等。陵寝在陵园后部，地宫平面呈长方形，均用花岗岩石条砌筑，封闭严密。南侧是石砌的棺台，高约0.3米。棺台上置两口紫红色木棺，棺盖铺设黄绫帷幔，棺前设祭台，摆有盛放食物的龙纹青花大盘四件，左右两侧陈放金鞍玉簪、鎏金马镫、沙鱼皮马鞍、黄铜马镫等。室内悬挂人物肖像画。陵区内植松柏杏杨等树木。全陵按中轴线对称布局，按照清宫规格营建，是草原地区清代公主陵寝建筑艺术的典型代表。

1949年陵寝被盗掘。20世纪50年代至本世纪初，该墓屡遭破坏，石刻遭到严重盗窃、毁坏，部分构件已经丢失。地表现存石牌坊一座，华表一对，满、蒙、汉文石碑一通，空石圹一座。出土有"敕建和硕端静公主碑文"、"喀喇沁噶勒藏所尚端静公主圹志文"、"奉

端静公主陵柩于今址，并派随公主下嫁的十户陪嫁人（满族）在此守护陵寝，十家满族乡名称即源于此。康熙六十一年（1722年）噶勒藏死后，清朝准许噶勒藏与端静公主合葬，将公主、噶勒藏迁葬于四十家子乡柳条沟新墓，此墓遂为衣冠冢。

和硕端静公主陵墓苑依规制而建造，规模较大，材质优良，工艺精湛，是满清皇室与喀喇沁蒙古王公政治联姻的实物例证，体现了高贵威仪的皇家气派，为研究清代王公贵族的丧葬制度、满蒙关系等提供了珍贵的实物资料。

龟趺及石碑（西南—东北）

旨合葬"石碑三通。

和硕端静公主（1674～1710年）为清圣祖玄烨第五女，贵人兆佳氏所生，生于康熙十三年（1674年），三十一年（1692年）下嫁喀喇沁右旗和硕额驸噶勒藏。下嫁时年仅18岁，噶勒藏17岁。康熙四十九年（1710年），和硕端静公主卒，其灵柩厝于现王爷府镇大西沟门村民委员会东马厂村东。康熙五十八年（1719年）迁和硕

‖76‖克什克腾旗乌兰布统古战场

撰稿：马婧　方月
摄影：韩立新

内蒙古自治区重点文物保护单位。

位于克什克腾旗乌兰布统乡小红山子村西北七公里的大红山之南，北面为浑善达克沙地，南面与河北围场县的塞罕坝林场隔河相望。红褐色的乌兰布统峰现称大红山，南坡是陡峭的悬崖，北面居高临下利于扼守，山顶平坦，便于集结军队，方圆百里尽收眼底。清澈的乌兰公河，绕山而过，山下一汪湖水，宁静如镜。这里山峦丘陵起伏，低洼处河湖湿地密布，风景如画。

"乌兰布统"为蒙语，意为红色的坛

大红山（南一北）

乌兰布统古战场（南—北）

子。1973年调查发现乌兰布统遗址。第二次、第三次文物普查进行了复查。遗址范围较大，包括大红山子、乌兰公河、将军泡子等地区，面积约五平方公里。地表散见有一些铁箭头、锡弹丸等。为清康熙二十九年（1690年）清军与厄鲁特蒙古准噶尔部落首领噶尔丹激战的古战场。

噶尔丹是厄鲁特蒙古准噶尔部的首领。康熙二十七年（1688年）夏，喀尔喀蒙古土谢图汗部、车臣汗部、札萨克图汗部被厄鲁特蒙古准噶尔部击破后，三部首领率领10万部族归附清朝，并请求康熙皇帝发兵为他们收复故土。

康熙二十九年（1690年），噶尔丹在沙皇俄国的策动下，以追击喀尔喀部为名，率兵三万越过呼伦贝尔草原，沿喀尔喀河南侵。康熙闻讯后，立即派出左右两路兵马夹击噶尔丹。右路军两万余人，由安北大将军恭亲王常宁率领，出喜峰口沿朝阳、林西一带奔赴乌珠穆沁。左路军三万，由康熙抚远大将军裕亲王福全率领，出古北口沿承德、乌兰布统、黄岗梁一线奔赴乌珠穆沁。康熙皇帝随左路军御驾亲征。

七月，噶尔丹部进至乌珠穆沁一带与清军常宁部相遇，清军失利，噶尔丹乘胜南下至乌兰布统地区。康熙立即调整了战略部署，命康亲王杰书在归化城设防，断其返回新疆的退路，命索额图等驻守巴林，命福全、常宁等部迅速向乌兰布统集结，并从京畿、盛京、吉林等地调来劲旅参战。

噶尔丹先行至乌兰布统，抢占了有利地形。他将指挥所设在乌兰布统峰之上，登高临远，设"驼城"以战。马思哈在《塞北纪程》中记到："贼骑十万余，布阵于山岗，以橐驼万千，缚其足，使卧于地，背加箱垛，毡渍水盖其上，排列如栅以自蔽，谓之驼城。"

八月初一佛晓，福全指挥清军以铁心炮、子母炮向噶尔丹阵地发起总攻。以驼城为掩护的噶尔丹军队利用栅隙发射鸟铳，进行反击，但在清军的猛烈炮火袭击下，"驼城"被打开缺口。经过数天激战，噶尔丹部队的驼城被彻底摧毁，并逃往山顶，据险坚守。不久乘夜幕逃回漠北，从此一蹶不振。

乌兰布统之战是清朝与准噶尔部之间的一场重大战役，乌兰布统战场遗迹见证了历史中民族融合的艰难历程，对研究当时的民族关系意义重大。

将军泡子（北—南）

‖77‖ 阿鲁科尔沁旗宝善寺

撰稿：张倩　李倩
摄影：周铭　孔群

全国重点文物保护单位。

位于阿鲁科尔沁旗巴拉奇如德苏木达兰花嘎查西500米的沙日德布斯格山岗上。

1988年，文物调查时发现宝善寺。2006年，第三次文物普查时进行过复查。

宝善寺又称巴拉奇如德庙，始建于顺治八年（1651年），由扎萨克多罗郡王巴图出资而建。原址在西拉沐沦河北岸，赐汉名宝善寺。乾隆三十五年（1770年）迁于今址。

宝善寺为砖木结构的藏汉式建筑，房高脊，灰瓦，长檐明柱，规模宏大，占地面积10.5万平方米，由弥勒佛殿、护法殿、天王殿、大经堂、骑羊护法殿、密咒殿、哲理殿、嘛呢殿等八座殿堂和活佛府、喇嘛住所组成，分为前、中、后三个部分，护法殿和活佛殿座落在中轴线上，逐级而上层迭有致，其余建筑分列两厢，相互对称。

活佛府又称葛根正殿，建筑面积1980平方米，其院落为二进院，硬山式建筑，由庙门、围墙、院落、房舍等组成。由于活佛身

护法殿

活佛府

钟文

铁挂钟

份地位非常高，因此院落是按照王府格局而建。活佛府长57米，宽25.5米，庙门宽2.76米。围墙为砖砌，顶端呈斗笠形。前院正房五间，东西厢房各三间，门前石阶五级。后院依势增高，前有花墙横栏，下筑石凳七级，上接院中甬道，直通正房。

护法殿又称萨布腾拉哈木宫，建筑面积360平方米，藏式建筑。坐北朝南，前殿两层，后殿三层，殿宇长21米，宽12.6米。

大经堂又称苏古沁都宫，位于护法殿北，长29米，宽22.40米，建筑面积936平方米，是现存建筑面积最大的一座宫殿，规模宏伟，别具一格。

宝善寺为清朝蒙古地区八大黄教寺庙之一，是内蒙古境内的藏式寺庙中建筑面积最大，保存最好的一座，在阿鲁科尔沁旗众多寺庙中建筑年代最早、喇嘛最多，庙内活佛已转世六代，香火鼎盛时有喇嘛八百余人，在巴林右旗、翁牛特旗、乌珠穆沁地区等都有属庙和庙仓。因此，宝善寺为研究清代赤峰地区少数民族宗教信仰、清代少数民族地区的建筑艺术等有重要意义。

活佛府二进院正房（南—北）

撰稿：马婧　史静慧
摄影：哈斯巴根

内蒙古自治区重点文物保护单位。

位于阿鲁科尔沁旗罕苏木海哈尔河北岸查干特布色，现为奥勒吉尔嘎查管辖。

罕庙又称"戴恩寺"，建于清康熙十三年（1674年），是清朝黄教八大呼图克图庙之一，活佛钦赐察汉达尔罕呼图之称。最初寺院建筑由五庙组成，有东、西、北三个葛根仓，每仓都有一名活佛主持，是当时阿鲁科尔沁部最大的庙宇，繁盛时喇嘛达500人。

罕庙现有一座庙院和两座宫殿，皆为后来新建。寺院呈长方形，南北长200米，东西宽100米。寺院由南向北渐高，为三进院。主体建筑坐落在中轴线上，逐级而上，层层有致，其余建筑分列在主体建筑两侧，相互对称。最南面的为天王殿，基本保持原貌，建筑风格古朴典雅。面积13.78平方米。过了天王殿为大经堂，大经堂为汉藏结合式建筑，坐北朝南，共两层，殿堂长11.2米，宽7.6米，

罕庙

罕庙（东南—西北）

台基高0.8米，建筑面积85.12平方米。大经堂后是大雄宝殿，门前有77平米的小广场，两侧分别为罗汉殿和护法殿。主体建筑的东北和西边是一些喇嘛住房。后来在大庙后院又建造了罕庙哈玛尔沙毕楞的活佛宫和蒙古包行宫及长寿宝塔。现罕庙的主体建筑基本恢复了原貌。

罕庙有三大活佛系统，即西活佛（又称右活佛）、杨松活佛（又称云僧活佛、永生活佛）、察罕活佛（也称白活佛、查干活佛），其中西活佛是阿鲁科尔沁旗正统活佛。三大活佛都是清朝册封的呼图克图，其中察罕活佛是驻京八大呼图克图之一。西活佛一世丹增乔如嘎于康熙十三年（1674年）创建罕庙的正大苏嘎青神殿（右神殿），是汉藏混合式的三层建筑。康熙十三年，康熙皇帝亲赐"钦定戴恩寺"庙匾。清康熙三十六年（1697年），康熙皇帝巡视阿鲁科尔沁旗，曾在寺内驻跸，故又称罕庙。1936年，九世班禅曾在该寺讲经传法。

罕庙是阿鲁科尔沁旗宗教活动中心，每年夏季全旗各寺庙的喇嘛都要积聚在这里举行盛大的祝颂庙会，从六月初八开始至十五结束。届时在罕庙附近的山坡上立起百余顶帐篷，居住着二十多个寺庙派来的跳查玛、诵经喇嘛近一千人。旗札萨克和掌印官吏也前来参加，一方面为皇帝祝福诵经，另一方面要处理旗务，审判犯人。十三日举行祭星盛会，然后进行摔跤、赛马、射箭比赛，十五日举行祝颂闭幕会。直至今天，去寺院内参与佛事活动的信众还非常多，香火依旧旺盛。

‖79‖ 阿鲁科尔沁旗拉西根丕庙

撰稿：马婧 李倩
摄影：周铭

内蒙古自治区重点文物保护单位。

位于阿鲁科尔沁旗赛罕塔拉苏木陶海嘎查北20公里、海哈尔河左岸白音查干山上，又称"广佑寺"。庙宇地处丘陵地带，地势较高，三面环山，草木繁茂，景色怡人。

拉西根丕庙始建于清嘉庆二十一年（1816年），由二世云增活佛罗卜桑尼彦拉格创建。巅峰时期曾有三座大庙、七座小庙和四十多间庙仓，喇嘛数达到320名。1961～1962年，国家曾拨款对寺庙进行修缮。1981年重修嘛呢经殿，恢复了佛事活动。1985年，云增五世活佛扎木彦带领部分信徒重建主殿，宗教活动日益活跃。目前，云增活佛已经转世五次，其中最有影响的是五世活佛扎木彦，他曾在塔尔寺、喇卜楞、雍和宫等地修行，精通佛经、天文、历法、诗歌和哲学，在国内宗教界颇有影响。

寺院平面呈长方形，南北长220米、东西宽180米。原建主殿、配殿保护较好，近些年来，在各方信徒的布施下，翻建了天王殿，重建了二十一度母塔，新建了活佛殿及云增二世佛塔等建筑，并增建了生活区。四大天王殿在寺院南部正中，

长12.6米，宽8.8米。前院东北、西北两角各有玛尼庙两间，玛尼庙长6.5米，宽4.6米。后院的苏古沁独宫属藏式建筑物，建在高台之上，上下两层，殿宇长19米，宽14.8米。苏古沁独宫台下东侧有老爷庙，西侧观音庙，大小一致，四方形，边长6.8米。2008年，根丕庙主殿失火烧毁。2010年，当地各界人士新建了占地面积848平方米的大雄宝殿。现在寺里有喇嘛四十多人。拉西根丕庙对研究喇嘛教和清史具有一定的价值。

近景（南—北）

‖80‖ 巴林右旗荟福寺

撰稿：萨仁毕力格　王建伟
摄影：乌力吉

全国重点文物保护单位。

位于巴林右旗大板镇荟福路南段，始建于康熙四十五年（1706年），由巴林右旗第四代扎萨克多罗郡王乌尔衮和福晋康熙皇帝次女固伦荣宪公主建造，是蒙古地区著名的佛教寺庙。

荟福寺，蒙古语叫"宝音朝古勒格其苏莫"，因庙内曾供奉康熙巡行巴林部时在巴彦汉山捕获的一只猛虎，因此又名"巴尔斯苏木"，乾隆五十一年（1786

全景（西北—东南）

年）清廷赐名"荟福寺"，因大板西有西大庙（圆会寺）亦俗称"东大庙"。雍正四年（1726年），在荣宪公主的提议下进行扩建，雍正帝赐"哈日欣杜岗"蒙汉满藏四种文字"善觉寺"金字匾。1786年乾隆帝赐汉蒙满藏四种文字"荟福寺"的金字匾。

荟福寺北与康熙行宫相连，东西宽约51米，南北长约141米，占地面积约7100平方米，基本保留着历史的原貌。寺院坐北朝南，有前后两重院落，由山门、前殿、后殿、东西配殿及后东侧室等构成，沿中轴线对称分布，现存建筑一百六十余间。前后两进院由青砖砌筑高3米围墙，山门前有汉白玉石狮一对，以及长16、高4米的照壁一座。寺前广场由2米高石垒勾缝扣花岗岩帽围墙。山门为正门、两边设耳门，东西墙中部各设便门。入山门为第一进院，大雄宝殿为正殿，重檐歇山式建筑。大殿面阔、进深均为七间，

通高18米，为寺内建筑主体。大殿顶部宝刹金碧生辉，鸱吻鬃毛飞卷，背兽玲珑，十分壮观。大殿内外彩绘与壁画相映，绚丽多彩。东配殿称"达玛金"殿，西配殿为观音殿，均为三间，檐下天窗部位彩绘壁画。第二进院的后大殿称"哈日欣杜岗"，为正殿，东西有耳房、配殿等建筑。后大殿重檐歇山式建筑，面阔、进深均为五间，前檐接卷棚三间。后大殿内供奉佛祖释迦牟尼、黄教创始者宗喀巴以及长寿佛、三世佛、绿渡母、白渡母、十八罗汉、吉祥天母像等。二进院中藏式喇嘛塔两座。西侧塔名"根丹银达木"，建于1935年。东侧塔名为"章楚朝尔敦"，建于清光绪三十二年（1906年）。石塔前各摆放铜锅一口，于清光绪三十二年在多伦制造。后大殿前有汉白玉狮一对、石雕香炉一尊。荟福寺的布局完整，壁画保存较好，有鲜明的民族特色。

荟福寺是藏传佛教格鲁派喇嘛寺庙。

荟福寺

自顺治、康熙二朝清皇室公主相继下嫁巴林联姻以来，因淑慧公主修建圆会寺和巴林桥，荣宪公主修建荟福寺和巴林行宫，将本地区藏传佛事活动的推上了一个繁盛时期，使荟福寺藏传佛事活动盛极百余年。从雍正八年（1730年）开始，每年于六月庙会上集中全旗喇嘛举行法日活动。乾隆二年（1737年）乌拉特公旗莫日根庙活佛罗桑坚赞三世来传经。乾隆三十五年（1770年）青海拉卜楞寺活佛嘉木样二世

来传经。1791年开始，昭乌达盟各旗派喇嘛在荟福寺为皇帝万寿无疆念"丹珠尔"经。清末民初，前来赶庙会的北京、天津、沈阳、张家口、多伦、锡林郭勒盟等地商贾、游人多达万人相聚大板，成为上个世纪之初集佛教、商贸、文体、娱乐活动的中心和集散地。

1913年，荟福寺哈日欣杜岗遭火灾，殿里供俸的经卷、典籍、经幢、佛像等物均被焚毁。1916年在后大殿原址重建四层

正殿（南—北）

钟楼

殿宇，又于殿西侧建陪殿三间。1918年又在庙院北侧建"常念珠殿"，1935年在后殿前修建"班丹普日来普木塔"一座，1937年又兴建了"哈敦银大木塔"一座，1939年雕大小石狮子各一对置于寺前，1984年重建山门。

从1995年荟福寺恢复佛事活动以来，香火日趋旺盛，是赤峰地区信教群众非常瞩目的佛教圣地，每年有大量诵经会、庙会等密宗活动举行。2003年，中共巴林右旗旗委、旗政府对荟福寺进行了全面修复，让这座曾经享誉区内外的民族宗教圣地，以新的面貌矗立在美丽富绕的巴林草原上。

荟福寺是清朝早期著名的佛教建筑群，历尽三个世纪的兴衰沧桑得以保存至今，成为本地区藏传佛教最具代表性的历史文化遗产，具有重要的历史、艺术、科学、建筑、宗教等方面的研究价值。

‖81‖ 宁城县法轮寺

撰稿：李权　张倩
摄影：马景禄

全国重点文物保护单位。

位于宁城县大城子镇政府西侧，地处丘陵地带南坡上，东为镇政府，西北为居民区，南为集市，门前有公路，向北通往十二马架，西通赤峰市区，西南通天义。

法轮寺原系喀喇沁部蒙古王公的旗庙，是清代较著名的十大黄教寺庙之一。清乾隆十年（1745年）在辽金元灵隆寺废墟上修建，竣工于嘉庆八年（1803年），前后历时58年，为一处大型庙宇建筑群。现在法轮寺占地南北长208米，东西宽86米，总面积约1.8万平方米。由月台、山门、钟鼓楼、旃檀殿、大经都纲殿及配殿等组成，沿南北向中轴线对称分布。近几年又在大殿北部重新修建大雄宝殿。寺内的佛像已毁，现为新塑佛像。

法轮寺建筑风格集伽蓝制和格鲁派特点于一身，主体建筑外廊均为花岗岩石柱，门窗眉对砌镶嵌着花岗岩石拱，并雕有海水江涯和梵文图案。该寺以天王殿、旃檀殿、大经都纲殿为中轴，左右有钟鼓楼、前东西配殿、后东西配殿等。最前面是一座长30米、宽20米的月台，月台两侧竖立旗杆。月台后是天王殿，单檐悬山式

远景（东北—西南）

主殿

建筑，三开间，内有四大天王塑像。天王殿东有护神殿三间，单檐硬山式建筑。天王殿后之东西两侧有重檐钟鼓楼。天王殿正北是旃檀殿，重檐歇山式建筑，八开间，内供八大金刚塑像。

旃檀殿后是法轮寺主体建筑，长31米，宽23.7米，高20米，三檐歇山式构造，前辟七门，中门较大，门均为券顶。四周列柱，柱上设斗拱和梁枋。柱基有长方形石台基和雕有图案的圆形础石。门侧有卷莲鼓状石墩，雕工精湛。檐椽、柏枋、柱面绘彩，望板、壁间有彩画，造型优美，工艺精湛。寺内供奉释迦牟尼佛。法轮寺后有四檐八角塔式楼一座，称八楞藏经楼，内除经卷外，有"南无阿弥陀佛"六字真言。其后有拉巴仍庙，悬山式，飞檐翘脊，为大喇嘛居处。再后及两侧有八幢硬山卷棚顶单檐屋宇，是普通喇嘛住所。法轮寺建筑群外围有围墙，院内有古松数株，院外又有喇嘛住宅数座。

法轮寺后为五龙山，山坡上有一组三进院的古寺庙，主庙大佛寺与法轮寺同建在一条轴线上。第一进院是天王殿，三开间。其后两侧各有四开间卷棚顶式建筑，为喇嘛住宅。第二进院前栋是重檐起翘三开间关帝庙，内供鎏金关羽像。关帝庙后两厢各有四开间卷棚顶式喇嘛住宅。第三进院前面最大建筑是大佛寺，其建在方形高台基之上，三层楼阁式。第一层设门，上两层有窗无门，内供十米余高的大佛。寺东西各有卷棚顶式僧舍建筑。寺后两侧是佛殿，东侧是经堂，全为悬山式三开间。1948年因失火大佛寺的所有建筑被毁。

法轮寺在清中晚期达到鼎盛，有喇嘛五百余人，僧房数百间，庙田三万余亩，被尊为喀喇沁部落的佛教圣地。因此，法轮寺自清代以来在内蒙古、辽宁、河北乃至黄河以北的广大地区都久负盛名，有着深远的影响。法轮寺后经历战乱，部分庙宇受到了破坏。近年来，法轮寺得到的社会各界及善男信女们的施舍捐助，从1992年开始恢复重建，重塑了汉白玉佛像，增添了法盖、法环、乐器、海灯等设备。

西配殿

东配殿

鼓楼（东南—西北）

‖82‖ 翁牛特旗梵宗寺

撰稿：李权　张倩
摄影：姚情情

山门（南—北）

全国重点文物保护单位。

位于翁牛特旗乌丹镇北大庙村内，东西南三面为民居，北面依山，周围树木苍翠，环境优美。

梵宗寺俗称"北大庙"，始建于清乾隆八年（1743年），是一座汉式喇嘛教寺院，是翁牛特旗现存的唯一规模较大、较为完整的古建筑。寺院建成后，乾隆皇帝赐名梵宗寺，意为"佛教发祥之地"，成为翁牛特旗旗庙，总揽全旗喇嘛庙务，隶属于北京雍和宫管辖。

梵宗寺坐北朝南，依北高南低的山势筑成阶梯式院落，建筑布局紧凑，鳞次栉比。梵宗寺占地面积约五千平方米，现存山门、嘛呢亭、正殿、东西配殿、关帝殿、藏经殿及两厢配房等，共计115间。殿院皆有正殿和配殿作对称式，每个建筑都座落在高低不等的石台基上。建筑均为砖木构件，屋脊形式各异，有重檐歇山楼阁式，有单檐歇山式，有硬山尖山式，还有单檐卷棚楼阁式，整个建筑群绚丽多彩而又不拘一格。每座殿宇梁枋和额枋上下绘有形式多样的彩绘人物、游龙、飞凤、禽鸟、花卉，颇具匠心。屋顶多为筒、板瓦顶，均有莲花、兽面三角形钩头滴水。

大雄宝殿（西南—东北）

屋顶上的龙吻、垂兽和跑兽形态各异、神姿生动，与建筑物协调一致，庄重美观。建筑物上的砖雕更是独具风格，内容丰富多彩。有仙灵鸟兽、山水花卉、几何图案等，多为浮雕，雕工精致，形神兼备，有巧夺天工之感。

梵宗寺的弥勒殿供奉有一弥勒造像，高约5.5米，宽约3.3米，头戴五佛宝冠，身披璎珞，双脚垂地，呈倚坐姿，转法轮手印，极具藏传佛教弥勒佛风格。

20世纪60～70年代，梵宗寺遭到严重破坏。1987年以来翁牛特旗人民政府开始进行修复。新修复的梵宗寺占地四公顷，有寺前广场、天王殿、鼓楼、钟楼、客堂、僧房、转经殿、关帝殿、二十一度母殿等组成。

梵宗寺是赤峰地区规模较大、风格独特的古建筑群，壁画、雕刻和彩绘等较为精美，对研究清代内蒙古地区喇嘛教及宗教建筑等具有较高的历史和艺术价值。

长寿殿（东—西）

文殊殿（西—东）

弥勒殿（南—北）

‖83‖ 喀喇沁旗福会寺

撰稿：冯吉祥　张倩
摄影：张义成　张红星　孔群

全国重点文物保护单位。

位于喀喇沁旗锦山镇王爷府镇大庙村，西邻生乐寺，东邻显应寺，东距喀喇沁蒙古亲王府800米。这里北依山冈，南临锡伯河，平坦开阔，水秀山青。

福会寺平面呈长方形，青砖院墙，南北长94.5米，东西宽64.5米，占地六千余平方米，建筑面积二千余平方米。坐北朝南，呈中轴对称式布局。现存单体建筑15幢，主要为砖木结构，绘以和玺、旋子

彩画、佛经故事壁画等。前后依次为山门、前殿、经堂、大殿、后殿及其东西翼殿等四进建筑，东西两厢置前配殿、钟鼓楼、中配殿、后厢房等四组建筑。除后厢房外，均是大式大木屋架结构。

山门，硬山式建筑，石雕宝相花门券和宝相花菱格假窗。经堂，歇山楼阁式，前出雨搭后抱厦，十自在图砖雕山花、井口天花，龙柱垂珠莲大型木雕佛龛。大雄宝殿，歇山楼阁式，砖雕屋顶状方形假

远景

窗。后殿，硬山楼阁式，木雕宝瓶龙纹栏杆。钟鼓楼，十字脊，一斗二升交麻叶斗拱。东西配殿，歇山顶，斗口单昂三彩斗拱。各殿堂雕塑佛陀、菩萨，墙绘佛经故事。经堂内主尊木雕佛龛，造型严谨，体量高大，雕刻繁缛精细，彩画金碧辉煌。经堂东北角及西北角各有一覆钵式塔，20世纪60～70年代被拆除。

　　清政府为了推行对蒙古各部的羁縻政策，积极推动藏传佛教格鲁派的发展，广建寺庙，喇嘛甚多。福会寺始建于清康熙年间，是喀喇沁亲王的家庙，历代住持喇嘛均为喀喇沁王的直系亲属。到贡桑诺尔布时代，八世喇嘛是贡桑诺尔布的叔父，

人头骨碗

有在西藏学习经文的经历，被达赖晋封堪布。因此，该庙权势大，财力足，戒律严，宗教活动频繁。全盛时期住寺喇嘛曾达数百人之多。20世纪六七十年代寺庙曾遭受严重破坏，后几经重修，1997年开光使用，恢复了主要佛事活动。多年来香火未断，游人不绝，是赤峰地区闻名的宗教活动场所。

福会寺是赤峰地区典型的藏传佛教建筑，布局紧凑，工艺精湛，建筑风格古朴、典雅，体现了中国北方官式建筑严谨、庄重的构造特点。大式大木做法、高级屋顶样式以及精美绝伦的和玺、砖雕、木雕饰件，使福会寺成为宗教艺术的精品，与建于乾隆年间的灵悦寺、建于元代的龙泉寺形成喀喇沁一府三寺的人文旅游格局。

大殿

龙柄龙流铜茶壶

建筑局部

局部（东南—西北）

‖84‖ 喀喇沁旗灵悦寺

撰稿：李倩　张倩
摄影：张义成　孔群

全国重点文物保护单位。

坐落于喀喇沁旗锦山镇锦中街。寺院北依山岗，南面是锡伯河和丘陵。

灵悦寺坐北朝南，现存寺院占地面积6100平方米，有古建筑15幢，采用汉藏结合的建筑形制，均为官式大木建筑结构。中轴对称式五进四合院格局。中轴线由南向北依次是单檐庑殿式山门、单檐庑殿式门殿、硬山式前殿、圆攒尖式转轮经藏殿、单檐歇山式环廊大殿、硬山式前殿、歇山楼阁式讲堂、硬山式经房和东西硬山式耳房。门殿中有甬道，两侧建筑有钟鼓楼、配房、配殿、厢房等。寺院布局严谨，等级较高，气势壮观。

山门面阔三间，进深二间，明间前后为券门，两次间为券窗并以墙体围护。山门两侧各辟一侧门。

山门内侧东西对称布列钟鼓楼，平面呈方形，均为大木结构重檐歇山式，为两层，下层砖木混筑，上层内收，前后开券顶形窗，左、右对称开圆窗，三角高脊装饰，对兽鸱吻。所有木结构均涂红，瓦当和滴水上饰有花草、寿字、莲纹等。

大雄宝殿

后大殿

配殿

鎏金铜佛像

米，东西宽2.12米。南、北对开两门，门宽3.43米。回廊廊柱上部为横梁，交角处有托花，上承斗拱，斗拱之上为檐枋。回廊柱与内柱之间，以短横梁相咬接。花托、横梁、斗拱等处均施彩绘，以兰、绿、白三种色彩为主，彩绘的主题有二龙戏珠、单龙腾跃、凤、狮、团花、卷云、钱纹、火轮、星月、梅花等，还有一些吉祥图案。四面山脊装饰有狮、麒麟、马、飞鱼等。

后大殿也称讲经堂，前厅有回廊、步阶、明柱，二楼楼阁东、西、南三面饰木雕栏杆。前厅有三个门，门框均饰有卷云，兽首、杂宝纹等纹饰。后堂高于前厅，所有梁枋、斗拱均施彩绘，十分精美。

寺院内的东侧，有一株百岁大卫茅树，根深叶茂，铁干虬枝，在内蒙古地区较为罕见。院内还有六棵云杉、松树。

灵悦寺系清代喇嘛庙，始建于清代前期，原寺有殿堂一百余间，兴盛时常住喇嘛五百余人。康熙时期，第三代扎萨克班达尔沙被晋升为多罗郡王，康熙帝将其第五女端静公主下嫁班达尔沙之孙噶勒藏，后来噶勒藏获罪，但清王朝并未因此而株连其子女，反而封其子敏珠尔拉布坦为镇国公加固山贝子衔。灵悦寺就是在敏珠尔拉布坦受封镇国公期间营建的，作为大公府的家庙。

前殿面阔三间。明间后檐辟有穿堂门，可通往后院。前殿的后面是转经亭，位于大雄宝殿院内的中轴线上，是单檐圆形攒顶式构制。

大雄宝殿是寺院的中心佛殿，平面呈回廊式布局，筑有月台，高0.6米。中心建筑长11.5米，宽7.3米，回廊南北宽2.4

灵悦寺是内蒙古现存唯一一座受封镇国公营建的佛教寺庙，是清王朝在内蒙古地区推行藏传佛教以达到控制蒙古为目的的产物，与清政府对蒙古地区实行的一系列政策有着深厚的内在联系。寺庙布局严谨，结构精巧，具有较高的科学、历史、艺术价值。

‖85‖ 红山区赤峰清真北大寺

撰稿：张红星　马婧
摄影：周雨时

全国重点文物保护单位。

位于红山区西屯街道一西街居委会东南900米的中心地带，门前是步行街，西临传统民居商肆保护区，北临二道街。

1986年第二次文物普查对清真北大寺进行了调查，2006年第三次文物普查时复查。

赤峰清真北大寺俗称"北寺"，始

全景

正殿（西一东）

寺内建筑

望月楼、正殿局部

建于乾隆四年（1739年），乾隆十二年（1747年）扩建重修，现保存基本完整，是赤峰市现存规模最大的伊斯兰教建筑。该建筑群由正门、正殿、瑶殿、望月亭、左右配房、浴室等几个主要部分组成，占地面积三千余平方米，建筑面积八百余平方米，殿堂房屋六十余间，为前后两进院落的复合形四合院群组建筑。正门、正殿、瑶殿、望月亭、左右配房、浴室等建筑中，除正殿中的宝刹和瑶殿为歇山式建筑、望月亭为六角攒尖式建筑外，其他建筑均为硬山式。正殿由宝刹、大殿、瑶殿组成，原有"独一无二"匾额。宝刹为教徒礼拜时整衣、脱鞋之处，大殿是礼拜的场所，瑶殿可以直通望月亭。望月亭高30米，有木梯通入亭内，顶部为铜质。按伊斯兰教规，斋月须登望月亭"见月封斋"。每年的开斋节、古尔邦节、圣夜节，寺院里都彩灯高悬，钟声不绝，人流如潮，热闹非凡。

清真北大寺是赤峰地区现存规模较大、保存较完整的穆斯林建筑，也是赤峰市较为重要的宗教活动场所，其布局紧凑，古朴典雅，具有典型的少数民族建筑风格，有着较高的历史、科学、艺术价值。

‖ 86 ‖ 林西县大营子天主教堂

撰稿：马婧　方月
摄影：王刚

内蒙古自治区重点文物保护单位。

位于林西县大营子乡中心村，南距离林西县城约9公里。

大营子天主教堂为青砖砌筑，由诵经堂和钟楼组成。教堂为长方形，长41.9米，宽12.7米，屋脊高16米。外顶铺青瓦，内顶为串联式的尖拱形穹窿顶，殿堂内26根花岗岩圆柱分列两排，使用面积532.13平方米，可容纳2000人。堂内设祭台一座，长8.10米，宽5.75米，祭台面积46.6平方米。钟楼顶部为六边形，通体高27米。教堂整体造型充满了线条美，具有鲜明的哥特式风格。

清宣统元年（1909年），比利时神甫郭明道、袁庆和在大营子设立教堂，建瓦房四间、土房八间，隶属朝阳松树嘴子教区。此后从乌丹毛山东、佟家营子、苦力吐、马架子陆续迁来一些教民，逐渐形成天主教村。1913年，巴布扎布之乱，神甫逃走，米振标军占据了教堂。1916~1920年，比利时籍神父龚振伦（本堂）、金声远（副堂）设计并监造了一座哥特式天主教堂、另有四十五间瓦房、三间土房，以及修道院、修女院、婴儿院、老头会、医院等。1923年又扩建瓦房七间，建立教会学校一处。1981年，教堂进行修葺，并从赤峰教区派来神父恢复宗教活动。1985年修复了教堂尖顶，2010年，对教堂的周边环境进行了治理和改善。

大营子天主教堂是赤峰市四大教堂之一，1909~1986年共有神甫45人，其中比利时14人，加拿大21人，法国1人，其余为中国人。大营子教堂现保存基本完好，已成为林西县天主教徒的重要活动场所。

早年教堂全貌（西—东）

近现代

民国前期，赤峰地区属热河特别区。日伪时期南部属伪热河省，北部属伪兴安西省。1945年以后，赤峰境内分别建立了热中、热北、热辽、乌丹4个专署，隶属热河省。解放战争时期，这里曾经历了中共冀察热辽中央分局第一次党代会、柴火栏子事件、中头地事件、南场事件、古山和平庄战役等重大历史事件，留下了中共冀察热辽党代会会址、柴火栏子烈士陵园、中头地事件遗址、南场事件遗址、古山革命烈士纪念碑、平庄革命烈士纪念塔等。1949年新中国成立，克什克腾旗、林西县、阿鲁科尔沁旗、巴林右旗、巴林左旗划归内蒙古自治区。1955年热河省撤消，赤峰县、宁城县、敖汉旗、喀喇沁旗、翁牛特旗划归内蒙古自治区，与北部五个旗县合并为昭乌达盟。1969年昭乌达盟划归辽宁省，1979年又划回内蒙古自治区。1983年经国务院批准，撤盟建市，现实行市管县体制。

新中国成立后，大量近现代重要史迹得以重建或维修，并成为爱国主义教育基地。

‖87‖ 巴林右旗巴林王府

撰稿：张新香　萨仁毕力格
摄影：乌力吉

内蒙古自治区重点文物保护单位。

位于巴林右旗大板镇巴林路东大板街中段，1912年，由巴林右翼旗札萨克扎噶尔王所建为巴林右翼旗最后一处王府。

清朝光绪十年（1884年），扎噶尔生于巴林右旗要勒图庙，是第十二代巴林右旗扎萨克多罗郡王额尔和木白音的独生子。扎噶尔自幼在沙布尔台王府私塾学习，拜管旗章京巴拉珠尔为师，学习蒙古文、汉文和满文。光绪二十一年（1895年），袭巴林右旗扎萨克多罗郡王爵位。民国初年，袁世凯笼络蒙古王公，对各旗王公封号均晋升一级。昭乌达盟协理盟长巴林右翼旗札萨克郡王扎噶尔晋为亲王。所以，巴林右旗郡王府也被称为巴林亲王府。

巴林王府占地面积950余平方米，现存院落东西34米，南北28米。东西两侧各有小门，正殿为五间，面阔16.6米、进深5.75米，是王府的议政殿；正殿东西两侧各有两间掖室，面阔各6.7米，进深5.5米；东西两侧各有三间厢房，面阔10.15米，进深6.7米；前为三间山门，面阔9.3米，进深3.8米。建筑均为硬山式。

大板巴林郡王王府是巴林右旗保存完好的一处清代建筑，为研究晚清时期的建筑风格有重要参考价值。

山门

全景

⫶88⫶ 松山区柴火栏子烈士陵园

撰稿：马婧　方月
摄影：娄海峰

内蒙古自治区重点文物保护单位。

位于松山区初头朗镇柴火栏子村东的山坡上，陵园四周苍松茂盛，翠柏成荫，庄严肃穆。

1947年春，冀东解放区部队在中央领导下英勇奋战，取得了伟大胜利，解放战争由战略防御转入战略反攻阶段。1947年4月2日至5月14日，为配合东北野战军和

柴火栏子烈士陵园

华北野战军的战略反攻，冀察热辽分局在热河林西县召开中共冀察热辽中央分局党代表会议，解决冀察热辽地区如何发动群众、壮大部队、进行战略反攻等问题。冀东代表团由冀东区党委常委、冀东军区政治部主任李中权，区党委常委、组织部长苏林燕，冀东行署财政厅长王克如等13人组成，加上警卫员和随行工作人员共72人。会议结束后，热河军区派一支骑兵连进行护送，5月20日，代表团一行到达林西县境内的柴火栏子村宿营。当晚，一部分在冀察热辽部队收复隆化、围场战斗中溃败的国民党正规军残兵、警察以及土匪近千人住在柴火栏子村西15公里的和平

大门

烈士墓

营子、郭家营子一带，准备投奔驻赤峰国民党军队。5月21日拂晓，哨兵发现了正在向柴火栏子靠近的国民党残兵和热北惯匪白金辉部骑兵，发生交火。敌人控制了制高点和各个村口要道，对我军进行凶猛围攻，激烈的战斗持续了数小时。正值冀东代表寡不敌众之时，我二十二军分区警备二团骑兵、热中军分区骑兵、赤西县骑兵大队闻讯从山嘴子、张胡子梁、大庙等地赶往柴火栏子村救援，敌人见势逃窜而去。激战中我军冀察热辽中央局党代会冀东代表团成员、冀东区党委组织部长苏林燕、冀东行署财政厅长王克如，十五军分区副政委王平民，十二军分区政治部副主任胡里光，十五地委宣传部长冀光等同志壮烈牺牲。

1947年8月2日至10日，全区各地纷纷召开追掉大会，悼念柴火栏子事件中的死难烈士，学习烈士的献身精神。1967年4月，为缅怀烈士的革命精神，原赤峰县人民政府在柴火栏子村东的山坡上修建了一座革命烈士纪念碑。1971年5月，建成柴火栏子烈士陵园。

烈士陵园占地面积1.5万平方米，建筑面积为1774.4平方米。陵园内安葬着在柴火栏子事件中牺牲的冀察热辽中央局党代会冀东代表团成员、冀东区党委组织部长苏林燕，冀东行署财政厅长王克如，十五军分区副政委王平民，十二军分区政治部副主任胡里光，十五地委宣传部长冀光等22名烈士。并建有一座革命烈士纪念碑和陈列室。陈列馆内陈列有烈士遗物、信函、缅怀题词，冀察热辽党代会情况介绍、事件示意图、悼念文献、烈士传等。

‖89‖ 红山区赤峰天主教堂

撰稿：马婧　方月
摄影：张艳玲

内蒙古自治区重点文物保护单位。

位于红山区二道街居委会88号，南临二道街。

赤峰天主教堂坐北向南，长38.5米，宽12米，面积约500平方米，能容纳700余人。教堂为哥特式建筑，整体用青砖砌筑，殿堂顶部铺青瓦，殿堂内设有唱经室。正门两侧各有一座钟楼，白色尖顶，东西对峙。门窗皆尖券，窗口细直。殿堂内顶为串联式的尖拱形穹隆顶，下立14根圆柱。殿堂宽敞明亮，用红、白、黄、墨绿作色彩装饰。教堂整

天主教堂全景

天主教堂

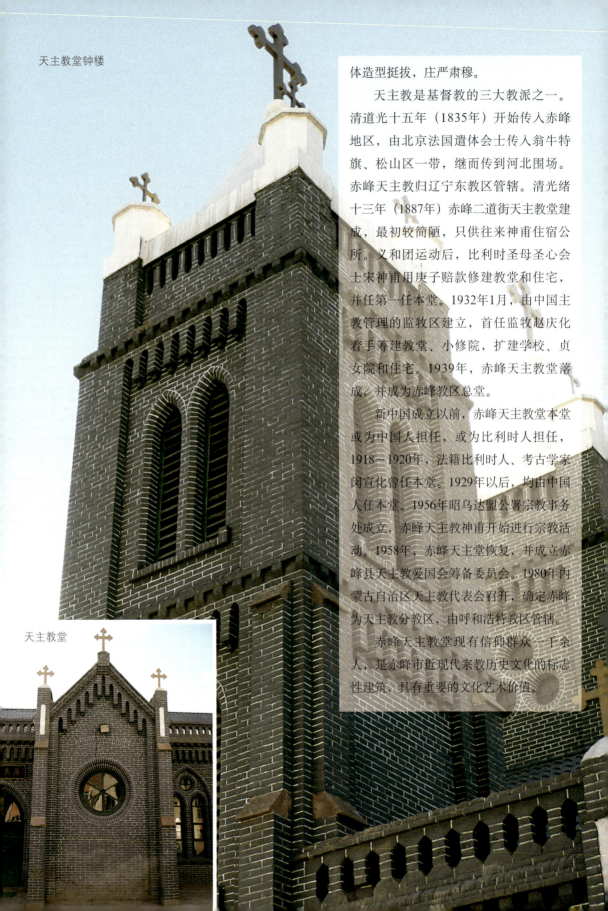

天主教堂钟楼

天主教堂

体造型挺拔，庄严肃穆。

天主教是基督教的三大教派之一。清道光十五年（1835年）开始传入赤峰地区，由北京法国遣体会士传入翁牛特旗、松山区一带，继而传到河北围场。赤峰天主教归辽宁东教区管辖。清光绪十三年（1887年）赤峰二道街天主教堂建成，最初较简陋，只供往来神甫住宿公所。义和团运动后，比利时圣母圣心会士宋神甫用庚子赔款修建教堂和住宅，并任第一任本堂。1932年1月，由中国主教管理的监牧区建立，首任监牧赵庆化着手筹建教堂、小修院，扩建学校、贞女院和住宅。1939年，赤峰天主教堂落成，并成为赤峰教区总堂。

新中国成立以前，赤峰天主教堂本堂或为中国人担任，或为比利时人担任，1918～1920年，法籍比利时人、考古学家闵宣化曾任本堂。1929年以后，均由中国人任本堂。1956年昭乌达盟公署宗教事务处成立，赤峰天主教神甫开始进行宗教活动。1958年，赤峰天主堂恢复，并成立赤峰县天主教爱国会筹备委员会。1980年内蒙古自治区天主教代表会召开，确定赤峰为天主教分教区，由呼和浩特教区管辖。

赤峰天主教堂现有信仰群众一千余人，是赤峰市近现代宗教历史文化的标志性建筑，具有重要的文化艺术价值。

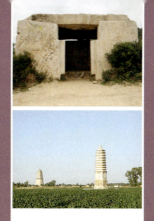

附 录

附　录　目录

表一　赤峰市全国重点文物保护单位名单

序号	公布名称与单体名称	时代	批次	所在旗县（区）
1	辽中京遗址	辽代	第一批	宁城县
2	辽上京遗址	辽代	第一批	巴林左旗
3	辽陵及奉陵邑 （辽祖陵与祖州城）	辽代	第三批	巴林左旗
4	辽陵及奉陵邑 （辽庆陵与庆州城）	辽代	第三批	巴林右旗
5	缸瓦窑遗址	辽代　金代　元代	第四批	松山区
6	兴隆洼遗址	新石器时代	第四批	敖汉旗
7	大甸子遗址	青铜时代	第四批	敖汉旗
8	燕长城 （战国燕北外长城）	战国	第五批	赤峰市
9	金界壕	金代	第五批	赤峰市
10	大井古铜矿遗址	青铜时代	第五批	林西县
11	宝山罕苏木墓群 （宝山墓群）	辽代	第五批	阿鲁科尔沁旗
12	怀陵及奉陵邑 （辽怀陵及辽怀州城遗址）	辽代	第五批	巴林右旗
13	应昌路 （应昌路故城城址）	元代	第五批	克什克腾旗
14	架子山遗址群	青铜时代	第五批	喀喇沁旗
15	福会寺	清代	第五批	喀喇沁旗
16	喀喇沁王府及家庙 （喀喇沁王府）	清代	第五批	喀喇沁旗

序号	公布名称与单体名称	时代	批次	所在旗县（区）
17	城子山遗址	青铜时代	第五批	敖汉旗
18	红山遗址群	新石器时代至青铜时代	第六批	红山区
19	夏家店遗址群	新石器时代至战国	第六批	松山区
20	黑城城址（黑城遗址）	汉代	第六批	宁城县
21	查干浩特城址	辽至北元	第六批	阿鲁科尔沁旗
22	宝善寺	清代	第六批	阿鲁科尔沁旗
23	韩匡嗣家族墓	辽代	第六批	巴林左旗
24	真寂之寺石窟	辽代	第六批	巴林左旗
25	张应瑞家族墓	元代	第六批	翁牛特旗
26	锦山龙泉寺（龙泉寺）	辽代至民国	第六批	喀喇沁旗
27	灵悦寺	清代	第六批	喀喇沁旗
28	赵宝沟遗址	新石器时代	第六批	敖汉旗
29	魏家窝铺遗址	新石器时代	第七批	红山区
30	二道井子遗址	夏至商	第七批	红山区
31	清真北大寺	清代	第七批	红山区
32	三座店石城遗址	夏至商	第七批	松山区
33	太平庄遗址群	夏至商	第七批	松山区
34	尹家店山城遗址	夏至商	第七批	松山区

序号	公布名称与单体名称	时代	批次	所在旗县（区）
35	南山根遗址	青铜时代	第七批	宁城县
36	小黑石沟墓群	西周至战国	第七批	宁城县
37	法轮寺	清代	第七批	宁城县
38	白音长汗遗址	新石器时代	第七批	林西县
39	饶州故城址 （饶州故城遗址）	辽代	第七批	林西县
40	耶律祺家族墓	辽代	第七批	阿鲁科尔沁旗
41	沙日宝特墓群	辽代	第七批	阿鲁科尔沁旗
42	富河沟门遗址	新石器时代	第七批	巴林左旗
43	荟福寺	清代	第七批	巴林右旗
44	克什克腾旗岩画群	新石器时代至隋唐	第七批	克什克腾旗
45	梵宗寺	清代	第七批	翁牛特旗
46	马架子遗址	新石器时代 夏商周	第七批	喀喇沁旗
47	耶律琮墓	辽代	第七批	喀喇沁旗
48	和硕端静公主墓	清代	第七批	喀喇沁旗
49	兴隆沟遗址	新石器时代	第七批	敖汉旗
50	草帽山遗址	新石器时代	第七批	敖汉旗
51	武安州遗址	辽代　金代　元代	第七批	敖汉旗
52	宁昌路遗址 （五十家子古城遗址）	辽代　金代　元代	第七批	敖汉旗

表二 赤峰市自治区级重点文物保护单位名单

序号	公布名称与单体名称	时代	批次	所在旗县（区）
1	柴火栏子事件烈士陵园（柴火栏子烈士陵园）	近现代	第三批	松山区
2	塔子山白塔（静安寺塔）	辽代	第三批	元宝山区
3	根培庙（拉西根丕庙）	清代	第三批	阿鲁科尔沁旗
4	平顶山石窟寺	辽代	第三批	巴林左旗
5	前召庙石窟寺	辽代	第三批	巴林左旗
6	玛尼罕乡辽塔	辽代	第三批	敖汉旗
7	蜘蛛山遗址	新石器时代至秦汉	第四批	红山区
8	赤峰天主教堂	清代	第四批	红山区
9	井沟子墓群	春秋战国	第四批	林西县
10	四方城城址（又名孝安县城址）	辽代 金代	第四批	林西县
11	大营子天主教堂	清代	第四批	林西县
12	百兴图遗址	辽代	第四批	阿鲁科尔沁旗
13	玛尼吐城址	辽代 金代	第四批	阿鲁科尔沁旗
14	罕庙（钦定戴恩寺）	清代	第四批	阿鲁科尔沁旗
15	哈拉基木祭祀遗址	辽代	第四批	巴林左旗
16	黑山祭祀遗址	辽代	第四批	巴林右旗

序号	公布名称与单体名称	时代	批次	所在旗县（区）
17	阿力木图山遗址	辽代	第四批	巴林右旗
18	康熙行宫	清代	第四批	巴林右旗
19	多罗郡王府 （巴林多罗都郡王府）	清代	第四批	巴林右旗
20	巴林王府	1912年	第四批	巴林右旗
21	明安山遗址	辽代	第四批	克什克腾旗
22	乌兰布统战场遗址 （乌兰布统古战场）	清代	第四批	克什克腾旗
23	永州故城址 （永州故成城址）	辽代	第四批	翁牛特旗
24	明安山城址	辽代　金代　元代	第四批	喀喇沁旗
25	北城子遗址	新石器时代	第四批	敖汉旗
26	小古里吐遗址 （小古立吐遗址）	新石器时代	第四批	敖汉旗
27	牛夕河遗址	新石器时代	第四批	敖汉旗
28	齐大窝铺遗址	战国	第四批	敖汉旗
29	刁家营子城址	战国	第四批	敖汉旗

表三　赤峰市市县级重点文物保护单位名单

序号	公布名称与单体名称	时代	保护级别及批次（公布时间）	所在旗县（区）
1	哈拉海洼遗址	新石器时代	市级　第二批	松山区
2	八家石城	西周至春秋	市级　第二批	松山区
3	摩天岭山城	西周至春秋	市级　第二批	松山区
4	哈通城	辽代	市级　第二批	松山区
5	中京道松山州城（松山州遗址）	辽代　金代　元代	市级　第二批	松山区
6	冷水塘城址	战国	市级　第二批	元宝山区
7	砖瓦窑遗址	辽代	市级　第二批	宁城县
8	大半拉山遗址	新石器时代	市级　第二批	林西县
9	柳树林遗址	新石器时代	市级　第二批	林西县
10	北大王家族墓地	辽代	市级　第二批	阿鲁科尔沁旗
11	广祐寺	清代	市级　第二批	阿鲁科尔沁旗
12	杨家营子鲜卑墓（南杨家营子墓群）	东汉	市级　第二批	巴林左旗
13	四方城城址	辽代	市级　第二批	巴林左旗
14	前召石窟	辽代	市级　第二批	巴林左旗
15	丰水山石窟	辽代	市级　第二批	巴林左旗
16	乌兰坝古城	辽代　金代	市级　第二批	巴林左旗

序号	公布名称与单体名称	时代	保护级别及批次（公布时间）	所在旗县（区）
17	弘福寺遗址	辽代至清代	市级　第二批	巴林左旗
18	努和图白其城址	金代	市级　第二批	巴林左旗
19	那日斯台遗址	新石器时代	市级　第二批	巴林右旗
20	砖瓦窑址	辽代	市级　第二批	巴林右旗
21	安民县址	辽代	市级　第二批	克什克腾旗
22	庆宁寺	清代	市级　第二批	克什克腾旗
23	黄谷屯遗址	新石器时代	市级　第二批	翁牛特旗
24	北山根城址	汉代	市级　第二批	喀喇沁旗
25	七家古城	汉代至辽代	市级　第二批	喀喇沁旗
26	城子山遗址	新石器时代	市级　第二批	敖汉旗
27	岱王山遗址群SN1遗址	青铜时代战国时期	市级　第三批	松山区
28	保安寺	清代	市级　第四批	红山区
29	鲁班庙	清代	市级　第四批	红山区
30	玉隍庙山城遗址	青铜时代	市级　第四批	松山区
31	富义县城遗址	辽代	市级　第四批	林西县
32	清真寺	清代	市级　第四批	林西县
33	达兰花遗址	新石器时代	市级　第四批	阿鲁科尔沁旗
34	塔本陶勒盖遗址	新石器时代	市级　第四批	阿鲁科尔沁旗

序号	公布名称与单体名称	时代	保护级别及批次（公布时间）	所在旗县（区）
35	宝日浩特城址	辽代	市级　第四批	阿鲁科沁旗
36	曹布日嘎遗址	辽代	市级　第四批	阿鲁科沁旗
37	陶海城址	辽代	市级　第四批	阿鲁科沁旗
38	温都敖来墓群	辽代	市级　第四批	阿鲁科沁旗
39	拉嘎赛花城址	金代	市级　第四批	阿鲁科沁旗
40	马鬃山岩画遗址	新石器时代至元代	市级　第四批	巴林右旗
41	西台遗址	新石器时代	市级　第四批	敖汉旗
42	毡家地遗址	新石器时代	市级　第四批	敖汉旗
43	姚家洼遗址	青铜时代	市级　第五批	红山区
44	药王山遗址	青铜时代	市级　第五批	红山区
45	蔡家沟杨大孺人贞节牌坊	清代	市级　第五批	红山区
46	朝阳沟北遗址	新石器时代	市级　第五批	松山区
47	四十亩地遗址	新石器时代	市级　第五批	松山区
48	小潘家沟南遗址	新石器时代	市级　第五批	松山区
49	板地营遗址	青铜时代	市级　第五批	松山区
50	岗子岱王山遗址	青铜时代	市级　第五批	松山区
51	池营子岩画	青铜时代	市级　第五批	松山区
52	小孤山岩画	青铜时代	市级　第五批	松山区

序号	公布名称与单体名称	时代	保护级别及批次（公布时间）	所在旗县（区）
53	乍苏台城址	青铜时代	市级　第五批	元宝山区
54	侵华日军军事设施旧址	1943年	市级　第五批	元宝山区
55	红庙子北山遗址	辽代　金代	市级　第五批	宁城县
56	喇嘛洞石窟	辽代　金代	市级　第五批	宁城县
57	普祥寺	清代	市级　第五批	宁城县
58	石头老爷庙	清代	市级　第五批	宁城县
59	西梁遗址	新石器时代	市级　第五批	林西县
60	小城子北遗址	新石器时代	市级　第五批	林西县
61	龙头山南遗址	新石器时代	市级　第五批	林西县
62	西梁遗址	新石器时代	市级　第五批	林西县
63	石棚遗址	青铜时代	市级　第五批	林西县
64	扎马吐遗址	青铜时代	市级　第五批	林西县
65	小南沟窑址	辽代	市级　第五批	阿鲁科尔沁旗
66	紫金山城址	金代　元代	市级　第五批	阿鲁科尔沁旗
67	坤都王爷府城址	清代　民国	市级　第五批	阿鲁科尔沁旗
68	于家地铺遗址	民国	市级　第五批	阿鲁科尔沁旗
69	屯积号遗址	新石器时代	市级　第五批	巴林左旗
70	索贝山岩画	新石器时代	市级　第五批	巴林左旗

序号	公布名称与单体名称	时代	保护级别及批次（公布时间）	所在旗县（区）
71	石棚沟城址	辽代	市级　第五批	巴林左旗
72	孤榆树城址	辽代	市级　第五批	巴林左旗
73	乌兰白旗城址	辽代	市级　第五批	巴林左旗
74	岱王山遗址	辽代	市级　第五批	巴林左旗
75	下段城址	辽代	市级　第五批	巴林左旗
76	西山屯南城址	辽代	市级　第五批	巴林左旗
77	后双井北遗址	辽代	市级　第五批	巴林左旗
78	黄家北遗址	辽代	市级　第五批	巴林左旗
79	赛罕山东遗址	辽代	市级　第五批	巴林左旗
80	太阳沟墓群	辽代	市级　第五批	巴林左旗
81	哈拉海北沟墓群	辽代	市级　第五批	巴林左旗
82	滴水壶山墓群	辽代	市级　第五批	巴林左旗
83	喇嘛苏庙址	清代	市级　第五批	巴林左旗
84	塔布敖包遗址	新石器时代青铜时代	市级　第五批	巴林右旗
85	床金沟岩画	青铜时代	市级　第五批	巴林右旗
86	庙子沟遗址	辽代	市级　第五批	巴林右旗
87	必图北城址	辽代	市级　第五批	巴林右旗
88	采石沟墓群与聚落址	青铜时代	市级　第五批	克什克腾旗

序号	公布名称与单体名称	时代	保护级别及批次（公布时间）	所在旗县（区）
89	同兴侵华日军工事遗址	民国	市级　第五批	克什克腾旗
90	上窑洞穴遗址	旧石器时代	市级　第五批	翁牛特旗
91	小善德沟遗址	新石器时代	市级　第五批	翁牛特旗
92	大窝铺遗址	新石器时代	市级　第五批	翁牛特旗
93	三间房遗址	新石器时代	市级　第五批	翁牛特旗
94	赛沁塔拉遗址	新石器时代	市级　第五批	翁牛特旗
95	东拐棒沟遗址	新石器时代	市级　第五批	翁牛特旗
96	四道杖房北遗址	新石器时代	市级　第五批	翁牛特旗
97	敖包遗址	新石器时代	市级　第五批	翁牛特旗
98	大庙南二号遗址	新石器时代	市级　第五批	翁牛特旗
99	铁匠炉遗址	新石器时代	市级　第五批	翁牛特旗
100	白庙子岩画	新石器时代	市级　第五批	翁牛特旗
101	黑头山岩画	新石器时代	市级　第五批	翁牛特旗
102	箭眼山岩画	新石器时代	市级　第五批	翁牛特旗
103	牦牛海山岩画	新石器时代 夏代　商代	市级　第五批	翁牛特旗
104	木叶山遗址群	新石器时代 辽代	市级　第五批	翁牛特旗
105	老牛沟槽东遗址	新石器时代 辽代	市级　第五批	翁牛特旗
106	大麻杖子遗址	新石器时代 辽代	市级　第五批	翁牛特旗

序号	公布名称与单体名称	时代	保护级别及批次（公布时间）	所在旗县（区）
107	张丑闾墓	元代	市级　第五批	翁牛特旗
108	丁家窝铺石刻	元代	市级　第五批	翁牛特旗
109	响水石刻	清代	市级　第五批	翁牛特旗
110	苦力吐天主教堂	1880年	市级　第五批	翁牛特旗
111	大金地红山文化遗址	新石器时代	市级　第五批	喀喇沁旗
112	杨家营子兴隆洼文化遗址	新石器时代	市级　第五批	喀喇沁旗
113	潘胡地夏家店下层文化遗址	青铜时代	市级　第五批	喀喇沁旗
114	太平沟辽代墓葬	辽代	市级　第五批	喀喇沁旗
115	灵峰寺	辽代	市级　第五批	喀喇沁旗
116	牛头沟门诺瑟堂（天主教堂）	近现代	市级　第五批	喀喇沁旗
117	小河西遗址	新石器时代	市级　第五批	敖汉旗
118	敖包梁遗址	新石器时代青铜时代	市级　第五批	敖汉旗
119	喇嘛庙山梁遗址	新石器时代青铜时代	市级　第五批	敖汉旗
120	龙泉山庄遗址	新石器时代青铜时代	市级　第五批	敖汉旗
121	大砚台山遗址	青铜时代	市级　第五批	敖汉旗
122	疙瘩山城址	青铜时代	旗级　1992年	松山区
123	沙胡同遗址	青铜时代	旗级　2000年	松山区
124	嶂塞址	战国	旗级　2003年	松山区

序号	公布名称与单体名称	时代	保护级别及批次（公布时间）	所在旗县（区）
125	雁山口遗址	青铜时代	旗级　2012年	松山区
126	上歪脖子井遗址	青铜时代	旗级　2012年	松山区
127	秦家营子东北遗址	青铜时代	旗级　2012年	松山区
128	姚家营子遗址	青铜时代	旗级　2012年	松山区
129	长胜二队遗址（原名长胜村南遗址）	新石器时代	旗级　第一批	元宝山区
130	古山遗址	青铜时代	旗级　第一批	元宝山区
131	城子山遗址	青铜时代	旗级　第一批	元宝山区
132	砖瓦窑城址	战国	旗级　第一批	元宝山区
133	高州城址	辽代	旗级　第一批	元宝山区
134	椴树洼墓群	辽代	旗级　第一批	元宝山区
135	东山墓群	辽代	旗级　第一批	元宝山区
136	砂子山墓群	辽代	旗级　第一批	元宝山区
137	孔家沟墓群	辽代	旗级　第一批	元宝山区
138	张家窝铺墓群	辽代	旗级　第一批	元宝山区
139	公格营子遗址	辽代	旗级　第一批	元宝山区
140	长胜西沟墓群	辽代	旗级　第一批	元宝山区
141	大塔卜勿苏遗址	辽代　金代	旗级　第一批	元宝山区
142	公格营子村西墓群	辽代　金代	旗级　第一批	元宝山区

序号	公布名称与单体名称	时代	保护级别及批次（公布时间）	所在旗县（区）
143	上店墓群	明清	旗级　第一批	元宝山区
144	平庄烈士纪念塔	1946年	旗级　第一批	元宝山区
145	古山革命烈士纪念塔	1946年	旗级　第一批	元宝山区
146	南荒遗址	青铜时代	旗级　第二批	元宝山区
147	上哈脑遗址	青铜时代	旗级　第二批	元宝山区
148	电厂东遗址（原名南庙遗址）	青铜时代	旗级　第二批	元宝山区
149	太平地遗址	青铜时代	旗级　第二批	元宝山区
150	龙头山遗址	青铜时代	旗级　第二批	元宝山区
151	长胜南城址（长胜石城遗址）	青铜时代	旗级　第二批	元宝山区
152	建昌营遗址	青铜时代	旗级　第二批	元宝山区
153	望甘池遗址	青铜时代	旗级　第二批	元宝山区
154	上店东遗址	青铜时代	旗级　第二批	元宝山区
155	马架子遗址	青铜时代　辽代	旗级　第二批	元宝山区
156	乔家窝铺遗址	战国　金代　元代	旗级　第二批	元宝山区
157	察巴干山墓群	辽代	旗级　第二批	元宝山区
158	黄金地遗址	辽代　金代	旗级　第二批	元宝山区
159	汉长城	汉代	县级　2004年	宁城县
160	富峪管址	辽代	县级　2004年	宁城县

序号	公布名称与单体名称	时代	保护级别及批次 （公布时间）	所在旗县（区）
161	锅撑子山遗址	新石器时代	县级　第二批	林西县
162	头道城子故城址	辽代	县级　第二批	林西县
163	石人沟墓葬	元代	县级　第二批	林西县
164	北大山岩字	清代	县级　第二批	林西县
165	城隍庙	民国	县级　第二批	林西县
166	道尔其格墓群	辽代	旗级　第一批	阿鲁科尔沁旗
167	百草洼墓群	辽代	旗级　第一批	阿鲁科尔沁旗
168	三龙山石窟寺	辽代	旗级　第一批	阿鲁科尔沁旗
169	代白乌苏窑址	辽代	旗级　第一批	阿鲁科尔沁旗
170	水泉沟窑址	辽代	旗级　第一批	阿鲁科尔沁旗
171	炮台山遗址 （又名珍珠寨）	辽代	旗级　第一批	阿鲁科尔沁旗
172	双胜红星疫坟	民国	旗级　第一批	阿鲁科尔沁旗
173	大坑遗址	新石器时代	旗级　1994年	巴林左旗
174	二道梁遗址	新石器时代	旗级　1994年	巴林左旗
175	白音高洛窑址	辽代	旗级　1994年	巴林左旗
176	查干哈达遗址	辽代	旗级　1994年	巴林左旗
177	哈巴气石窟	辽代	旗级　1994年	巴林左旗
178	新浩特城址	金代	旗级　1994年	巴林左旗

序号	公布名称与单体名称	时代	保护级别及批次 （公布时间）	所在旗县（区）
179	公主陵址	清代	旗级　1994年	巴林左旗
180	沙格德尔墓	近现代	旗级　1994年	巴林左旗
181	林东烈士陵园	近现代	旗级　1994年	巴林左旗
182	清真寺	近现代	旗级　1994年	巴林左旗
183	苏达勒遗址	新石器时代	旗级　第一批	巴林右旗
184	古日古勒台遗址	新石器时代	旗级　第一批	巴林右旗
185	苏达勒遗址	新石器时代	旗级　第一批	巴林右旗
186	布敦花城址	辽代	旗级　第一批	巴林右旗
187	敖尔盖巴林贝子王府	清代	旗级　第一批	巴林右旗
188	盆瓦窑遗址	新石器时代	旗级　第一批	克什克腾旗
189	东梁遗址 （原名大营子遗址）	新石器时代 青铜时代	旗级　第一批	克什克腾旗
190	吕家沟门遗址	新石器时代 青铜时代	旗级　第一批	克什克腾旗
191	瓦缸沟遗址	新石器时代 青铜时代	旗级　第一批	克什克腾旗
192	大营子墓群	辽代	旗级　第一批	克什克腾旗
193	天宝同墓葬 （又名湾子墓葬）	辽代	旗级　第一批	克什克腾旗
194	广富营子遗址	辽代	旗级　第一批	克什克腾旗
195	公主埂墓群	元代	旗级　第一批	克什克腾旗
196	经棚庆宁寺	清代	旗级　第一批	克什克腾旗

序号	公布名称与单体名称	时代	保护级别及批次（公布时间）	所在旗县（区）
197	经棚瓦窑遗址	新石器时代	旗级 1992年	克什克腾旗
198	三义文化遗址	新石器时代	旗级 1992年	克什克腾旗
199	园林子铜矿遗址	青铜时代	旗级 1992年	克什克腾旗
200	锅顶山遗址	青铜时代	旗级 1992年	克什克腾旗
201	龙头山夏家店上层文化遗址（龙头山遗址）	西周至战国	旗级 1992年	克什克腾旗
202	书声城址	春秋	旗级 1992年	克什克腾旗
203	达更诺儿城址	辽代	旗级 1992年	克什克腾旗
204	刘家营子城址	辽代	旗级 1992年	克什克腾旗
205	庙沟遗址	辽代	旗级 1992年	克什克腾旗
206	宇宙地城址	辽代	旗级 1992年	克什克腾旗
207	和尚地石刻题记	辽代	旗级 1992年	克什克腾旗
208	锥子山古代梵场遗址	辽代 金代 元代	旗级 1992年	克什克腾旗
209	巴日古花城址	元代	旗级 1992年	克什克腾旗
210	经棚关岳庙	清代	旗级 1992年	克什克腾旗
211	经棚清真寺	清代	旗级 1992年	克什克腾旗
212	普渡桥 河神庙	民国	旗级 1992年	克什克腾旗
213	第三区人民政府旧址	现代	旗级 1992年	克什克腾旗
214	第五区人民政府旧址	现代	旗级 1992年	克什克腾旗

序号	公布名称与单体名称	时代	保护级别及批次（公布时间）	所在旗县（区）
215	经棚烈士陵园	现代	旗级 1992年	克什克腾旗
216	南场事件遗址	现代	旗级 1992年	克什克腾旗
217	潘书声烈士墓	现代	旗级 1992年	克什克腾旗
218	唐桂芝烈士牺牲地遗址	现代	旗级 1992年	克什克腾旗
219	中头地事件遗址	现代	旗级 1992年	克什克腾旗
220	东北山墓群	辽代	旗级	克什克腾旗
221	圆圈洼墓群	辽代	旗级	克什克腾旗
222	二八地墓群	辽代	旗级	克什克腾旗
223	塔黄图墓葬	辽代	旗级	克什克腾旗
224	三姓庄墓群	清代	旗级	克什克腾旗
225	二道横河子墓群	清代	旗级	克什克腾旗
226	巴林道城址	辽代	旗级 第一批	翁牛特旗
227	上台城址	辽代	旗级 第一批	翁牛特旗
228	朵颜卫故城（朵颜卫所遗址）	明代	旗级 第一批	翁牛特旗
229	海金山遗址群	辽代	旗级 第二批	翁牛特旗
230	地彦吐庙	清代	旗级 第二批	翁牛特旗
231	头道杖房北一号遗址	新石器时代	旗级 第三批	翁牛特旗
232	头道杖房北二号遗址	新石器时代	旗级 第三批	翁牛特旗

序号	公布名称与单体名称	时代	保护级别及批次（公布时间）	所在旗县（区）
233	前营子遗址	新石器时代	旗级　第三批	翁牛特旗
234	上桦树洼西一号遗址	新石器时代	旗级　第三批	翁牛特旗
235	敖汉营子西北遗存	新石器时代	旗级　第三批	翁牛特旗
236	兰平县被遗址	新石器时代	旗级　第三批	翁牛特旗
237	罗家营子遗址	新石器时代	旗级　第三批	翁牛特旗
238	小沣子东北遗址	新石器时代	旗级　第三批	翁牛特旗
239	翟家营遗址	新石器时代	旗级　第三批	翁牛特旗
240	山咀西一号遗址	新石器时代	旗级　第三批	翁牛特旗
241	桃山沟东一号遗址	新石器时代	旗级　第三批	翁牛特旗
242	山湾子西一号遗址	新石器时代	旗级　第三批	翁牛特旗
243	团结营子北一号遗址	新石器时代青铜时代	旗级　第三批	翁牛特旗
244	山湾子西北遗址	新石器时代青铜时代	旗级　第三批	翁牛特旗
245	下泡子南一号遗址	新石器时代辽代	旗级　第三批	翁牛特旗
246	上窑西北遗址	青铜时代	旗级　第三批	翁牛特旗
247	上桦树洼西南四号遗址	青铜时代	旗级　第三批	翁牛特旗
248	南水泉东二号遗址	青铜时代	旗级　第三批	翁牛特旗
249	下毛卜罗南二号遗址	青铜时代	旗级　第三批	翁牛特旗
250	苦力吐西一号遗址	青铜时代	旗级　第三批	翁牛特旗

序号	公布名称与单体名称	时代	保护级别及批次（公布时间）	所在旗县（区）
251	大营子南三号遗址	青铜时代	旗级　第三批	翁牛特旗
252	将台山遗址	青铜时代	旗级　第三批	翁牛特旗
253	井盘沟门遗址	青铜时代	旗级　第三批	翁牛特旗
254	吴家湾北三号遗址	青铜时代	旗级　第三批	翁牛特旗
255	大锅顶山遗址	青铜时代	旗级　第三批	翁牛特旗
256	小锅顶山遗址	青铜时代	旗级　第三批	翁牛特旗
257	双井北遗址	青铜时代	旗级　第三批	翁牛特旗
258	黄土梁子遗址	青铜时代	旗级　第三批	翁牛特旗
259	上烧锅东一号遗址	青铜时代	旗级　第三批	翁牛特旗
260	小城子山遗址	青铜时代	旗级　第三批	翁牛特旗
261	大城子山遗址	青铜时代	旗级　第三批	翁牛特旗
262	下毛卜罗墓葬	青铜时代	旗级　第三批	翁牛特旗
263	广德公南遗址	青铜时代	旗级　第三批	翁牛特旗
264	南店东遗址	青铜时代	旗级　第三批	翁牛特旗
265	小麻杖子西南遗址	青铜时代	旗级　第三批	翁牛特旗
266	大庙南一号遗址	青铜时代	旗级　第三批	翁牛特旗
267	马架子遗址	青铜时代	旗级　第三批	翁牛特旗
268	柳树林子西一号遗址	青铜时代	旗级　第三批	翁牛特旗

序号	公布名称与单体名称	时代	保护级别及批次 （公布时间）	所在旗县（区）
269	关东铺子东遗址	青铜时代	旗级　第三批	翁牛特旗
270	黄酒铺遗址	青铜时代	旗级　第三批	翁牛特旗
271	关东铺子南遗址	青铜时代	旗级　第三批	翁牛特旗
272	东梁墓群	青铜时代	旗级　第三批	翁牛特旗
273	南沟门南墓群	青铜时代	旗级　第三批	翁牛特旗
274	南沟门西南墓群	青铜时代	旗级　第三批	翁牛特旗
275	小府北遗址	青铜时代	旗级　第三批	翁牛特旗
276	亿合堂遗址	青铜时代	旗级　第三批	翁牛特旗
277	桑材沟门遗址	青铜时代	旗级　第三批	翁牛特旗
278	小河南遗址	青铜时代	旗级　第三批	翁牛特旗
279	下水地南遗址	青铜时代	旗级　第三批	翁牛特旗
280	山咀遗址	青铜时代	旗级　第三批	翁牛特旗
281	杜家地遗址	青铜时代	旗级　第三批	翁牛特旗
282	黛王山遗址	青铜时代　辽代	旗级　第三批	翁牛特旗
283	耶律氏家族墓群	辽代	旗级　第三批	翁牛特旗
284	上窑墓群	辽代	旗级　第三批	翁牛特旗
285	北干沟墓群	辽代	旗级　第三批	翁牛特旗
286	大月明山墓群	辽代	旗级　第三批	翁牛特旗

序号	公布名称与单体名称	时代	保护级别及批次（公布时间）	所在旗县（区）
287	王坟沟墓群	辽代	旗级　第三批	翁牛特旗
288	大麻杖子墓群	辽代	旗级　第三批	翁牛特旗
289	下马群墓群	辽代	旗级　第三批	翁牛特旗
290	十条胡同墓群	辽代	旗级　第三批	翁牛特旗
291	上洼墓群	元代	旗级　第三批	翁牛特旗
292	北果园城址	辽代	旗级　第三批	喀喇沁旗
293	咸应寺	清代	旗级　第三批	喀喇沁旗
294	锦山近代清真寺	1884年	旗级　第三批	喀喇沁旗
295	牛头沟门红山文化积石冢	新石器时代	旗级　第四批	喀喇沁旗
296	小府河南红山文化积石冢	新石器时代	旗级　第四批	喀喇沁旗
297	西北营子红山文化积石冢	新石器时代	旗级　第四批	喀喇沁旗
298	张家营子金代遗址	金代	旗级　第四批	喀喇沁旗
299	康宁寺	清代	旗级　第四批	喀喇沁旗
300	甘苏庙清代山云寺遗址	清代	旗级　第四批	喀喇沁旗
301	极善生乐寺	清代	旗级　第四批	喀喇沁旗
302	小东营子红山文化积石冢	新石器时代	旗级　第五批	喀喇沁旗
303	药王庙红山文化积石冢	新石器时代	旗级　第五批	喀喇沁旗
304	闫家地红山文化积石冢	新石器时代	旗级　第五批	喀喇沁旗

序号	公布名称与单体名称	时代	保护级别及批次 （公布时间）	所在旗县（区）
305	上烧锅夏家店下层 文化遗址	青铜时代	旗级　第五批	喀喇沁旗
306	西河湾子夏家店下层 文化遗址	青铜时代	旗级　第五批	喀喇沁旗
307	于家营子夏家店下层 文化聚落址	青铜时代	旗级　第五批	喀喇沁旗
308	锅腔地遗址	新石器时代	旗级　第二批	敖汉旗
309	小范杖子遗址	新石器时代	旗级　第二批	敖汉旗
310	南台地遗址	新石器时代	旗级　第二批	敖汉旗
311	小坑子遗址	新石器时代	旗级　第二批	敖汉旗
312	庙梁遗址	新石器时代	旗级　第二批	敖汉旗
313	水泉遗址	新石器时代	旗级　第二批	敖汉旗
314	赵宝沟北大地遗址	新石器时代	旗级　第二批	敖汉旗
315	黑土营子西梁遗址	新石器时代	旗级　第二批	敖汉旗
316	永元号遗址群	新石器时代	旗级　第二批	敖汉旗
317	西台子遗址	新石器时代	旗级　第二批	敖汉旗
318	千斤营子遗址	新石器时代	旗级　第二批	敖汉旗
319	水泉积石冢	新石器时代	旗级　第二批	敖汉旗
320	烧锅地遗址	新石器时代 青铜时代	旗级　第二批	敖汉旗
321	佛爷岭遗址群	青铜时代	旗级　第二批	敖汉旗
322	酒局子遗址	青铜时代	旗级　第二批	敖汉旗

序号	公布名称与单体名称	时代	保护级别及批次（公布时间）	所在旗县（区）
323	十八里台遗址	青铜时代	旗级　第二批	敖汉旗
324	平顶山遗址	青铜时代	旗级　第二批	敖汉旗
325	岱王山遗址	青铜时代	旗级　第二批	敖汉旗
326	上石匠沟墓葬	青铜时代	旗级　第二批	敖汉旗
327	石粒子山遗址	春秋	旗级　第二批	敖汉旗
328	七道窝铺古城	战国	旗级　第二批	敖汉旗
329	高家窝铺遗址	战国	旗级　第二批	敖汉旗
330	大敖吉城址	战国	旗级　第二批	敖汉旗
331	刁家营子古城	战国	旗级　第二批	敖汉旗
332	老虎山遗址	战国　秦汉	旗级　第二批	敖汉旗
333	北台子遗址	辽代	旗级　第二批	敖汉旗
334	四平台城址	辽代	旗级　第二批	敖汉旗
335	石刻棋盘	辽代	旗级　第二批	敖汉旗
336	石羊石虎雕像	辽代	旗级　第二批	敖汉旗
337	北三家墓群	辽代	旗级　第二批	敖汉旗
338	腾克力墓群	清代	旗级　第二批	敖汉旗
339	驿马吐墓地	清代	旗级　第二批	敖汉旗
340	白塔子永寿寺铁锅	清代	旗级　第二批	敖汉旗

序号	公布名称与单体名称	时代	保护级别及批次 （公布时间）	所在旗县（区）
341	牛夕河庙	清代	旗级　第二批	敖汉旗
342	界碑	清代	旗级　第二批	敖汉旗
343	凌云寺石刻	清代	旗级　第二批	敖汉旗
344	下洼大佛寺石刻	清代	旗级　第二批	敖汉旗
345	贝子府烈士陵园	近现代	旗级　第二批	敖汉旗
346	四家子烈士陵园	近现代	旗级　第二批	敖汉旗
347	新惠烈士陵园	近现代	旗级　第二批	敖汉旗
348	牛古吐烈士陵园	近现代	旗级　第二批	敖汉旗
349	下洼烈士纪念碑	1947年	旗级　第二批	敖汉旗
350	克力代烈士塔	1975年	旗级　第二批	敖汉旗

注：遗址点名称括号内为本书更正用名，括号前为公布保护单位时用名。

后记

　　《赤峰文化遗产》是由内蒙古自治区文物考古研究所组织编撰的《内蒙古文化遗产丛书》之一，将赤峰地区较具代表性的物质文化遗产汇辑成册。全书基本按时代序列，分为新石器时代、青铜时代至早期铁器时代、战国秦汉时期、唐代、辽金元时期、明清时期、近现代等七个时期。在每个时代，将遗存按古遗址、古墓葬、古建筑、石窟寺及石刻、其他等类别依次进行简介。

　　本书介绍的不可移动文物点共有89处，以全国重点文物保护单位、内蒙古自治区重点文物保护单位以及部分市县级重点文物保护单位为重点，适当加入了部分未定级但较为典型、具有一定代表性的重要遗存。这些遗存的介绍，涉及文物遗址的基本状况、工作与研究概况、遗存价值等内容，并配有遗址本体及出土文物照片等，图文并茂，以使读者能够较为详细地了解赤峰地区的物质文化遗产和历史沿革，了解文物考古工作者数十年来为自治区文物考古事业的发展付出的艰辛和取得的丰硕成果。

　　本书资料来源主要为新中国成立以来开展的三次不可移动文物普查资料、内蒙古自治区文物考古研究所历年来的考古调查与发掘成果、赤峰市各级文物单位的考古调查与发掘成果、全国长城资源调查资料以及相关专家学者的研究成果等。本书编撰主要由张红星、宋国栋、马婧、萨仁毕力格、方月、张倩、唐彩霞完成，张文惠、李倩、史静慧、李权、王建伟、冯吉祥、张煜鹏、张新香等也参与了部分文字的撰写或资料搜集、图片扫描、文字校对等工作。张红星做了统稿，陈永志最后审核定稿。在编写作过程中，内蒙古自治区文物考古研究所张亚强先生提供了部分遗址照片，赤峰市博物馆马凤磊副馆长提供了大量资料。赵爱民、张艳玲、刘伟东、黄莉、娄海峰、朱树清、张焱、杨国权、孙德志、姜仕勋、杨峰利、张胤、庞昊、姚情情、王刚、石阳、苏布德、乌力吉、周兴启、哈斯巴根、周铭、李义、马景禄、李建奎、左利军、李雪良、张义成、郑晓光等同志提供相关文物点级别信息及照片等，充实了本书内容，在此一并致谢。

本书承蒙内蒙古自治区党委常委、宣传部乌兰部长撰写了序言，在此表示由衷的敬意与诚挚的感谢！

由于笔者的学识和水平所限，书中难免有不足之处，敬请读者、方家批评指正。

编者

2014年4月7日